「宜居乡村」村镇建设管理与技术培训教材

村镇 空间格局与风貌保护

Spatial Pattern and Style Protection of Rural Areas

袁朝晖 彭奕妍 杨涛 著

中国建筑工业出版社

丛书总序

我国村镇建设量大、分布面广，受资源环境、经济发展和国家政策等因素影响，长期以来，村镇建设往往落后于城市，且不同地区存在较大的差异。深刻认识村镇规划与建设的问题所在，是全面推进乡村振兴战略和乡村人居环境建设的前提。从当前我国村镇建设的情况来看，主要存在以下几个问题：一是村镇规划不科学，很多地方的村镇规划脱离实际，照搬城镇规划的模式与方法，导致建设用地越来越大，却没有带动村镇的全面发展与品质提升，反而造成大量资源浪费；二是部分村镇的无序建设和资源的低效利用，导致出现资源供给紧张、人居环境恶化与生态环境污染等问题；三是村镇历史文化和地方特色衰败严重，受现代功能主义规划思想和现代工程技术的冲击，我国村镇历史文化空间受到了严重破坏，加剧了文脉断裂、遗产碎片化等问题；四是村镇居民住宅设计和建造质量普遍水平不高，绝大多数住宅模仿城市住宅套型设计，既没有考虑村镇的民风、民俗等特征，也没有与居民生产生活的需求相适应，造成大量住房空间的浪费和闲置。

面对村镇如此严峻和复杂的规划与建设问题，迫切需要一套适宜的理论、方法和技术来指导村镇的规划与建设。湖南大学未来乡村研究院的乡村建设研究团队编写的这一套《"宜居乡村"村镇建设管理与技术培训教材》，基于可持续规划、村镇空间格局、风貌保护、传统建筑更新、住宅设计与建造等方面的现实问题，较为系统地探索了新时期村镇生态建设与绿色转型的理论和方法，对实现村镇可持续发展和美丽宜居村镇建设目标具有十分重要的现实意义。

湖南大学未来乡村研究院的乡村建设研究团队一直致力于村镇人居环境的研究与设计实践工作，承担了一系列重要的国家级科研课题，在村镇规划建设与文化传承方面取得了丰硕的研究成果。本套丛书是团队近年来理论研究和在地实践的成果展示，研究内容涵盖了以下几个方面：

首先,在村镇空间格局与规划方面,该系列丛书系统分析了村镇空间格局的内涵和演变规律;探索了村镇空间格局的现代转译特征与机制;明晰了村镇生产、生活和生态空间发展规律;提出了村镇生态规划三生耦合理论和绿色可持续规划方法,为村镇振兴和发展提供了较为完善的理论基础。

其次,在村镇风貌与建筑的保护与更新方面,该系列丛书不仅从整体上探究了村镇聚落肌理、自然风光、人文景观、人工形态和地方产业等风貌的保护与更新;也从微观上明确了村镇传统建筑保护策略、传统建筑文化传承与传统技艺营造方法;并深入挖掘了特色建筑结构、材料和装饰的建构原理与文化表达,对揭示传统村镇空间的营造智慧具有很好的借鉴作用和参考价值。

第三,在村镇住宅设计与建造方面,该系列丛书从适应性的视角,系统探索了与村民生产生活相适应的村镇住宅场地、空间、生态建造以及改造的适应性设计;也从自建的角度,全面阐述了村镇自建住宅的空间组成与演化,并提出了自建住宅的建造策略和方法,为村镇住宅的设计及建造提供了理法的基础和技术的支持。

鉴于以上特点,期待这套丛书能在乡村振兴与建设中发挥重要的作用,也期待湖南大学村镇乡村建设研究团队能取得更多的学术成果。

浙江大学建筑工程学院

王竹

2022 年 12 月

前　言

本书源自作者持续在村镇领域的科研探索与实践成果。近年来，基于"十二五"国家重点研发计划课题、"十三五"国家重点研发计划项目、国家及湖南省相关课题研究，本书考察调研了全国范围内的典型村镇，深入发掘现代化进程下，村镇发展所面临的困境与难点，希冀通过建筑学科的方法与手段来解决村镇空间格局、风貌保护和居民个体的切实需求，避免村镇变为"千村一面"，褪去原有的文脉与容貌。

本书通过上、中、下三篇，将村镇从宏观到微观，从内涵释义到外部形态，从历史发展到未来建设等方向进行全面解析。上篇以村镇空间格局的历史演变切入我国村镇发展阶段，同时解析其发展原因与影响因素。再通过分级研究，将空间格局从外部空间逐级聚焦到单体空间，最后将研究成果转化为设计策略，以新颖的案例结合现代转译的手法解析。中篇围绕村镇风貌保护与研究展开叙述，着重研究如何分层级全方位地进行保护，从宏观层面研究阐述了街巷肌理、建筑风貌、平面形态、材料色彩、界面形态、节点空间、环境设施和产业风貌的保护。微观层面研究从建筑结构、材料保护、装饰表达、建筑防护措施到精神文化空间的传承。村镇的发展与村镇的风貌是相互依存的，人文风貌、自然风貌和建筑风貌也是其发展的"金山银山"。下篇以未来建设方向引领读者走向研究的前沿。田园综合体是村镇建设的一个发展方向，其逐步产生功能连接并形成线性产业体系，继而搭建成以功能为主导的网络体系，最终达到城乡共融。村镇建设的另一个发展方向是村镇内部提质改造，如新型公共建筑的出现与发展，民宿建筑从单一到集群的建设等。最后对村镇灾后重建研究，梳理了我国主要灾害情况，对比研究中外灾后重建的相关内容，提出灾后重建可持续发展策略，以提升村镇抗灾和抗风险能力。

综上所述，本书将我国村镇作为一个集空间格局和风貌形态为一体的复杂系统展开研究，分层分级解析村镇的空间格局与风貌保护，针对城镇化冲击下村镇面临的"难规划""难保护"和"难发展"问题，探求其破题的方法与策略。本书可以为全面了解中国村镇现状与发展、掌握如何吸收本民族优秀文化内核，同时将其转化为物质空间的策略和方法奠定良好的理论基础。

在书稿收笔之际，由衷感谢湖南大学建筑与规划学院原筑工作室研究团队，尤其是田文波、贺岁、邹晗、段婧婧、毛巧、李子硕等研究生对本书的村野调研、资料整理的辛勤付出及对村镇相关研究的探索挖掘，最后呈现出全面、丰富、详实、准确的内容。特别感谢浙江大学王竹教授和华中科技大学李晓峰教授对本书写作的指导。希望本书能为今后村镇研究相关教学与科研提供资料、方法与思路，为师生进行学术研究提供有益的参考与借鉴。本书难免有疏漏及不当之处，敬请各位同仁批评指正。

2022 年 9 月

目 录

上 篇　村镇空间格局的构成与设计

第 1 章　村镇空间格局的内涵和演变机制 —— 016
- 1.1　村镇空间格局演变过程 —— 016
- 1.2　村镇空间格局演变的影响因素 —— 019
- 思考题 —— 024

第 2 章　村镇空间格局的形态组织 —— 025
- 2.1　村镇外部空间格局形态 —— 027
  - 2.1.1　村镇边界的形状 —— 027
  - 2.1.2　自然环境与村镇形态 —— 032
  - 2.1.3　村镇与外界空间的联系 —— 038
- 2.2　村镇整体空间格局形态 —— 040
  - 2.2.1　村镇整体空间肌理 —— 040
  - 2.2.2　村镇街巷空间形态 —— 046
- 2.3　村镇组团空间格局形态 —— 054
  - 2.3.1　村镇建筑间的关系 —— 055
  - 2.3.2　村镇节点空间构成 —— 059
  - 2.3.3　村镇内部景观布置 —— 063
- 2.4　村镇单体空间格局形态 —— 067
  - 2.4.1　单体建筑空间格局 —— 067
  - 2.4.2　庭院式建筑空间格局 —— 071
- 思考题 —— 076

第 3 章　村镇空间格局的现代转译 —— 077
- 3.1　村镇空间肌理的转译 —— 077
  - 3.1.1　场地肌理的底与图 —— 077
  - 3.1.2　街巷的组织与构建 —— 079
  - 3.1.3　院落的传承与发展 —— 081
- 3.2　村镇传统建筑形式的现代转译 —— 085
  - 3.2.1　地形适应下的建筑转译 —— 085
  - 3.2.2　气候适应下的空间转译 —— 091
  - 3.2.3　迁移与文化下的建筑形式转译 —— 095

3.3 村镇空间元素的现代转译 —— 100
  3.3.1 传统村镇符号的现代转译 —— 100
  3.3.2 传统村镇材料的现代运用 —— 103
思考题 —— 107

中 篇 村镇风貌的保护与更新

第 4 章 村镇风貌保护概况 —— 110

4.1 村镇风貌的内涵与构成要素解析 —— 110
  4.1.1 村镇风貌的内涵 —— 110
  4.1.2 村镇风貌要素构成 —— 111

4.2 村镇风貌现存问题 —— 114
  4.2.1 宏观层面上的规划无序 —— 114
  4.2.2 人口流失导致的村镇空心化 —— 115
  4.2.3 经济发展导致的破坏性活动 —— 115
  4.2.4 村民个体保护意识的淡薄 —— 116
  4.2.5 村镇保护缺乏法律制度的保障 —— 117

4.3 村镇风貌保护原则 —— 117
  4.3.1 生态观：尊重原始风貌 —— 117
  4.3.2 文化观：传承和发扬特色文化 —— 118
  4.3.3 生活观：尊重当地生活习俗 —— 118
  4.3.4 生产观：结合现代农产业发展 —— 119

思考题 —— 119

第 5 章 村镇风貌保护与更新策略研究——整体性研究 —— 120

5.1 村镇风貌分层级保护策略 —— 120
  5.1.1 分层级保护目标 —— 120
  5.1.2 分区保护策略 —— 120

5.2 村镇自然风貌的保护 —— 122
  5.2.1 自然山体的保护与利用 —— 122
  5.2.2 滨水景观多样性的保护 —— 123
  5.2.3 农田景观地域性塑造 —— 124
  5.2.4 林田旷野天际线的保护 —— 125
  5.2.5 人工绿化风貌指引 —— 125

5.3 人文景观风貌的保护 —— 126
  5.3.1 人文景观的内涵 —— 126
  5.3.2 人文景观的保护措施 —— 127

5.4 村镇人工形态风貌的导控 —— 129

	5.4.1	导控原则	129
	5.4.2	街巷肌理的延续	130
	5.4.3	建筑风貌的控制引导	134
	5.4.4	点状公共空间的更新	151
	5.4.5	环境设施建设引导	155
5.5	产业风貌特色化发展		158
	5.5.1	产业特征与村镇风貌	159
	5.5.2	自然资源丰富村镇风貌底色	162
	5.5.3	文化特色丰富村镇风貌内涵	163
	5.5.4	传统产业丰富村镇风貌特征	164
5.6	湖南张谷英村的保护与更新		167
	5.6.1	概述	167
	5.6.2	整体风貌分区	167
	5.6.3	人工形态风貌保护	169
	5.6.4	人文风貌保护	171
	5.6.5	自然风貌保护	171
	5.6.6	产业风貌塑造	172
思考题			173

第 6 章　村镇风貌保护与更新策略研究——微观性研究　174

6.1	建筑结构的完善		174
	6.1.1	传统木结构建筑的保护与修缮	174
	6.1.2	其他结构的保存与修缮	176
	6.1.3	新结构形式的置入	177
6.2	建筑材料的保护		181
	6.2.1	材料的保护原则	181
	6.2.2	材料的防害措施	181
	6.2.3	材料的现代更新	182
	6.2.4	材料的数字建构	187
6.3	建筑装饰的表达		190
	6.3.1	建筑装饰色彩艺术	190
	6.3.2	建筑装饰纹样艺术	191
	6.3.3	建筑装饰雕刻艺术	192
6.4	建筑防护性措施		196
	6.4.1	防火	196
	6.4.2	防潮	198
	6.4.3	防虫	198
	6.4.4	避雷	198

6.5 文化空间的传承 — 198
　6.5.1 移民文化空间 — 199
　6.5.2 戏曲文化空间 — 201
　6.5.3 信仰文化空间 — 202
　6.5.4 水系文化空间 — 204
　6.5.5 标识文化空间 — 205
　6.5.6 耕读文化空间 — 206
思考题 — 211

下篇　村镇建设新方向

第 7 章　村镇田园综合体 — 214

7.1 田园综合体的内涵 — 214
　7.1.1 田园综合体的概念 — 214
　7.1.2 田园综合体的构成 — 215
7.2 村镇田园综合体的类型与案例研究 — 217
　7.2.1 田园综合体的建构模式 — 217
　7.2.2 田园综合体的发展思路 — 232
7.3 村镇田园综合体的发展趋势 — 234
　7.3.1 从独立发展向集群发展转变 — 234
　7.3.2 从线性发展向网络发展转变 — 235
　7.3.3 从资源整合向资源共享转变 — 235
思考题 — 236

第 8 章　村镇新型公共建筑 — 237

8.1 村镇新型公共建筑的内涵 — 237
　8.1.1 村镇新型公共建筑的发展因素 — 237
　8.1.2 村镇公共建筑的概念内涵 — 238
　8.1.3 村镇公共建筑发展存在的问题 — 239
8.2 村镇新型公共建筑的类型与案例研究 — 243
　8.2.1 文教复合型公共建筑 — 244
　8.2.2 文旅体验型公共建筑 — 246
　8.2.3 生活拓展型公共建筑 — 248
　8.2.4 产业融合型公共建筑 — 250
　8.2.5 农业生产型公共建筑 — 254
8.3 村镇新型公共建筑的发展趋势 — 255
　8.3.1 空间开放性 — 255
　8.3.2 业态复合性 — 256

  8.3.3 功能多元性 —————————————————— 256
 思考题 ——————————————————————— 257

第 9 章　村镇民宿建筑 ——————————————— 258

 9.1 村镇民宿建筑的类型与案例研究 ———————— 258
  9.1.1 农业体验型 ——————————————————— 258
  9.1.2 民俗游览型 ——————————————————— 259
  9.1.3 运动观光型 ——————————————————— 260
  9.1.4 传统经营型 ——————————————————— 262
  9.1.5 度假休闲型 ——————————————————— 263
  9.1.6 艺术设计型 ——————————————————— 265
  9.1.7 自助社群型 ——————————————————— 266
 9.2 村镇民宿的设计策略 ————————————————— 269
  9.2.1 融合地域特色，构建场所精神 ———————— 269
  9.2.2 关注建筑细节，营造特色空间 ———————— 269
  9.2.3 生态节能设计，延续地方建造 ———————— 269
  9.2.4 产业资源整合，多元业态经营 ———————— 270
 思考题 ——————————————————————— 271

第 10 章　村镇灾后重建 ——————————————— 272

 10.1 我国自然灾害区域分布特征 ———————————— 272
 10.2 灾后重建设计策略与案例分析 ——————————— 272
  10.2.1 村镇产业重建 —————————————————— 272
  10.2.2 村镇生态恢复 —————————————————— 273
  10.2.3 基础设施重建 —————————————————— 274
  10.2.4 村镇建筑重建 —————————————————— 276
 思考题 ——————————————————————— 283

图片来源 ————————————————————————— 284
参考文献 ————————————————————————— 288

上 篇

村镇空间格局的构成与设计

　　空间格局的概念起源于景观生态学，后因跨学科研究的兴起被引申至地理学、生物学和城乡规划学等领域。在景观生态学和地理学中，空间格局指"生态或地理要素的空间分布与配置"；生物学中的空间格局是指种群在其生活空间中的位置状态；而在城乡规划学中，空间格局是指城市和乡村的构成要素的性质和空间分布特征等。

　　基于多学科对空间格局的定义，本书中村镇空间格局指的是不同尺度下村镇构成要素的特征信息、空间分布结构和规律信息，并将村镇空间格局按照从宏观到微观的尺度关系分为四个层级：以村镇整体形状和外部关系为核心的村镇整体空间格局、以村镇内部肌理和街巷网络为核心的村镇内部空间格局、以村镇院落和节点组织为核心的村镇组团空间格局，以及以村镇细部空间构成为核心的村镇单体空间格局。

第 1 章 村镇空间格局的内涵和演变机制

1.1 村镇空间格局演变过程

早在旧石器时代,就出现了以采集食物与狩猎为生存需求的原始聚落。当然,这种原始聚落与现代村镇的概念相差巨大,此时聚落的形态完全被生态系统所限定,它是现代村镇发展的雏形,经过漫长的发展才演变成为现代村镇。我国为农业大国,村镇空间格局也一直随着农业生产力的发展而不断变化,在这个过程中同时存在着社会、文化等其他因素对村镇空间格局的演变产生影响,但生产力的发展始终占主导地位。因此可以将我国村镇空间格局的演变过程分为五个阶段:原始生产阶段、传统农业阶段、初步工业化阶段、村镇融合阶段、科技发展阶段。

1)原始生产阶段

经过原始的采集食物与狩猎的生活后,人类发明出"刀耕火种"的方法,开始初步利用农业技术与资源。相较于原始阶段的资源限制,此时人类获得了较为稳定的食物来源,逐步变为定居生活,村落中出现了氏族公社形式,这代表着社会组织的出现,内部开始分工,村落的基本空间格局开始出现。不过在此阶段,人类村落生产力极低,人们是以生存为目的而聚集,虽然有原始信仰,但是并未对村落空间格局产生决定性的影响,因此该时期的村落空间格局主导影响因素为村落本身的功能结构。据考古发现,该时期村落空间格局多呈圆形层叠式(图1-1),圆心处为村落最为重要的建筑,如存放食物的仓库或信仰图腾等;圆中层为住宅建筑空间及部分工作空间;圆外层为防御建筑或设施,用以抵抗野兽或外族入侵。

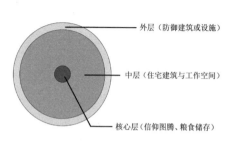

(a)圆形层叠式结构示意图　　(b)陕西省临潼姜寨原始村落空间形态

图1-1 原始生产阶段村落圆形层叠式结构示意图

2）传统农业阶段

在进入奴隶社会和封建社会后，生产资料开始集中，生产工具得到改进，耕作制度也发生了转变。本阶段村落的氏族公社开始瓦解，社会分工进一步分化，生产资料分配到个体家庭，村落公共财产也逐渐分散到各个家庭。在封建社会中，小农经济成为基础，家庭功能逐步扩大，代替村落成为人生活的最小集体单元。

该阶段村落生产力有限，农业仍是村落生存和发展的核心，因此自然生态环境成为该时期村落空间格局的主导影响因素。宗族观念的产生和宗教文化等的发展使得社会文化等因素也对该时期村落空间格局产生了一定的影响，"宜地而居"成为村落建设的首要目标。村落氏族公社的瓦解也使得原始生产阶段形成的圆形层叠式村落空间格局被打破，家庭空间开始逐渐扩大，村落空间格局逐渐转换为组团排列式（图1-2），形成以一个或多个家庭为组团单元、依地形地势排列的空间格局。

传统农业阶段生产能力有限，村民生活水平需求较低，村落规模和分布密度多由耕作半径决定，村落内部基本可以做到自给自足，因此村落仍可以以一个独立单元存在，整体空间规模小且封闭，与外界交互较少。在传统农业阶段由于生产力的发展导致社会分工的逐渐分化和阶级的划分，农业、牧业、手工业开始出现明显的界限。人们逐渐增多的交换需求导致了市集和商业的产生，随着商业和手工业的集中，市集也逐步演变成了市镇。

本阶段中，国家的概念逐步产生，政治机构进入一部分市镇。自此市镇开始产生分化：一部分市镇由于政治需要成为城市；另一部分继续为村落提供市集交换功能，同时成为联系城市和乡村的过渡型空间。

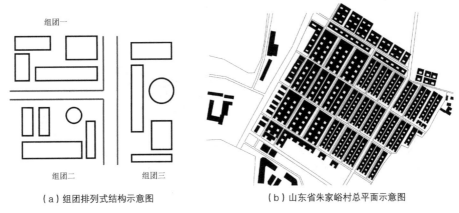

（a）组团排列式结构示意图　　　　（b）山东省朱家峪村总平面示意图

图1-2　传统农业阶段村落组团排列式结构示意图

3）初步工业化阶段

随着 18 世纪工业革命的开始，工业生产逐步代替了手工生产和部分农业生产，大量的人口从事非农业生产，使得原本供需平衡的乡村不能继续保证自给自足。同时由于乡村内部土地不足，传统农业生产力接近极限，不能满足人口增长需求，使乡村被迫向工业转型，促进了乡村与城镇的联系。不过工业化进程进入中国的过程较为缓慢，在该阶段中村落仍较长时期保留着传统农业时期的空间格局特征，但世界工业化的迅猛发展也暗示着中国村落空间格局的剧烈变化。

工业化初期小型集镇与乡村的功能分化并不严重，小型集镇和乡村在功能上仍保留着很大程度的相似。该时期受到工业化的冲击后有很多村落跃升为集镇，而小型集镇开始成为几个村落的核心，人类聚居单元逐步成为"村镇"（图 1-3）。

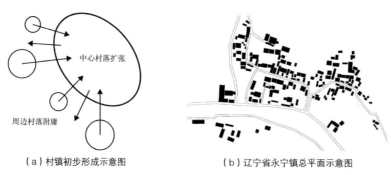

（a）村镇初步形成示意图　　（b）辽宁省永宁镇总平面示意图

图 1-3　初步工业化阶段村镇初步形成示意图

4）村镇融合阶段

随着近代工业化冲击逐步加剧，传统村落空间结构开始解体，城市不再是少数人居住的生活场所，大量人口由乡村涌入城市。工业与农业分离并向集镇集中，乡村手工业几乎完全被集镇工业所代替，城乡分工急剧分化，产生了集镇工业、乡村农业的局面。同时乡村已不能独立于集镇存在，乡村与小型集镇开始走向融

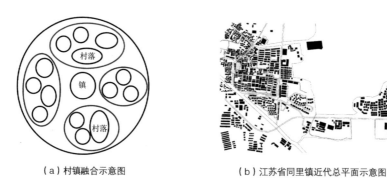

（a）村镇融合示意图　　（b）江苏省同里镇近代总平面示意图

图 1-4　村镇融合阶段示意图

合（图1-4）。

传统农业模式的解体使得村镇生产力得到解放，人类逐渐脱离"靠天吃饭"的局面，自然环境对村镇空间格局的影响已大大减小，而政治影响因素逐渐占据主导。在这个时期政府开始对村镇空间的发展进行管控。民国时期政府和社会知识分子发起"乡村建设运动"，为村镇兴办教育、改良农业、改善医疗条件等；中华人民共和国成立后加强了户籍制度，切断了乡村和城镇人口的互相流通，加强了乡村和城镇的相互依存性，固化了村镇系统。

在该阶段由于乡村与小型集镇的结合，村镇逐步形成了以集镇为中心，乡村围绕其发展的圈层空间格局。社会主义改造倡导的集体化生活也催生了新的村镇公共空间和公共建筑，乡村会客厅、合作粮仓等功能性公共建筑不断涌现。

5）科技发展阶段

我国城市化进程在改革开放后逐步提高，乡村的发展逐步加快。科技的发展使得乡村能够保证农业生产力的同时发展其他产业，因此乡村也开始涉足工业和第三产业，工业逐步成为主体产业，农业变为副业。同时乡村生活质量的提升也吸引了一部分城市人口回流，乡村虽仍以集镇为中心发展，但不再过分依赖于其中心集镇的产业机能。

科技带动生产力的发展使得村镇可以引入不同的产业，并根据村镇本身特色选择不同发展方向，产业与文化已成为该阶段村镇空间格局的主要影响因素。村镇逐渐形成了多元化、独立化、扩张化的空间格局特点，但也产生了边缘化、空心化等问题。

总之，村镇空间格局随着村镇和集镇的发展和结合而变化，由演变过程来看，社会生产力的发展程度是村镇空间格局的主导影响因素，社会文化和政治制度随着发展对其有着不同的影响，也会产生不同的空间格局表现。

1.2 村镇空间格局演变的影响因素

村镇地域系统是一个"自然—经济—社会—生态复合体"[1]，从表面看，村镇聚落的变迁由物质实体的更迭与空间的组合变化形成。但正如马克思在《资本论》中所言，经济基础决定上层建筑，在物质实体更迭的背后，人类政治、经济、社会、文化等因素的影响同样不可忽略，比如，目前存在的老人村、空心村，以及近年来扶贫工程中的整体村镇搬迁现象，很大程度上由这些因素决定。可以看出单方面对物质要素的讨论研究不足以充分解释村镇发展中的某些现象,本节试图讨论自然环境、社会文化、经济技术、政治政策等因素对于村镇空间格局演变的影响。

1)政治因素

在距今 6000~7000 年的母系氏族时期,政治因素对于聚落空间格局的影响就已经开始显现。例如仰韶文化半坡遗址中作为氏族首领居住以及公社公共活动中心的大房子,位于聚落中心位置,被一系列小房子所包围,表现出众星拱月的王权象征,具有明显的向心性,显现出初步的政治影响(图 1-5)。

及至在后来相当长时间的封建社会中,作为无上王权象征的都城,无论"前朝"还是"后寝"的营建都有意呈现出明显的向心式布局,暗示以王权为中心的统治思想(图 1-6)。直到当代,在注重宗族文化的南方村镇仍采用以祠堂为中心的布局形式①,一定程度上是"以中为尊"政治思维在村镇布局中的映射。其典型案例如安徽省宏村(图 1-7),福建省永定承启楼(图 1-8)。

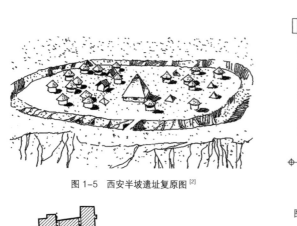

图 1-5 西安半坡遗址复原图[2]

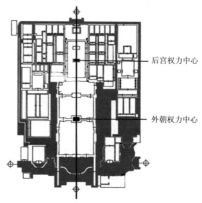

图 1-6 紫禁城中轴建筑群体格局示意图[3]

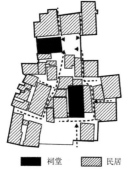

图 1-7 安徽省宏村组团平面图

图 1-8 福建省永定承启楼

---

① 中国古代为巩固皇权,传统封建统治者采用"国权不下县,县下唯宗族,宗族皆自治"的方式维持统治,家法族规也因此代替制度法规,祖宗之位代替皇权,作为村镇精神中心的祠堂也顺理成章地成为村镇聚落空间格局的中心。

2）自然环境因素

首先，地形地貌对于村镇选址与整体形态有着明显影响，如平原地区，村镇以靠近河流利于取水且土地肥沃的开阔地带为首选，布局形式多呈现紧邻河流的带状与稍远于河流的团状；而在丘陵地区村镇多依山就势，层层展开，布局形式多为带状。

我国南北方在村镇格局方面表现出明显差异的另一个原因是气候条件。如南方夏季湿热，民居以遮阳、隔热及通风为主要功能要求，就需要以较为狭窄的巷道形成"冷巷"以加强自然通风，带走多余热量。织罗如网的窄巷形成了南方村镇相对紧凑、细密的格局；反之，北方冬季寒冷漫长，需要大量开敞空间（如宽巷、晒台）以充分吸收太阳辐射，村落平面结构相对松散（表1-1）。

自然环境影响下南方、北方村镇格局特色　　　　表1-1

	南方	北方
气候特征	夏季湿热多雨、冬季温和湿润	夏季炎热多雨、冬季寒冷干燥
对气候因素的应变	利于通风"冷巷"	开敞的节点空间（如宽巷、晒台）
村镇格局特色	结构相对紧凑、细密	结构相对松散
典型村镇	浙江建德新叶古镇	河北于家村

3）社会文化因素

回顾村镇的发展历程，可以发现血缘成为影响其形成与发展的关键因素之一。在漫长的村镇发展过程中，基于血缘的礼俗社会，很大程度上依靠道德礼仪观念实现自治，这种讲究三纲五常、以孝道为核心的伦理道德观念和长者为尊的观念形成了根深蒂固的宗族思想，对于聚族而居的传统村镇聚落空间格局有着根本的影响。反映在村镇聚落形态上，常常是以宗祠为核心向四周辐散。如安徽省西递村（图1-9），以规模最大的敬爱堂为全村中心，环绕布置；其余九支各以支祠为副中心，形成次级结构，构成组团，整个村镇主次分明、分区明显。

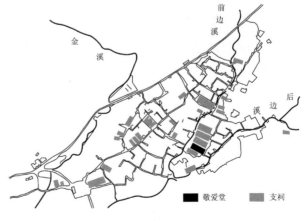

图1-9　安徽省西递村祠堂分布图

湖南省张谷英村则体现了辐射形态的另一种变体——轴线型（图1-10）：村内的"王家段"大屋平面呈"丰"字形结构，纵向的主轴以"派"为茎干依次发展，主轴的尽端为祖堂或上堂，两侧的厢房居住着家族最年长的老人；横向的支轴为各个"支"系的衍生，同一平行的方向为同辈不同支的家庭居住地[4]。在院落内部，北侧正房居中而建，左右两侧厢房对称布置；同时整个聚落群布局工整严谨，格局对称、规整，暗合封建礼法中"长者为尊"的礼制观念。

可以看出，礼学思想与宗族思想在村镇营建过程中虽有重复，但在表现层面上却各有侧重：宗族思想更多地体现在以祠堂、庙宇为核心的整体村镇布局与组团上；而礼学思想在内外有别、尊卑有序的院落秩序空间与建筑内部空间中，表达得更为明显。

其次，受儒家"耕读文化"影响，在位置经营上，村镇多毗邻农田；在村镇环境经营上，常在东南方向有尖状山峰，村镇与山峰之间开凿池塘，取意"文笔蘸墨"；最能体现耕读文化的当属书院建筑，许多村镇将书院作为标志性建筑营造，使之成为村镇重要节点。

此外，受"藏风聚气""负阴抱阳"等风水文化理念的影响，在村镇选址、民居朝向等方面表现出"枕山、环水、面屏""坐北朝南"等选择。这些都对村镇空间格局的形成与发展有着深刻的影响（图1-11）。

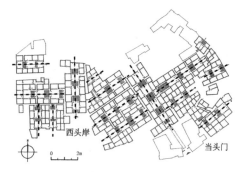

图1-10 湖南省张谷英村轴线型空间格局示意图

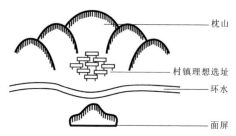

图1-11 风水中"枕山环水面屏"示意图

4）经济技术因素

经济的发展是生产关系和生产力共同作用的结果。经济技术因素包括生产方式、经济制度、产业结构、商品流通等诸方面，无一不对聚落的空间形态产生影响[5]。

以生产方式和产业结构为例，在以粮食种植为主的时期，土地由个体农户经营，村镇选址与耕地呈现出紧邻的空间分布，村镇体系格局自由均质，空间结构最为分散；随着经济的发展，我国经济形式由自然经济到商品经济转变，农业种植结构转型，蔬菜、水果等作物种植逐渐增加，经营模式转变成由农户个体和村集体为主导的农地规模经营模式，村镇与耕地呈现出一定程度的分离，商业因素逐渐成为村镇空间组织的基本原则之一。各商业市镇之间保持相对均衡的距离，村镇结构由分散状态向较为集中状态转变，其背后原因便是由于商业布点集中、农业运输效能提升等等[5]；近年来出现了以企业或合作社为主体的产业规模经营模式，以设施农业、特色作物等高附加值的产品为主。原有规模小、分布零散的村镇逐渐被规模大、集约化的村镇所取代[6]（表1-2）。

产业结构对比表　　　　　　　　　表1-2

	个体型	农地规模经营型	产业规模经营型
机械生产程度	低	中	高
村镇格局	结构分散、农田环绕或在一侧	以单个或少量农业大宅基地为中心，农田环绕布局	规模大、等级结构清晰
村镇体系格局	自由均质	一主多辅，相对分散，环绕中心村布置	一主多辅，依托交通干线和优势资源均衡布局

此外，位于交通线上的村镇，活跃的商品流通促使部分街道逐渐发展成集市的同时，村镇规模不断扩大，原有格局发生了彻底的变化。如苏南吴江震泽镇，据乾隆十一年《震泽县志》卷4《疆土志四·镇市村》记载："元时村市萧条，居民数十家，明成化中至三四百家，嘉靖间倍之而又过焉，迄今货物并聚，居民且二三千家，实邑西之藩屏也"。从这一发展过程可清晰看出商品贸易对于聚落发展的影响。

随着科学技术水平的快速发展，新交通方式的出现导致村镇格局被割裂，建筑新材料如混凝土的使用让古村落中出现了突兀的自建房，这些现象正深刻改变着村镇的空间格局（图1-12）。

事实上，村镇聚落空间格局的形成、发展既受到政治、自然环境等外源性因素

（a）割裂村镇的快速道路示意图　　　（b）传统村镇中的自建房

图1-12　当代村镇现状

影响,又受到社会人文、经济技术等内源性因素影响。可以说某一因素在一定时期或地区村镇发展中占据主导地位,但单独强调某一因素则是片面、偏颇的,应该认识到这些因素的影响是综合性、动态性的。随着技术进步,人类改造自然的能力逐渐加强,自然环境因素对于村镇空间格局的影响力逐渐下降。然而,在某些自然生态特殊的地区,水土资源依旧是约束和限制村镇空间演变的首要因素[8]。同样应该认识到,这些因

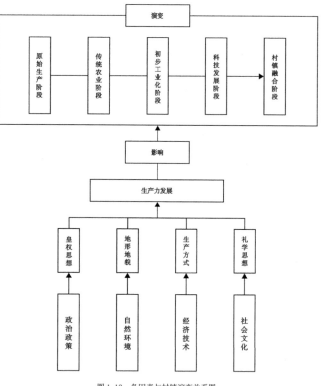

图1-13 各因素与村镇演变关系图

素在村镇外部、内部、组团、单体等不同层面的影响,亦是综合性的。具体地说,村镇外部格局受自然环境因素的影响最为显著;而内部空间格局受到以自然环境、社会人文为主,同时兼有经济技术、政治因素的影响;组团的布局形式则主要受到社会人文因素的影响;至于院落单体格局,则是综合四者影响的结果(图1-13)。

◆ **思考题**

1. 在不同的时期,村镇分别呈现什么样的形态?
2. 村镇融合是否是世界村镇发展的趋势?
3. 除书中提到的影响因素外,你认为还有什么因素会影响村镇空间格局的演变?
4. 对于村镇空间格局而言,你认为哪种因素对其产生的影响最大?

第 2 章 村镇空间格局的形态组织

在介绍村镇空间格局的形态组织之前有必要对村镇空间格局的基本构成要素进行简要解析，以对村镇有一个基本的认知。20 世纪中叶，希腊人类聚居学理论的创立者道萨迪亚斯（Constantinos Apostolos Doxiadis）提出"人居环境学"的概念雏形，认为村镇作为人类聚居形式之一，是由自然、建筑、支撑网络、人与社会等要素构成的复杂系统。人居环境学以"人"与"自然"二者为基本出发点，强调把人类聚居作为一个整体，而不像城乡规划学、地理学、社会学那样，只涉及人类聚居的某一部分或是某个侧面[9]。而村镇空间格局指长久以来形成的各个功能空间在村镇内的空间关系及与周边环境的关系，一般包含建筑群落空间、公共开敞空间、传统街巷路径、生态绿地等控制要素[10]。以此为出发点，借鉴人居环境学的整体理念，我们将村镇空间格局的构成要素总结为自然、建筑、支撑网络三部分。

自然

自然是指包括气候、地形、动植物、矿物资源、环境、土地等多种要素在内的统一体。整体自然环境与生态系统是村镇空间格局产生的基础。如平原地区，因地势平坦村镇多表现为团状或靠近河流的带状形态；而丘陵地区，借助山体的自然坡度，村镇呈现出依山就势的层叠形态；而苏杭等水路发达地区，借助繁密的河流网络发展出交织纵横网状形态。

建筑

建筑是指对民居、公共建筑物、构筑物等多种形式的人造物及其所形成的空间的统称。村镇建筑从早期提供单一庇护功能发展到集居住、文化、商业、教育、医疗等多种功能并有的多类型建筑，成为抵御自然灾害、改造自然的标志，同时也是人类亲近自然的载体。一个个建筑单体，仿若拼图碎片单元，对于村镇整体格局的演变有着循序渐进的影响。以安徽省宏村为例，在村镇定居、发展、鼎盛的一系列过程中，平面格局有着明显的变化（图 2-1）。在此过程中村镇规模随之不断扩大，不断涌现的新建建筑改写着村镇格局与面貌。

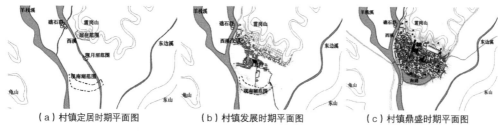

（a）村镇定居时期平面图　　　（b）村镇发展时期平面图　　　（c）村镇鼎盛时期平面图

图2-1　安徽省宏村不同时期平面图[11]

支撑网络

支撑网络是指所有人工和自然的联系系统，其服务于村镇并将村镇联系为整体，如道路系统、供水和排水系统、发电和输电、通信设备等基础设施。一方面，支撑网络作为物资通道连接村镇与外部环境，源源不断地输送资源维系着村镇的正常运转；另一方面在村镇内部以道路系统为代表的支撑网络形成显性结构，伴随其基数的增加、功能类型的增加，衍生出各式各样的形态，很大程度上影响着空间格局的走向。

自然、建筑、支撑网络这三者不是孤立存在，而是休戚相关、彼此依附的关系，它们作为一个整体共同影响着村镇的形成与发展。从整体的角度看待村镇空间格局，不仅能够兼顾"空间"与"实体"两个方面，对于促进对村镇"图"与"底"、"内"与"外"、"人工"与"自然"等多方面的进一步认知同样裨益匪浅。

人作为历史活动的主体、自然环境的改造者、建筑的缔造者，为满足不同个体需求而产生的社会分工，导致不同生活、生产空间的划分与组织。以此来看，村镇空间格局的设计需妥善处理各类空间、形成空间的建筑实体，以及支撑网络这三者之间的关系，为和谐融洽的社会关系创造物质基础。

用自然、建筑、支撑网络的视角，更多是从整体的角度解释村镇空间格局的构成要素，为了进一步全方位辨析村镇空间格局形态，借鉴国内外多数学者对村镇研究所采取的分层方法——将村镇空间划分外部空间格局、内部空间格局、建筑组团、建筑单体四个层级，以期建立一套能够从整体到局部、从宏观到微观，对不同地区、不同形态的村镇空间格局进行归类、比较的空间认知方式。

2.1 村镇外部空间格局形态

2.1.1 村镇边界的形状

"边界"一词在《汉语倒排词典》中指国和国、地区和地区之间的界线。对应到空间概念上即空间与空间之间的界线。德国哲学家海德格尔（Martin Heidegger）在其后期的思想中认为"空间本质上乃是被设置的东西，被释放到其边界中的东西"，可以看出边界对于空间的重要性。边界可以被认为是空间的界定，有了边界，空间才可以被限定和描述。

在后续对城市、村镇的相关研究中，边界的含义被扩展，不仅仅指代城市或村镇空间地理层面上的边界，还代表着经济边界、政治边界、文化边界、社会边界等其他各个层面上的含义。将村镇边界定义为村镇整体空间格局的重要组成部分，仅含有空间意义，即村镇的外轮廓形状，在此不过多探讨村镇边界其他层面上的含义。

1）村镇边界的拟合

村镇的边界具有模糊性的特质。建筑空间的边界通常很好确定，因为其有实体的元素如围墙、植物等进行准确的界定。但大多数村镇是开放的，村镇之间的边界也存在着互相的干扰，这使得村镇的边界同建筑的边界相比较为模糊且不易确定，因此可以采取近似模拟的方式来对村镇边界进行拟合，用以研究和归纳村镇边界形态。

德国城市地理学家克里斯泰勒（Chris Taylor）在其创建的中心地理论中提出聚落的六边形网络分布模式，该理论可被描述为通过村镇功能分区和交通服务半径对村镇进行六边形网络划分，并以六边形网络的边界作为村镇的边界讨论（图2-2）。但该方法侧重于村镇功能服务层面的划分，在空间层面上对村镇边界的拟合不够精细。城市边缘区（urban fringe）是另一种以过渡型带状区域作为城乡边界的划分方式，该方式可以较好地体现边界的模糊性，但同样缺乏精确性。

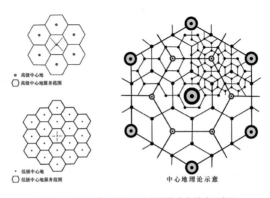

图2-2 中心地理论中六边形网络分布模式示意图

我国建筑学学者浦欣成在其《传统乡村聚落平面形态的量化方法研究》一书中提出一种新的聚落边界判断和拟合方式[12]。该方式对浙江省湖州市下庄村分别以100m、30m、7m为虚拟边界尺度的三个尺度层级，以村镇最外层建筑物为基准拟合村镇边界（图2-3），因此仅保留了村镇的最外层轮廓线信息，但本节仅需研究较大尺度层面下的村镇边界形状，所以尝试在50m尺度层级下采用该方式拟合村镇边界并进行研究。

（a）100m大边界图　　　　（b）30m中边界图　　　　（c）7m小边界图

图2-3　三个尺度下下庄村拟合边界图

2）村镇边界形状分析

村镇边界形状的变化受地理、文化、政治等多方面因素影响，其边界形状也存在着极大的差异性。道萨迪亚斯（Constantinos Apostolos Doxiadis）曾在"人类聚居学"中将聚居的形态划分为圆形、规则线形、不规则线形三类；浦欣成将聚落边界形态分为团状、带状、指状和其他非典型状；国内还有其他类似的分类如环状、条状等。本书对一些典型村镇边界进行了拟合，根据该拟合情况分析及国内学者相关观点，可以在小尺度拟合情况中将村镇边界形状分为集聚形和离散形两类，又可以在大尺度拟合情况中将村镇边界形状在集聚形中细分为带形、规则团形、发散团形、混合形和离散形五类。

（1）带形边界

带形边界一般指村镇边界形状中一个方向上的长度远大于另一个方向上的长度的形状。这种边界常出现在受地形等影响较大的环境中，通常是村镇顺应水流、道路形状延伸，或是两侧受到山体挤压而成。如重庆市涞滩村和贵州省云山屯村的主要部分就是位于山坳，顺山坳延展而成带形；浙江省嘉兴市西塘镇的主体部分也可以看作由两个带形边界顺应河流走向而形成（图2-4）。

（2）规则团形边界

规则团形边界是最为常见的一种村镇边界形状。这种边界常出现在受地形限制不大的环境中，因此村镇得以规则发展。在北方平原地区这种边界类型尤为常见。如山东省济南市朱家峪村、安徽省黄山市棠樾村等（图2-5）。另外，一些规模

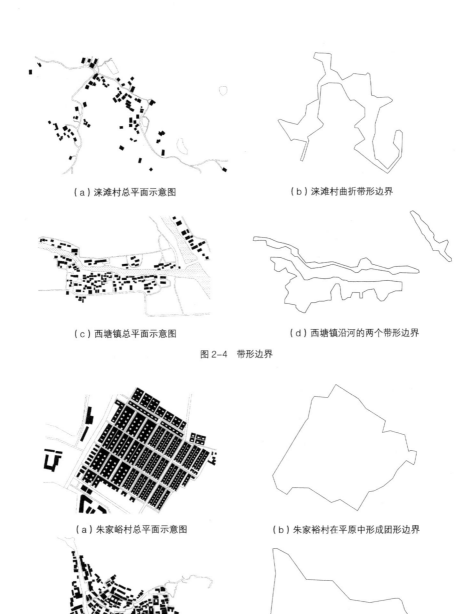

(a) 涞滩村总平面示意图　　　　　　　　（b) 涞滩村曲折带形边界

(c) 西塘镇总平面示意图　　　　　　　　（d) 西塘镇沿河的两个带形边界

图 2-4　带形边界

(a) 朱家峪村总平面示意图　　　　　　　（b) 朱家峪村在平原中形成团形边界

(c) 爨底下村总平面示意图　　　　　　　（d) 爨底下村在山坳中形成团形边界

图 2-5　规则团形边界

较小的村镇边界受地形环境限制较小，在山坳、山顶等相对平缓的地形中也可以形成规则团形边界，如北京市爨底下村。

（3）发散团形边界

发散团形边界是以团形为基础，又向外发散的一种边界形状。一些学者又将其称为指形、星形边界等。由其名可以看出这种边界形状就如同分开的五指发散向四方,而中心处又有较大的团块。简言之,可以将其视为规则团形边界和几条带形边界混合而成的形状,常出现在山谷、丘陵等地形环境中,如湖南省岳阳市张谷英村、山西省吕梁市西湾村等(图2-6)。同时,村镇建筑的排布有时也会促使村镇形成这种边界形状。如张谷英村"丰"字形的建筑排布就与山谷地势一同促使该村形成发散团形边界。

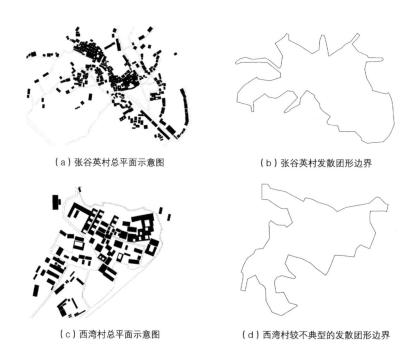

(a)张谷英村总平面示意图　　(b)张谷英村发散团形边界

(c)西湾村总平面示意图　　(d)西湾村较不典型的发散团形边界

图2-6　发散团形边界

(4)混合形边界

在村镇的发展过程中,其边界形状往往趋向于保持原有基本特征,但受制于地形、河流等环境因素影响,一些村镇在扩张中不得不改变其原分布趋势,以在一定程度上顺应环境发展。这些村镇往往呈现出两种或两种以上的村镇边界形状。如江苏省苏州市同里镇就是由一片发散团形边界和几片规则团形边界混合而成;重庆市西沱镇则是由带形边界和离散形边界混合而成(图2-7)。

(5)离散形边界

离散形边界顾名思义,即村镇中建筑等元素相对分隔较远,边界形状被分割为小块,不能形成完整的形状。如广东省开平市自力村,形成了许多离散团块,每个团块由几栋建筑组成(图2-8)。

 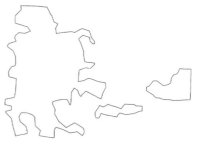

（a）同里镇总平面示意图　　　　　　　　（b）同里镇混合形边界

 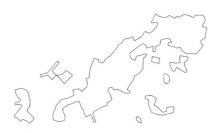

（c）西沱镇总平面示意图　　　　　　　　（d）西沱镇混合形边界

图 2-7　混合形边界

（a）自力村总平面示意图　　　　　　　　（b）自力村离散形边界

图 2-8　离散形边界

小结

　　由上述分析可知村镇边界形状会受到地形地貌、行政范围、人口密度、耕地质量等多方面影响。当今村镇边界的形态受到城镇化和村镇耕地发展等因素的影响。在国家规划层面需要注意控制村镇边界形态，在城镇化的基础上防止城市无序扩张侵占村镇边界，使村镇边界得到有序发展。

　　另外，大数据时代的到来为村镇边界的研究提供数字技术与方法，采用夜间灯光、遥感和人口密度等数据拟合村镇边界的方式已经出现，以及运用 GIS 等地理空间大数据方式来对村镇空间进行精细化研究。

2.1.2 自然环境与村镇形态

村镇空间与自然地理环境密不可分。与城市相比,村镇受到环境的影响更为显著,因为村镇规模小而分散,接触的自然要素更多,受到自然的影响更为强烈。村镇就是人类改造自然环境形成的一种产物,因此自然环境也构成了村镇空间格局的一部分,其中地形地貌、水体流域、气候条件则是影响村镇形态最为重要的自然影响因素。

1)地形地貌影响下的村镇形态

地形地貌是村镇自然环境中最为明显的特征,也是村镇形成与建造过程中需要着重考虑的因素。按照地形高度划分,我国共五大类:高山、山地、盆地、丘陵和平原;按照地貌形态划分,我国共七大类:高原、山地、盆地、丘陵、平原、冰川和海岸[13]。不同的地区,其包含的地形地貌不止一类,如我国的海南省,以丘陵低山为主,中部高四周低,地形地貌各异。本书将不同地形地貌下村镇形态进行耦合对比研究,由此分为高山峡谷、低山丘陵和平原三类较为典型的村镇形态。

(1)高山峡谷

高山峡谷地形中的聚落,首先面对的残酷自然考验便是以山为界的空间格局割裂了地块,这些不利因素导致传统的耕种与养殖无法进行。但是高原上有山、谷和水,从而形成了以农牧结合为主的生活方式[14]。如我国的塔吉克族就集中居住在我国新疆萨雷阔勒岭以东的帕米尔高原上(图2-9)。此处平均海拔高度为3000~4000m,因此他们大部分居住于河谷与河漫滩区域,单户或者多户形成一个组团,沿着河流分布。为了对抗恶劣的自然环境,塔吉克人从传统农耕逐渐变为半农半牧的生活方式,春播后放牧,秋季收获后过冬。帕米尔高原天气寒冷,冬天甚至到零下20℃,日照稀少,有时整日都毫无阳光。因此,建筑上要兼顾保暖与采光,四周墙体为石头砌筑,且均无开窗,仅有屋顶会留1m见方的天窗用于采光。

对于高山峡谷等海拔较高的高原山地地区,聚落集中于少数的山坳平原、河滩或是盆地,居民点的空间形态多以点状、带状散布。

图2-9 帕米尔高原居民点散布形态

（2）低山丘陵

我国有极大一部分村镇位于低山丘陵区，包含山地、丘陵和盆地等类型。其农耕用地相比高山峡谷地区较充裕，但古代生产力不足，在地势较高区域仍无法较好建造，因此人们考虑的是如何择优而栖。如在山坳之中的村镇，呈现点状分布较多，这是根据自然条件选择的结果。我国东部的低山丘陵地区，村镇常分布在山麓冲积平原与山体交界处；我国西南地区，村镇也并非集中在平坝和河川两岸，多数房屋集中于山麓阶地；我国东南沿海岛屿，因为平原面积太狭小，岛屿上的村镇几乎都位于平原和山地的接壤之处。

我国西南部贵州的村镇，耕田顺延山势层阶而上，房屋排布鳞次栉比，耕地与民居紧紧相连，便于村民农作（图2-10）。在山脉绵延的自然中，村镇的选址依山傍水，虽有"天无三日晴，地无三尺平"不可抗力的自然因素，居民利用人力、工具与智慧，在符合自然规律变化的条件下改造环境，聚居于此，村镇建筑顺应地势而成。

于家村地处河北省石家庄市井陉县中西部山区，始建于明成化年间，内部建筑保存完好，共计石屋4000余间。于家村四面环山，北面高、南面低，村镇入口隐蔽（图2-11）。

图2-10 居住区与耕地紧密联系

图2-11 石家庄市于家村格局鸟瞰图

在明清时期，许家山古道曾是象山通往宁海县府的主要官道[15]，许家山村则是浙江沿海山地的典型村镇，建造于山顶，由于地形条件限制，整体建筑格局呈现为团状，就地取材，形成了一片玄武石堆砌而成的建筑群。河南省登封市徐庄镇柏石崖村，三面环山，背临悬崖，内部有一条小溪径流，村民在此进行村庄的建设[16]。

（3）平原

平原并非毫无地势起伏，许多平原地区仍有着山脉的末端，整体而言海拔均在200m以下，也有因沉积物所补偿而形成的堆积平原，高平原多高于200m、低于1000m。在低洼平原地区，村镇常受洪水威胁，易受水淹的河流两岸、湖滨滩地或盆地中心洼地往往村镇分布很少。因此村镇主要分布在地势较为平缓（坡度a为1°~3°）的山前漫岗和低平原上，同时也利于耕地开垦，免遭洪水灾害。

平原地区地形对村镇空间限制较小，村镇形态呈现集中形态，居民往往避开地势较为低洼的地带，在高地和圩堤上建造村镇。如华北平原上临近太行山脚下的村镇，往往会向山脚聚集，将平坦的地区留给耕地。另外，平原地区用地充足，建筑往往开阔且占地较大，村镇舒展，平面布置井然有序。

2）水体流域影响下的村镇形态

水是人类定居最重要的影响因素，水系不仅提供了居民所需的饮用和生产灌溉水源，同时还是早期交通运输的主要通道。村镇的分布、规模等空间格局特征很大程度上由该地水系分布、水质和流量决定；即便没有自然形成的河流水源，也会有漕浜等人工水系，充沛的水源是保障居民生活与生产的重要前提，一方面是便于灌溉农田，另一方面是利于生活用水。我国水资源在地区上分布不均匀，80.4%的水资源集中分布在长江及其以南地区，长江以北的广大地区，水资源仅占14.7%[17]。

各地区不同的水体条件也影响着村镇利用水体的方式。我国典型的季风气候使得降水的季节性变化很大，所以大部分村镇都分布于当地水源充沛且不至于洪涝的地点。如江南水乡河道密集，水资源充沛，是村镇最密集的聚居点；皖南山区的村镇大多临近一条或数条常年流动的溪水。这些临近淡水的村镇常沿水体展开，展现人类聚居的亲水特征。北方降水较少的地区如黄土高原，人们则通过打井、引渠等方式尽可能利用河流和地下水，将水体引入村镇聚落中。而东南河谷平原区的村镇则需要避免洪水灾害，村镇多建于低阶地或岗地上；江淮地区低洼平原的村镇则同样需要建在高地以防止夏季梅雨造成的洪水灾害。

对于自然水系的选择，并非越多越好，而是以"大水避、小水亲"为原则。选址以水流量稳定的中小型河川为主，既可以保证生活和生产用水，又可以避免洪水泛滥。

（1）单侧型水系

村镇沿水系单侧布局，呈现的整体格局往往是顺应水体的带形、团形和半环形。带形的村镇往往坐落于地势较低处，水流平缓，形态平直；而半环形村镇坐落于地势较高的区域，水势较大，水体形态曲折。

湖南省永州市上甘棠村，村镇以自东北向西南的谢沐河为据，沿岸顺应其走势逐步发展扩张（图2-12）。村民因地制宜巧建环境格局，依水建屋，房屋成并列

图 2-12 永州市上甘棠村总平面图

图 2-13 宁波市青云村鸟瞰图

式布局，正符合《管子·地员》中所记载的："高毋近阜而水用足，下毋近水而沟防省。"①这也是先秦时代选址筑城的原则之一。

浙江省宁波市青云村，北临剡江，西傍泉溪，南望同山，村镇空间格局为带状发展，建筑临河排布（图 2-13）。据《泉溪孙氏宗谱》记载：孙氏居此"起自唐时，始祖原甫以奉化令择居泉溪之东。"宋代，村镇相连成市，名泉口，筑有萧公堰，引剡江水灌田。另外有临近湘江的湖南省永州市老埠头村、衡阳市草市村、耒阳市新市镇和宁乡市杨林村的空间格局亦是如此。

（2）贯穿型水系

浙江省宁波市溪口镇的栖霞坑村位于四面环山的山坳之中，其间流经筠溪，村舍顺延水系而建，形成了相对狭长的带状空间格局。筠溪贯穿全村，民居沿水分布在东西两侧（图 2-14）。同样格局的还有浙江省丽水市缙云县的岩下村，受地形条件的限制，全村以溪流为界限，建成大小不一的建筑组团，整体依托于溪流形成了带状的空间形态（图 2-15）。这种类型的水系村镇，其耕地一般位于村镇的一侧或是村镇的始末两处，一方面是利用水源进行灌溉，另一方面是紧邻居民点，

图 2-14 宁波市栖霞坑村鸟瞰图

图 2-15 丽水市缙云岩下村

便于生产（图2-16）。

（3）围合型水系

围合型水系由山水环抱而成，或是滨湖海村镇的空间格局，其既有沿着湖海形态而转换的，也有聚合型、以山为屏的团状型。

以浙江省宁波市东门渔村与陶公村等为代表的U形村镇，布局主要依靠水体走势，同时利用了湖海资源进行生产，形成特色的产业文化。陶公村位于陶公山下的东钱湖畔，其民居依地形而建，围绕东钱湖形成半围合型格局，内部河网交织，形成网络状的水系。村民利用湖水资源，多以捕鱼为生，自然水体不仅供给了生活生产用水，还支持了村镇农业产业的持续发展。

围合型的村镇是以背山面水的格局呈现，其背靠山体，面向川流。湖南省郴州市板梁村，始建于宋末元初时期，选址于视野开阔之处，周围环山，水源绕村而下。村镇临山面的植被就是天然的水循环系统，降雨时期，植被一方面阻止了地表径流，另一方面当雨水下渗，以泉水或溪流等形式供给山脚的村镇[18]，形成了内部良好的生态系统（图2-17）。

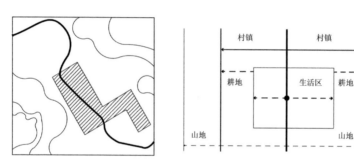

图2-16 贯穿型村镇格局图

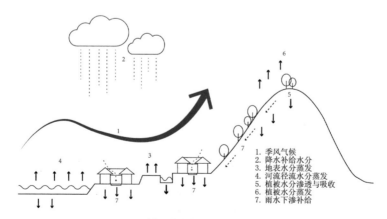

图2-17 丘陵地形的村镇利用山林的水循环示意图

3）气候条件影响下的村镇形态

地球上有多种气候类型，不同气候区域的人们在村镇建设中总能找到适应当地气候的方式以尽可能达到宜居的目标。气候条件是影响村镇自然形态极为重要的一环，其本身不构成村镇空间格局的自然形态，但对村镇空间格局有着巨大的影响（表2-1）。我国南北、东西气候差异十分明显，由北向南，寒温带、温带、过渡地区、亚热带、热带，气候类型复杂多样。

气候条件是人们在营建村镇中必须首先应对的自然因素。我国寒冷地区为了保暖防寒，村镇建筑多外墙厚重，北向少窗；炎热地区村镇建筑则更注重通风、散热和遮阳。西南山区为适应山地多雨潮湿的气候条件，多为底层架空的干栏住宅。总体来看，在气候条件的影响下，寒冷地区村镇建筑更重视"墙"的作用，而炎热地区则更注重屋顶和贯通气流的洞口。

不同气候条件影响下的村镇空间格局　　　　表2-1

夏季	冬季	日气温较差	年气温较差	村镇空间特色	典型地区
干热	干冷、沙暴多	大	大	生土结构、小天井、窄巷、连片建造、增湿、厚重、尽力压缩外围护结构表面积	新疆和田
热	冷、日照强	大	大	生土结构、窑洞、争取日照、厚重、尽力压缩外围护结构表面积	甘肃兰州
无	干冷、日照强	大	大	生土结构、争取日照、厚重、尽力压缩外围护结构表面积	青海西宁
短	寒冷、日照强	大	大	争取日照、厚重、尽力压缩外围护结构表面积	吉林长春
湿热	干冷、日照强	大	大	争取日照、有外廊、厚重、尽力压缩外围护结构表面积	华北北京
无	干冷、日照强	大	大	争取日照、有天井、土石结构、厚重、尽力压缩外围护结构表面积	西藏拉萨
湿热多雨有风	冷、有风	小	大	天井、降温降湿防霉、争取穿堂风、木文化	江苏苏州
湿热多雨	稍冷、无风	小	中	天井、廊、长出檐、高台基、土墙、冷摊瓦作	四川成都
湿热	稍冷且湿	小	中	小天井、长出檐、吊脚楼、廊、冷摊瓦作、对流防潮	重庆
无，但湿	暖、有风、日照强	大	小	封闭、天井、土墙、坐泥瓦作、争取日照、高台基	滇中昆明
湿热多雨	无	大	小	大坡顶、长出檐、架空、廊、通透、冷摊瓦作、防洪、防潮	滇南景洪
湿热多雨风大	无	小	小	防晒、小天井、长里弄、通透、防台风、小水面、围拢屋	岭南广州

小结

总体来看，村镇的自然环境形态是多方面的，只有地形、植被、水流和气候综合起来才能形成完整的村镇自然环境，同时村镇空间格局中的要素也受到这些自然条件的共同作用。如黄土高原上的村镇具有少雨干燥、黄土深厚、地形平坦、植被稀疏、水流稀少、地下水位低等自然环境形态特征，这些特征影响黄土高原村镇形成了窑洞等特殊的空间格局。

2.1.3 村镇与外界空间的联系

在村镇的发展过程中，曾经历了漫长的自给自足的阶段，在这个阶段里村镇内部可以基本保证正常的生产生活，与其他村镇进行接触的需求较低。但随着生产力的发展、资源利用的开发，以及村镇资源的不平衡，村镇之间的接触与资源的交换也逐渐增多，商业也由此出现。到了今天，任何一个村、镇、城市，甚至国家，都必须要与外界进行沟通联系，只有通过交流交换才能正常地发展和生存。因此对于村镇来说，与外界的联系是必不可少的。

在村镇发展的早期阶段，城市是联系几个村镇商业的集中交换地。而后城市被赋予政治意义，但对其周边村镇的意义变化不大，城市仍仅承担着村镇商业交换的角色，城乡发展开始分化，村镇发展逐渐不均衡，出现了城乡隔离发展的现象。随着工业化的发展，第二、第三产业出现并向城市集中，城市的功能越来越复杂，与村镇的联系进一步被削弱。但后期城市的逐步发展壮大使得城市边界逐渐扩张，村镇边界被侵占，被迫在空间上加大与城市的联系。学界在研究城市化的过程中也意识到城市周边区域的重要性，开始重视村镇与城市的关系。

20世纪初关于城市发展模型的理论开始涌现，其中很多模型涉及了城乡关系。1925年美国社会学教授伯吉斯（Emest Watson Burgess）根据城市用地功能布局提出了城市的"圈层结构"。20世纪60年代美国区域规划专家弗里德曼（John Friedmann）在其《区域发展政策》一书中提出了"核心—边缘模型（Core-Periphery Model）"的城市发展理论模型，认为村镇处于边缘地区，但资源丰富潜力较大，需要与核心区域联系看待。20世纪80年代加拿大学者麦吉（T.G.McGee）在对亚洲一些国家进行长期研究后提出了"Desakota（城乡一体化）"概念，认为亚洲发展中国家需要在城市化过程中区域综合发展。我国在改革开放后城乡隔离发展产生的矛盾被经济冲击进一步激化，城乡一体化的思想在我国逐渐被引起重视，至今仍作为城乡发展的重要议题进行讨论。

我国主要在城乡规划层面上对城乡关系的发展进行约束。城乡关系的空间划分具有层次性与动态性的特点，多是在政治、经济、文化以及自然条件的共同作用下形成[19]。典型的城乡空间关系是向心的圆形或卫星形模型（图2-18）：城市处于中心位置，镇则围绕在郊区。城镇空间外围则是农业空间，村镇则散布在农业空

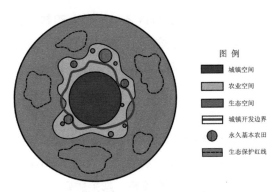

图2-18 我国典型城乡空间关系模式图

间中，最外层则是生态空间。距城镇空间较近的部分村镇会被划入到城市开发边界当中，随着城市化进程的不断推进，这部分村镇可能会逐渐融入城市（图2-19）。同样的，农业空间与生态空间的边界也是模糊的。城市、村镇人口扩张导致农业空间会侵占生态空间，退耕还林等措施则会使生态空间侵占农业空间。

对于散布在农业空间中的村镇而言，最常发生关系的就是与其最近中心的城市。村镇与村镇的居住区一般在空间上往往不会直接相邻，而是由广阔的耕地或自然生态环境（如山体、河流等）分隔。主要居住区相邻的两个村镇则往往有融合的趋势。对于北方平原地区的村镇而言，村镇与村镇之间往往是由耕地、防护林等相隔，由主干道串联。江南水乡村镇之间多由水系相隔，村镇之间可由桥或水路等相连。山地村镇间则受地形限制较大，往往村镇之间由山体相隔，相互之间的

图2-19 村镇与城市的交融

交通联系十分不便。总而言之，广义上的村镇实际上包含着居住区、耕地和部分自然环境，居住区在空间上占比较小，使得村镇之间往往不能毗邻，交通不够频繁，呈现出一片画布中如繁星散布的状态。

小结

村镇作为村民居住、生产、生活的地区，已经从自给自足的状态中脱离出来。随着城市化进程的加快，村镇自身的生产力早已不能满足居民的生活需要，村镇与外界的联系只会越来越频繁、越来越紧密。

2.2 村镇整体空间格局形态

2.2.1 村镇整体空间肌理

在村镇整体空间层面，从村镇整体空间的构成、村镇空间结构、村镇整体格局与特征三个层面对村镇整体空间进行分析。

本节的"村镇整体空间"是指排除村镇外部环境以后的村镇空间，即由村镇外部边界所包围形成的内部空间。其构成要素可以分为建筑空间与公共空间。

建筑空间

以住宅为代表的建筑空间，作为村镇基本构成单位，通过组合、并置构成村镇实体空间，即是日常观察村镇时首先映入眼帘、连接成片的建筑。为便于研究村镇整体空间，把握主体关系，本节将一户院落作为基本构成单位，可以看出村镇整体由若干户院落按照一定组织规律，自上而下的他组织或自下而上的自组织，形成具有秩序性的村镇空间格局。

公共空间

以街巷、节点为代表的公共空间作为联系村镇内外的交通网络，密布于村镇之中。该网络主要由街、巷、弄与节点空间共同构成。

从图底理论看建筑空间与公共空间，二者具有图形反转性：一方面，公共空间形成了村镇形态的骨骼与支撑，建筑空间实体作为街巷的附属组成村镇内部空间；另一方面，建筑空间作为先于公共空间存在的实体，可以认为公共空间是两个或两个以上建筑空间的衍生物，二者共同参与组成"格式塔"式的村镇完形体，形成互补空间（图2-20）。

当村镇建筑密度增大，建筑空间成为村镇的主要部分，相应的公共空间受到压缩，但公共空间指向性反而清晰明确，更易作为聚落结构主体看待；反之，当公共空间面积越大甚至连接成片，而村镇建筑密度较小，呈现散点分布状态，相对简单明了的建筑完形体更易作为聚落主体结构看待。

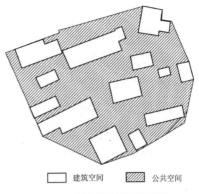

□ 建筑空间　▨ 公共空间

图2-20　村镇的图底关系示意图

1）村镇建筑格局与特征

由于绝大部分的村镇本身已经具有相当规模，而规模较小的村镇，尚且处于村镇初生阶段，内部建筑较少，道路简易，不具有规模效应，难以精确划定村镇形态。因此本研究对象限定为具有一定规模的村镇。

（1）带形

村镇边界呈线性展开，在总平面中表现为带状，这种布局的形成，多是受地形的限制，发生在江河岸边。除此之外，部分村镇沿交通线布局，同样形成带形布局。西南地区多山，河岸陡峭，沿河地区可供建设用地少，故村镇随河流岸边一字伸延，没有纵深。例如四川雅安市望鱼镇街区建在高于河面50余米的巨岩上，曾是古驿道的东西向一字长街构成小镇骨架，入口临周公河处，130余级石梯层叠而上，上得石梯，方至场镇（图2-21a）。江南水网地区，村镇大多沿河岸修建。如安徽省黄山市渔梁镇位于富春江边，建筑与街道顺水而建，发展成为平行于江岸的带形建筑布局（图2-21b）。黄土高原地区，亦有村镇沿冲沟和河谷边缘而建。

（a）雅安市望鱼镇带形布局图

（b）黄山市渔梁镇带形布局图

图2-21　带形布局村镇

（2）组团式 – 轴线式

整个村镇由若干组团组成，以道路系统为骨架连接各个组团。各种组团形态各异，有些组团边界虽不清晰，但整体组合关系仍然明确。组团式布局分布广泛，在平原、河谷、丘陵等地区都有分布，北方组团村镇以杂姓混居为主，平面多以寺庙、戏台、祠堂等为中心，表现为不规则单一组团。而南方聚族而居的村镇，多以祠堂为核心环绕布置建筑，在拥有支祠的村镇，甚至形成住宅环绕支祠和支祠环绕总祠的多层级布局。如浙江省杭州市富阳区龙门镇，以两座孙氏的宗祠为中心，40多座厅堂为组团相连而成（图2-22）。与祠堂类似，在部分少数民族村镇中，形成了以鼓楼、佛寺、清真寺等为核心的布局形式。如贵州黎平县肇兴大寨，以五座鼓楼为核心，形成五个组团（图2-23）。

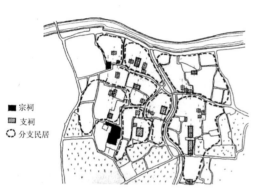 

（a）杭州市富阳区龙门镇平面图　　　　（b）杭州市富阳区龙门镇鸟瞰图

图2-22　杭州市富阳区龙门镇组团式建筑布局

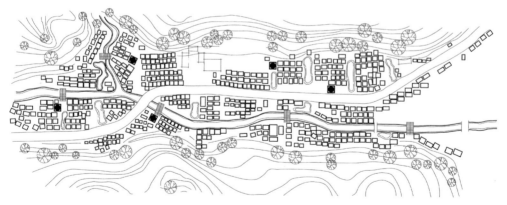

图2-23　黎平县肇兴大寨组团式建筑布局图

组团式布局中以客家土楼与围屋最为典型，每座土楼或围屋以祠堂为中心，形成一个完整的居住组团，整个村镇再由若干座土楼与散点分布的其他建筑构成。

如福建省漳州市南靖县书洋乡田螺坑村即由五座土楼与零星条形建筑组成（图2-24a、b）。

在组团式布局中，有一种特殊的变体——轴线式。即组团不再表现为平面上的团形，而是形成以轴线为中心的矩形长屋，整个村子便由多个长屋组成。每一条长屋即为宗族的一个分支居住群，且各长屋皆有祠堂或厅屋作为中心。这一点类似于传统汉族村镇中的"总祠—支祠"关系，而特殊在于各条长屋轴线相互垂直，清晰表明宗系与支系的从属关系。这种形式的村镇仅发现一座，即湖南省岳阳市张谷英村[20]（图2-24c、d）。

（a）漳州市南靖县书洋乡田螺坑村总平面图

（b）漳州市南靖县书洋乡田螺坑村

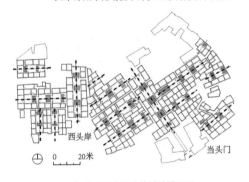

（c）岳阳市张谷英村总平面图

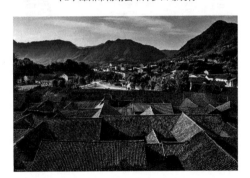

（d）岳阳市张谷英村

图2-24 组团式布局村镇

（3）棋盘式

村镇内部的建筑单体或组团，呈现出规则点阵状棋盘式布局。相邻建筑或组团之间的空间便是街巷所在。街巷一般以南北为街，作为主要交通通道；以东西为巷，作为连接各个住宅的次级通道，形成织罗如网的交通体系串联起整个村镇。点阵式布局的村镇在南北方皆有，如东北的屯集、北京的胡同、山西的村镇、浙江水网的村镇等，但总体来讲，在北方分布更为广泛。究其原因，一方面，由于中国地处温带，受东南季风影响，冬凉夏暖，北方地势相对平坦，更适宜于棋盘式紧凑的布局；另一方面，中国古代政权中心长期存在于北方，村镇空间布局也受到了政治因素的影响，呈现与城市规划相似的棋盘式布局。

华北平原地区地形开阔平坦，村镇建筑单体或组团多取横平纵直，排列整齐，形如方阵。如山西临汾市襄汾县的丁村东西长350m、南北宽370m，近似方形的村落基地中，一条东西主街和两条南北道路相互垂直交接，将丁村分割成四个方整居住组团。各组团内部，院落朝向一致、形态相近且相邻院落有意识地保持牌面，即便是相邻院落大小有别，也会有尽力保持南北向平齐。丁村整体呈现出井然有序、疏密有致的棋盘式布局形态（图2-25a）。

南方受丘陵地形限制，建筑选址、朝向不拘一格，街巷也随地形布置，表现出自由形态，点阵式布局村镇较少。安徽省宣城市绩溪县石家村可谓丘陵地区中的异数。该村南倚旺山，北临桃花溪，村镇以状似棋盘的经纬线规划布置，故又称棋盘村。全村由三条经线贯穿，五条纬线与之相交构成村道网络，经纬线之间有序排列、形如点阵（图2-25b）。

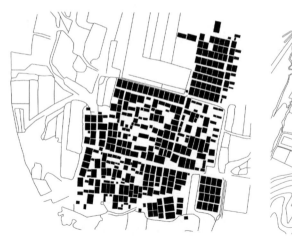

（a）临汾市襄汾县丁村方整棋盘式布局图　　（b）宣城市绩溪县石家村点阵棋盘式布局图

图2-25　棋盘式布局村镇

（4）有机式

有机式的村镇平面组织与空间形态相对于带形、组团、棋盘等形式，往往意味着灵活多样的形式变化。同时，有机式作为一种"非定型"的范式，主要依托于复杂多样的自然地形与初期少量的人为规划。

有机式村镇布局由于其平面形态的多样性，对于气候、地形拥有较好的适应性。在山区，村镇道路多利用坡道或踏步抵消高差，相互连接，随形就势曲折婉转，民居朝向不一，塑造出丰富别致的空间层次与变化，以及各异的平面形态。在丘陵河谷地区，村镇以随地形变化灵活布置为主，也可开辟台地，甚至表现为带形、组团等形态的组合。

在部分有机式村镇平面中，由于象征拟形手法的应用，诞生了一类特殊的平面形态，如安徽省黄山市黟县宏村，平面组织比附"牛形"：以雷冈山为"牛头"，山下村舍为牛身，半月形月沼（池塘）为牛胃，掘南湖为牛肚……四川省乐山市犍为县罗城镇中心市场状似梭形，形成东西两端尖细收窄，中间较为开敞的细长状格局，而当地人更愿认同船形，取"同舟共济"之意（图2-26）。将村镇局部或大部分象征拟形，是中国传统文化中的一个普遍现象，同时据此可以看出，有机式布局并非率意而为的结果，而是经过一系列筹划、构思，着眼于人地关系、山水关系等多方面，以注重实际效能为朴素目的而进行规划的布局形式，表现出各异的空间格局与特色。

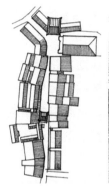

图2-26　乐山市犍为县罗城镇船形街

2）村镇整体格局的动态演变

历史地看待村镇格局的演变，随时间推移，村镇形态不断变动。上节所总结的五种村镇形态本身就存在一种演化关系。英国现代地理学家哈格特（Peter Haggett）在其空间结构模式论中特别关注"空间扩散[21]"。

该理论认为，聚落通常从若干分散"生长点"开始，以某种路径向外扩散，形成聚落发展的趋势。村镇的发展同样符合这一规律，一般来讲，村镇最初从几栋散点民居开始发展成为点状组团式布局（图2-27a），点状组团再以河流或道路为骨架，发展成为线状带形村镇（图2-27b），随着其在垂直骨架方向不断扩展，经过巷道或街道的连接成为梳式，随着人口增加、聚落规模进一步扩大，为进一步增强联系，发展出以井干形、日字形甚至网格形道路为骨架的面状棋盘式布局（图2-27c）。

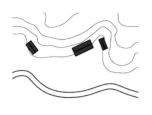

（a）点状组团式　　　　　　　（b）线状带形式　　　　　　　（c）面状棋盘式

图 2-27　村镇动态演变历程示意图

这一现象在湖北省赤壁市新店镇四百余年的发展中可以得到印证。新店镇从明初至今经历了点状、线状、面状的拓展蔓延：明初雏形期是沿新溪河东侧呈若干分散点状，明末清初时点状连成带状，仍以河为凭，借助水运贸易扩展码头、增设商街。迨至清朝和民国时期，市镇得以向垂直于河流的街道向东延展，尤其是粤汉铁路通车后，水运优势一落千丈，镇区遂向东部民主街、建设街一带转移、扩展并成为新的中心区段，平面由带状逐渐向不规则的面状棋盘式布局演进。

无独有偶，广西壮族自治区南宁市扬美古镇在从宋至今发展阶段中，经历了从基本单向轴线式至双向棋盘式的发育、转型和拓展等几个阶段。早期古镇以和平街为轴沿江岸东西向延展，街中开设的 8 个码头成为该地区最重要的商埠所在；其后，又有平行于和平街的永宁街等多条街巷向外发展；再后来南北向垂直于临江街的中山街、金马街等与之交互成网格状，呈现出较为完整的网格型道路体系与村镇骨架。

然而，并非所有的村镇发展都严格遵守着上述模式，或者说出于种种原因大多数村镇演进发展的历程都不会严格遵守。有的村镇可能一直维持着带形或组团布局，新增添的人口迁出形成新的村镇；有的村镇可能表现为"组团式—带形式—棋盘式"的发展历程；有的村镇甚至可能出现衰败、退化。

2.2.2　村镇街巷空间形态

1）村镇街巷空间构成要素与特征

（1）构成要素

美国评论家 B. 鲁道夫斯基（Bernad Rudofsky）在《人的街道》中曾指出："街道必定伴随着那里的建筑而存在。街道是母体，是城市的房间，是丰沃的土壤，也是培育的温床。其生存能力就像人依靠人性一样，依靠于周围的建筑。完整的街道是协调的空间……主要是周围的连续性和韵律。街道正是由于沿街有建筑物才成为街道"[22]。

街道的构成要素包括：垂直界面、底界面、其他构筑物、天空等（图2-28）。街道两侧的建筑立面限定了内部空间的尺寸与比例，塑造空间轮廓，也自然成为街道空间的垂直界面；从建筑的角度来看，街道底界面的形状与大小由建筑物水平方向的轮廓线与街道的边界确定；天空的形状同样由两侧建筑剪切而成。因此建筑立面成为街道空间中影响力最大且最具有表现力的要素，而其他构筑物成为街道中的点缀。

（2）街巷类型

街巷作为村镇形态的骨架与支撑，遍布于村镇之中，连接着村镇中的各类建筑物、构筑物、园林水景等。各个等级的街巷交通如同一片树叶的叶脉，主脉连接着条条支脉，支脉又牵连着一个个细脉（图2-29）。然而实际情况远非如此简单：在有些较大的村镇中主干街道可能不止一条，它们平行、垂直或蜿蜒曲折相交。巷与弄甚至同时开设在主街上。在水乡村镇中，河道与陆地街巷共同肩负着交通等功能，在少数水网发达地区，河道甚至成为唯一的交通形式。鉴于各地区对交通路径定义的不同，以及各地区村镇中街巷的差异性，本节以最具有代表性的街、巷、弄三种不同层次的道路为研究对象，其中街是村镇内部道路的主干，巷是街的分支，弄是巷的分支。

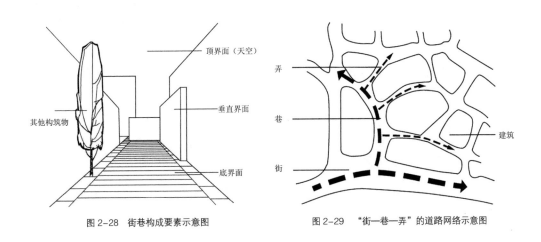

图2-28 街巷构成要素示意图　　图2-29 "街—巷—弄"的道路网络示意图

2）街巷空间形态与属性

通过上一节对建筑空间与公共空间的互补性介绍可知，街巷支撑、串联、分隔了村镇形态，是空间格局必不可少的骨架。它不仅通过交通将众多宅院连为一体，同时又在形态上分隔界定各个区段，也因自身属性的差异而千姿万态、各不相同。因此，接下来以街巷为主体，对村镇整体格局进行分类介绍。

（1）空间形态

从构成角度看，以街、巷、弄三种基本元素组合而成的最基本平面形态，便是"树形"，其余多种形态如放射形、网格形等都可看作树形的变体。在三种基本元素中，尤以街、巷对于形态的影响最为显著，"弄"由于在三者中，尺度最为狭小，又往往处在交通体系的末端，对于村镇骨架的影响最小。

树形

树形道路系统由贯穿村镇主要节点的主街与垂直于主街的两侧巷弄构成（图2-30）。由于传统风水观念的影响，两侧巷弄往往错位放置，在整体形态上，便出现接近树形态的骨架。从立体空间来看，受自然环境因素的影响，主街又会呈现沿河流的自然曲折、垂直江岸的"云梯"、斜上河岸的爬坡等形态。这一类的街道往往只有一条主街，逐水而建或临山而建。树形道路体系一般主街平行于河岸，支巷垂直于主街并延伸到聚落边界，且长度短于主街，如安徽省黄山市渔梁镇的街巷道路（图2-31）。临山而建的聚落，当村镇高差较小时，主街以平行于等高线为主，各支巷以台阶坡道斜交主街；当村镇整体高差较大时，以垂直于等高线的主街作为主要交通干道，各支巷平行于等高线展开。但受地形限制，该类村镇营建难度较大，数量稀少。较为著名的实例如重庆市石柱土家自治县西沱镇，整体落差有160m（图2-32）。

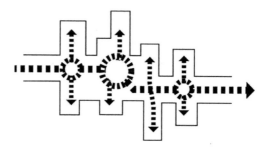

图2-30 树形道路系统示意图

图2-31 黄山市渔梁镇平面图

图2-32 重庆市西沱古镇平面图

放射形

以放射形交通体系为骨架的村镇，一般选址于山环水绕之地，以祠堂、水塘为重要节点，或以区域为中心，向外分出街巷营建民居等建筑（图2-33）。整体的放射形骨架可以理解为多个树形分支环绕中心延伸生长而来，且相邻树形之间相互浸染交叉，最终形成网罗如织的交通体系。在规模较大的村镇，原本垂直于主

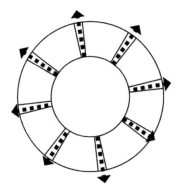

图 2-33 放射形街巷示意图

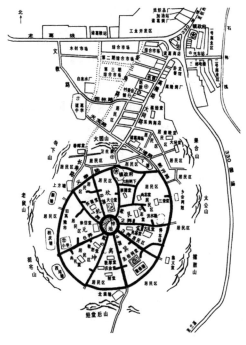

街的巷道甚至会发展成为环状主街，以适应逐渐增加的交通压力。如浙江兰溪诸葛村，以钟池水景为核心，8条小巷向外辐射，在外围又有环状道路围绕，全村虽历经数百年，民宅渐多，但放射形交通骨架未有变动（图2-34）。

图 2-34 兰溪市诸葛村平面图

网格形

从构成关系看，网格形道路体系由多条纵横相交的街道连接而成（图2-35）。自发性的网格形道路体系一般由比较简单的井字形或十字形，甚至最为简单的树形道路体系自行发展而成；而整齐划一、分割区域大小相近的棋盘式道路体系自营建之初就带有明显的人工痕迹，如江西省井冈山市秧塘新村的棋盘道路网（图2-36）。拥有网格形道路体系的村镇一般选址于平原、盆地、河谷、平坝等地形较为平整开阔的地区。其缘由与上文中"点阵式村镇格局"的营建类似，主要是

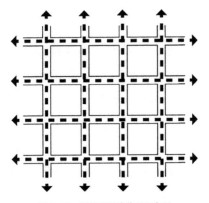

图 2-35 网格形道路体系示意图

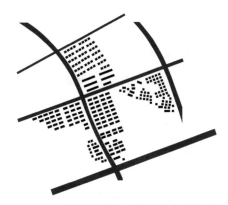

图 2-36 网格形道路村镇——井冈山秧塘新村平面图

地形气候与政治因素的影响。

以上三种街巷类型只是最基本、简单的街巷空间形态。在实际情况中，受到自然环境、风俗习惯等多种因素的影响，其复杂程度远超于此，有可能表现为树形的变体——梳式，即村镇内部道路为梳状组织形式；有可能表现为以树形为基本形态，局部的网格或放射形的融合模式。

（2）属性

比例与尺度

关于街巷的比例与尺度，主要讨论街巷在横剖面中的宽与高的比值，即上文中提到的街巷底界面宽度与垂直界面高度的比值。

日本学者芦原义信（Yoshinobu-ashihara）在其著作《街道的美学》中，首次利用 D（街道的宽度）与 H（建筑外墙的高度）的比值 D/H 来量化研究街巷空间的尺度比例与人的心理效应的关系：当 $D/H<1$ 时，视线被高度约束，人只能看到沿街建筑的局部，会产生极强的"包围感"，甚至是"压迫感"；当 $D/H>1$ 时，封闭感逐渐下降，随着比值的增大，开阔感更加明显，当 $D/H>3$ 时，空间的封闭感消失，建筑立面仅作为构成空间的边界存在（图2-37）。

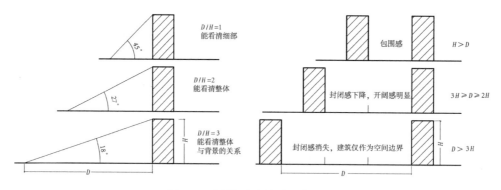

图2-37 垂直界面与底界面的尺度关系图

由于村镇建筑以一、二层为主，至多不过三层，街巷宽度随建筑高度变化，一般为2~6m，所以 D 与 H 的比值约为1~3，基本符合芦原义信（Yoshinobu-ashihara）的理论。以井冈山地区典型村镇为例，街道两侧建筑多为三层以下，街巷宽高比介于1~2之间，尺度亲切。

安徽省黄山市歙县渔梁镇的主街，两侧多为二层建筑，平均宽度3.5m，D/H 比在1：2~1：1.5，长近500m，形成一种狭长热闹的街市空间（图2-38）。在巷道中，D/H 的比值要远小于街道数值，其原因主要是因为巷道宽度的减小。在安

图 2-38　渔梁镇街道　　　　　　　　　图 2-39　宏村巷道

徽省黄山市黟县宏村等村镇中巷道宽度在 1.5~2.5m，而高宽比却高达 1∶4~1∶2，给人的空间感受较为压抑。这种情况在部分支巷中表现得更为极端，其巷道宽度往往仅有 1m，而高宽比却高达 1∶13~1∶8，给人的压迫感异常强烈（图 2-39）。

连续与开合

凯文·林奇（Kevin Lynch）曾对道路连续性的建筑构成要素进行说明："规律性可以由一种有节奏的构图、一种重复的空间开口或一种重要建筑或街角杂货铺的重复来构成"[23]。安徽省黄山市屯溪老街由 1 条直街、3 条横街和 18 条小巷构成鱼骨架街巷，街道中的店面、巷道中的民居入口以及墙面的重复出现，都能够形成具有连续感与韵律感的立面（图 2-40）。

图 2-40　黄山市屯溪老街立面图

从构成的角度看，街巷的"合"是指两侧连续的垂直界面形成封闭空间，"开"指连续的垂直界面出现断裂，通过向自然或构筑物的借景，形成视线通畅的开放空间。街巷的开合变化，将街道自然有机地划分为长短不一的段落，使狭长的线性空间不再单纯齐一，赋予街巷以趣味性和丰富性。如四川省内江市资中县罗泉镇，市街受地形限制随河岸曲折，长约2.5km，两侧均为两层建筑。街道构图三开三合，每隔一段距离由闭合狭窄转到疏朗通透，且闭合区段呈"双楔子状"，开敞区间为一侧临河，大开大合、张弛有度的空间变化使得街道空间起承转合、富有韵律。同时连续、相似且尺寸相近的临街建筑保证了整体的连续性（图2-41）。可以看出连续性和闭合性相融合的街道中，连续感、韵律感也往往蕴含其间。

图2-41 资中县罗泉镇开合示意图

延伸与收放

从构成角度看"延伸"是指街巷沿线性空间的生长。历史地看待街巷，能够明显发现随着街巷两侧建筑（尤其是街道的首尾两端）的增减，街巷空间是一直处于动态发展之中，在平面形态上表现为街巷长度的增加、分

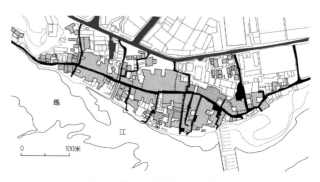

图2-42 歙县渔梁镇街道的延伸示意图

支的产生。如安徽省黄山市歙县渔梁镇，由于东端新建筑的营建，街巷长度向东延伸，同时新建筑的营建使得北侧衍生出新的并行街道，原本街巷内部也产生了新的巷道（图2-42）。

上文以街道宽度与两侧建筑的高度的比值变化说明不同比例的空间可以形成"收与放"的空间意向，这里的收与放表现的是不同街道共时性的剖面对比。下面要研究的则是同一街道在共时性下，不同部位进行收放处理的效果。

对于街口处的收放处理往往通过两侧建筑在水平面上倾斜一定角度形成扩大空间，作为从外部大环境进入线性街道的过渡，同时通过倾斜角度形成天际线，塑造强烈的空间透视效果，以引导行人进入（图2-43）。

对于街道主体而言，两侧建筑多平行布置，局部稍有进退变化；对巷道而言，

图 2-43 街口建筑的倾斜

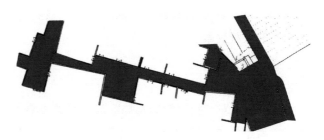

图 2-44 渔梁镇乐善巷平面图

为避免两侧民居大门正对，常形成许多不规则空间，在巷与巷、巷与街的交接部位也多会出现节点空间，如安徽省黄山市歙县渔梁镇乐善巷。由建筑进退、错位布置大门以及街巷交接的缓冲形成的局部扩大节点，无形中起到空间收放的作用（图2-44）。

与此类似，在相对封闭的线性空间中局部节点的扩大，同样能够形成收放效果。如以水井为中心，或是祠堂前的广场空间，人在线性空间中行进一段后再进入这里便有豁然开朗的感觉。

高差与变化

山地、高原、丘陵和盆地中的村镇街巷与两侧建筑常沿垂直等高线方向布置，街巷因此表现出明显的高差变化，交错布置的台阶、坡道、平台与两侧层层跌落的建筑形体塑造出别开生面的空间氛围。

沿街道上行，坡道与平台的节奏转变塑造出异于水平街道的空间变化；沿街道下行过程中，所在台阶高程几乎与两侧建筑的屋面持平，视野开阔，前方景色尽收眼底，且不同高度平台空间感受迥异。层层跌落的建筑屋面不仅塑造了丰富的街道轮廓线，而且借助两侧屋檐形成的线性导向在高差带来的透视感下，其导向性进一步增强[24]。

如重庆市石柱土家自治县长江南岸的西沱古镇（图2-45），以垂直于等高线长达2.5km的"云梯"为骨架，消除了从

图 2-45 西沱镇主街高差变化图

江边到街顶的 160m 高差。其中有两个大的转折平台，80 余个小休息平台；在变化梯度上，平台构成了街道的转节点且连接两侧巷道。作为空间主轴的云梯式踏步主街，以其巨大的高差、明确的方向、强烈的节奏、层峦接续的踏步与平台成为主要的景观要素。

小结

经过以上对"村镇空间格局"与"村镇街巷形态"两部分的介绍，可知建筑与街巷二者是构成村镇内部空间的两个主体。从建筑角度出发看待村镇，看似游离、分散的建筑单体相互之间形成了特定的组织结构关系，即建筑被秩序化，最直接的外在表现就是在村镇空间形态中出现带形、组团式—轴线式、棋盘式、有机式等多种形式。

从街巷的角度看待村镇，遍布于村镇之中的任一建筑都被"血管"一般的道路系统所连接，街道成为名副其实的骨架，它的外在显现较建筑秩序化的结果更为明显，直接表现为树形、放射形、网格形等主体街巷形态，此时建筑成为依附于骨架的"组织与器官"。

实际状态中的村镇，不应该单独强调建筑弱化街巷，反之，同样不成立。本节分离二者进行的单独讨论，是为清晰研究村镇建筑或街巷特性而采取的手段。需要认识到它们作为构成村镇的充分必要条件，是不可分割的两部分。表现在总平面上，建筑空间与公共空间具有图与底的关系，同时被秩序化的建筑与街巷在形态上也有着对应关系。

2.3 村镇组团空间格局形态

组团意为由多个单体构成的集合。在村镇的发展过程中功能会逐渐分化，建筑群也被道路、地形、水体或其他要素分隔，形成不同的组团。村镇组团指村镇中聚集到一起的相似要素的集合，如功能要素、人文要素等。

对于村镇而言，每个组团的建筑都有一定的密度关系。建筑密度越小，建筑间距越大，建筑间的关系越疏松，空间也就越大；反之建筑密度越大，建筑间距越小，建筑间的关系也会越紧密，形成的空间也随之变小。这些建筑间的间隙会形成街巷、空间节点，或山体树丛等景观节点，这些要素共同组成村镇组团空间。研究村镇组团内部空间格局，大体上可以从村镇建筑间的关系、村镇节点空间和村镇内部景观等三个方面展开。

2.3.1 村镇建筑间的关系

村镇聚落源于单体建筑的聚集，村镇组团的整体空间肌理实际是由单体建筑间相互形成的局部秩序关系的整合。当聚落中的建筑聚集到一定程度时，村镇建筑间的关系就会变得较为清晰明确，表现为特定的村镇空间肌理。

1）村镇建筑的组织方式

从形成机制和构成特点来看，传统村镇的建筑组织可分为两类：一类是自然形成的，即自下而上的自组织村镇，这种村镇受地理条件、交通条件的制约较大，形态上表现出更大的灵活性和随自然起伏的随机性。另一类则是通过特定条件下的规划选址布局并逐渐完善，即自上而下的他组织村镇，这种村镇的组织方式相对理性，受到人文历史因素的影响。不过与具有较强人为规划属性的城市相比，大多村镇建筑组织仍更多地表现出适应自然环境的特点。

对于自组织村镇而言，村镇内部建筑单体的组织主要有两种方式，一种是在村镇聚落边缘新建，在村镇空间形态上表现为村镇空间的扩张；另一种是在内部新建，表现为村镇空间的织补。在村镇建筑的自组织过程中，由于建造基地、建造目的等都是由建造者本身选择，建筑的大小、方向、距离等都是独一无二的，这就导致了这种组织方式下村镇建筑具有一定程度的差异性和弹性；由规划而来的村镇，内部建筑的组织秩序往往是由规划者按照当地特定的基地条件人为规定，建筑组织往往较为整齐，有较强的规律性。

2）村镇建筑间关系的类型

（1）向心型

我国的传统村镇建筑大多具有向心性倾向。从围合程度极高的客家土楼到建筑围合庭院的四合院，再到天井组织的南方住宅，都具有一定程度的向心性（图2-46）。无论是儒家思想中的"中庸之道"还是我国住宅构成中对院落的重视，都极大地推进了向心性在村镇建筑中的发展与延续。而对于建筑间的关系而言，向心型仍是一种应用广泛且实用的形式。

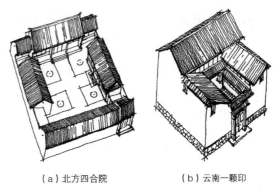

（a）北方四合院　　（b）云南一颗印

图2-46　向心型的民居形式

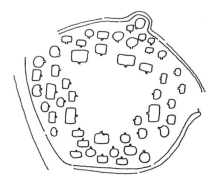

图 2-47 原始时期向心型建筑关系图

在上文中已提到,早在人类刀耕火种的原始聚落时期,聚落中就开始出现向心型布局。古人早已懂得将重要建筑置于中心,次要住宅围绕其布置的基本布置方式,这便是向心型建筑关系的基础思想(图 2-47)。在向心型建筑关系中必定有一个或一组重要元素置于中心位置,而大部分的住宅建筑则围绕其布置。空间要素可以是祠堂等重要建筑,也可以是广场等空间节点,甚至可以是一棵古树等景观要素。向心型建筑关系的重点在于围绕式的组织方式,其不一定会形成圆形布局,受地形及其他因素影响,往往会形成椭球形、方形,甚至扇形等。

在较大的村镇中往往不只有一个重要的空间要素,这就导致村镇内部形成几个不同的向心型组团。这些组团往往会围绕村镇中最重要的中心元素再次形成组团间的向心型布局,最后可以形成组团—轴线型的整体空间格局。

由于建筑不是紧密布置,向心型布局的建筑相对疏松,建筑间的空间较多,可以自然产生很多小型空间节点。虽然向心布局占地较大,但形式较为自由,可以适应限制条件较多的环境。

(2)并置型

并置是最简单的建筑间的关系,其特点是建筑并列布置,沿着河流等线性要素带状排布。并置的建筑不一定要类似,不同类型的建筑同样可以并置排布。在某些带形村镇中,住宅往往也会并置于仓库、钟楼等公共建筑两侧。

并置型建筑组团布局的发展比向心型布局要晚。原始社会中的向心式布局是为了保护聚落内的重要建筑,而在人类离开原始社会、不需要再极力应对聚落外部的威胁时,村镇聚落就开始向更重要的自然资源或要素聚集,如河流、湖泊、道路等。每家每户都想要临近村镇聚落中最重要的资源,在这种情况下并置排布能够保证每个家庭(住宅)都能在最大程度上临近资源。

并置型并不仅仅出现在带形村镇中(图 2-48)。在北方平原地区,土地平坦而开阔,没有地形的限制,村镇能自由发展。并置型能够减少村镇建筑区域整体占地面积,从而达到节约耕地的目的。并置型的住宅组成条形的住宅组,住宅组的并置又可以形成横平竖直的巷弄与街道。人为规划而来的村镇也同样常用并置的方式来进行建筑排布,这种简单的排布方式具有节地、高效等优点(图 2-49)。

图 2-48 两组向心型组团

图 2-49 沿河道形成的并置条形布局

（3）排列型

排列型在形式上与并置型有相似之处，不同的是并置型仅在一个轴线方向上排布，而排列型则在两个轴线方向上生长（图 2-50）。往往是一组类似的建筑相互组合排布，最后形成一个方形组团单元，组团单元的重复则形成村镇。这种建筑排布方式既能够节省用地，又能够使组团内部有着较为丰富的空间序列，同时还使组团间街巷趋于横平竖直的规则形状，增强了便利性。

我国汉代就已用棋盘式的街道将城市划分为大小不同的方格，形成里坊制后方格边界由高墙围起，内部住宅建筑排布井然有序，规模较大的村镇也有类似的排布方式。在用地许可的条件下，家庭住宅随着人口的增加、家庭组成的变化而生长、裂变。具有完整院落的住宅往往有两个轴线方向生长的能力，在生长的过程中原院落会产生缩放、旋转、镜像、变异等一系列的变化，最后形成一个类方形组团体块。如果组团没有受到其他外部限制，往往仍保留有继续生长增殖的能力（图 2-51）。

对村镇规划而言，排列关系是一种有效适应他组织村镇的建筑关系。在村镇整体空间格局上排列式能够保证组团间排布规律，街道井然有序；

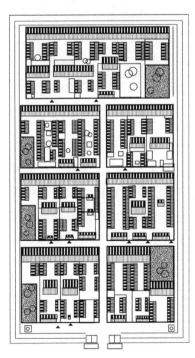
图 2-50 两个方向生长的组团单元示意图

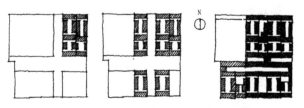
图 2-51 组团的生长增殖示意图

在组团内部空间格局上它又能够做到在延续整体秩序的同时保证组团内部空间的丰富性，甚至可以引入向心元素等增加组团内部活力（图2-52）。相比并置型排布而言，排列式布置保留了节地性和高效性，又增加了并置型排布所缺乏的活力与弹性（图2-53）。但由于排列式布置的组团规模需要有足够的空间，因此小型村镇往往又难以形成较为完整的排列关系布局。

图2-52 较为丰富的大型组团空间示意图

图2-53 沿河道排列形成的组团

（4）离散型

对于一些受自然条件约束较大的自然形成的村镇而言，适于建造的用地较少，建筑的排布往往没有什么规律，建筑间的关系呈现离散状态（图2-54）。当已建建筑占据了适宜建筑用地，新建建筑往往不能再过多考虑与其他建筑间的关系，而尽量充分利用难以建设的地块，这种情况常发

图2-54 离散型建筑组团

生在具有较大高差的山地村镇中。离散型建筑关系不代表建筑密度小，相反，在很多离散型山地村镇中为充分利用土地，建筑间的间距往往很小。离散型布局虽然缺乏布局规律，但街巷尺度变化较大，空间节点丰富。在村镇自组织过程中可以将建筑间的虚空间处理得很好，在山地村镇中还可以看到空间节点或街巷与高差的完美融合。离散型的建筑关系是最具有弹性、最自由的关系形式，但规划村镇较难把握，更适合自组织村镇。

小结

建筑是村镇空间格局的主体，建筑间不同的组织方式在一定程度上决定了村镇空间格局的发展方向。总而言之，建筑间的组织关系受到地形地貌等因素的影响而呈现出不同的形态，而这些简单而又相似的组织方式却又能衍生出各不相同的建筑组团，这是村镇组团空间格局中最为明显也是最为基础的关系。

2.3.2 村镇节点空间构成

节点一词在城乡规划学中意为过往人流集合的场所，凡交通往返必经之地、多条道路交汇之处、区域中公共建筑密集的中心点和具有特殊意义的焦点，如广场、车站、渡口、桥头等[25]均可称之为节点。

在村镇空间中，建筑内部形成了实体空间，建筑间的缝隙则形成了虚体空间。虚体空间主要由街巷道路组成，另外一些虚体空间的开端与末端、膨胀的部分和交汇的部分等则会形成村镇中的节点空间。除此之外一些实体空间与虚体空间没有明显的界线，这些灰空间的部分往往也会形成节点空间。村镇节点空间是人群聚集或具有引导性的空间场所。从空间形态角度上来看，村镇中常见的节点空间有集散性节点空间、引导性节点空间和汇聚性节点空间等，其中集散性节点空间又可以分为封闭性节点空间和开放性节点空间。

1）封闭性节点空间

封闭性节点空间是最为典型的一种节点空间，具有较为封闭的空间特性，往往有着休憩、集会和观演等作用。村镇内部的广场、空地空间都属于封闭性节点空间（图2-55a）。芦原义信（Yoshinobu-ashihara）在其《街道的美学》一书中提到构成广场的四个条件：边界清晰、阴角封闭、铺装完整、建筑协调，即能够构成明确的图形。村镇中的广场多由建筑围合而成，中心广场多图形清晰，空间划分明确。但村镇中的广场空间比例尺度有着极大的不同，因其不经设计，广场的形成多凭经验和感觉，故部分广场过于狭小或空旷。而比例协调统一的广场才适合作为村镇中心集散的场地。

由此可见，封闭性节点空间并不是完全密不透风，封闭性节点空间人流集中的特点可以使其成为村镇的中心，多数情况下还可以作为公共建筑的扩展，与街巷空间的融合使得人流集中从而成为居民活动的中心场所。一些小的封闭性空间则可以作为公共空间与私人空间的过渡，起到柔化边界的作用。

封闭性节点空间与村镇中的建筑有着极强的融合性。作为居民生活聚集的场所，有许多村镇将村镇广场与戏台、钟楼与鼓楼等公共建筑相结合，共同成为村镇的核心。如广西侗族村寨中的广场就多以戏台、广场、鼓楼三个元素形成；大理白族村镇广场则以风水树、广场和戏台组成。

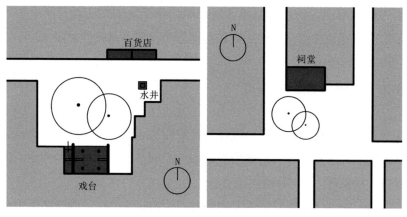

(a) 村镇内部广场封闭性节点示意图　　　　(b) 村镇入口开放性节点示意图

图 2-55　封闭性节点空间与开放性节点空间

2）开放性节点空间

开放性节点空间与封闭性节点空间的空间属性相反，它们都具有聚集人流的作用，这些节点空间往往出现在村镇边界处和村镇内部水塘河流等景观旁，同样以广场空地居多[26]。最常见的开放性节点空间为村镇入口广场（图 2-55b）。

村镇入口是村镇空间序列的起点，具有较为特殊的意义。入口广场作为门户，是感知聚落的第一意象。村镇的入口还起到连接、过渡村内交通和村外交通的作用。一些邻近交通干道的村镇直接将村内道路与交通干道交接，这个交接处形成的小片空地便可以作为村镇的入口节点。村镇入口广场多为开敞广场，能够很好地起到人流引导和汇集的作用。

当然，广场只是村镇入口的一种形式，另外还有与自然景观融合更强的树下空间。很多少数民族地区保留着对自然景物的原始崇拜，因此产生了风水树的观念。风水树关系到村镇的风水命脉，被认定为风水树的古树会得到村民很好的保护，甚至风水树周围几米的自然环境都会完整地保留。这种观念影响甚广，古树的保留导致树下空间成为许多村镇的标志性空间。

树下空间本质上与广场空地空间类似，是一种小型的生活类广场，同时保留了较多的自然景观。如云南省大理市喜洲镇周城村四方街广场中心就保留了两棵高山榕树作为村镇的风水树；四川省阿坝藏族羌族自治州理县木卡村古树也位于村镇中心的一个开敞广场上。树下空间保留了村镇传统的风水观念，增加了村镇景观丰富度，还能为村民提供聚集休息空间的同时提供树荫遮蔽。

开放性节点空间具有更强的与自然融合的属性，如果说封闭性节点空间起到的是村镇内部各功能空间的黏接作用，那么开放性节点空间则起到的是村镇与自然空间与景观的柔化作用。

3）引导性节点空间

引导性节点空间多为线性空间，对人群流向等能起到较强的引导作用。常见的引导性节点空间包括甬道、桥、栈道、片墙等。

村镇入口由于其需要引导人流进入的特殊性，往往需要有引导性节点空间的存在，常常会出现引导性节点空间和开放性节点空间在村镇入口处的融合。一些远离交通干道的村镇会选择使用长长的甬道作为入口，同时甬道两侧会种植树林或耕地作为景观序列，甬道的延伸也起到了入口的方向指引作用。另一些位于高山峡谷的村镇则不得不在入口修建栈道来作为入口引导。而这些甬道栈道又往往将人引到入口广场，形成了两种节点空间的融合。

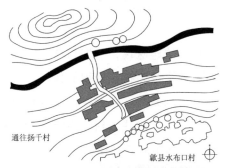

另外，桥作为村镇中常见的节点空间，同样具有极强的引导作用（图2-56、图2-57）。日本原广司（Hiroshi hara）在《世界聚落的教示100》中写道："桥是为了限制穿过边界而设立的装置，它是一种径，也是一种门。如果边界是架设在两种完全不同性质领域之间，桥的这种特点就会更加突出……桥是道路的同时，也是门。除此之外，如果添加新的机能，桥就会成为独特的事物"。桥所营造的空间较为特殊，它分隔了两种或三种空间，并将它们联系起来；因此其属性更多的是连接和引导，而并非像广场空地的聚集。当桥出现在村镇的边界时，桥连接的两端又呈现不同的属性，桥作为村镇边界的突破口、村镇内部与外部的连接而存在。

图 2-56　安徽省黄山市歙县呈坎村环秀桥

图 2-57　安徽省黄山市黟县卢村村口小桥

这些线性的引导空间往往给人们指示着方向，起着比指示标识更具引导性（图2-58）。引导性节点空间的存在使得村镇

图 2-58　河南省信阳市新县丁李湾村入口甬道

内的空间布局更加规则、有迹可循，同时暗示着人们前进的道路。

4）汇聚性节点空间

村镇中常有一些规模较小却有很强聚集性的空间，往往具有较为丰富的序列或者较强的趣味性，它们与自然空间和村镇内部空间的融合成为村镇主体空间的补充，甚至成为村镇景观的核心。这些汇聚性空间有一定的景观作用，与村镇中的自然山水景观、人为农耕景观相同，甚至可以成为村镇景观的记忆点。而汇聚性节点空间则往往以村镇中重要的、标志性的公共建筑的方式呈现，最典型的就是传统村镇中的塔和楼。

在传统村镇中，住宅和许多公共建筑大多较为低矮，在平面上呈绵延之势。而塔与楼则突破了高度的限制，它们往往是村镇建筑视觉的制高点，在低矮的建筑群中脱颖而出。其营造的节点空间自然引人注目，具有标志作用。

塔原为佛教建筑，引入中国后样式与种类均得到极大的改变。村镇中最常出现的是文峰塔。文峰原指当地毛笔状的山峰，若当地没有文峰则对科举不利，需建文峰塔弥补。文峰塔还有镇水之用，在水灾泛滥的地区常见文峰塔以镇压水患。

楼则指钟楼或鼓楼。旧时村镇钟鼓楼内设置大钟或大鼓，楼内按时敲钟（鼓）以向人们报告时辰，不同民族的钟鼓楼形式也不同。而侗族鼓楼则是最为典型特殊的楼宇建筑，它还为村镇提供聚众议事、节日喜庆集会或青年男女社交活动的场所[27]，其形式特殊，高大醒目，往往位于侗族村镇的中央，如桂北八斗寨向心式村镇的核心就是其精致的鼓楼。

塔与楼的高度为其带来了有效的空间效果。其强烈的视觉冲击力将人的视线吸引，从而使人群聚集到其下部空间中，因此它们常出现在村镇的中心位置，成为村镇的标志性空间。塔和楼常见于传统村镇中，具有很强的文化象征意义和风水意义，而在近现代村镇中则渐渐失去了塔与楼的身影。

以塔和楼为代表的汇聚性节点空间具有极强的集中性和汇聚性，往往会成为整个村镇中的标志性节点。这种空间在村镇中不是必要的，许多村镇并不存在汇聚性节点空间，但它的存在能够集中整个村镇的空间形态，起到凝聚的作用。

小结

村镇中的节点空间多种多样，绝不仅限于本文中所列举的种类，但开放性、封闭性、引导性、汇聚性四种性质却可以囊括大部分的节点空间种类。同时有些节点空间具有多种不同的特性。有些村镇仅有几个简单的节点，但这些节点却能够发挥出不同的作用（图2-59）。总之，节点空间是调节村镇空间结构的重要空间。

2.3.3 村镇内部景观布置

自然景观是构成村镇极为重要的一部分，许多村镇都对自然景观极为尊重，除了选址考虑外还要对其进行有序的布置和保护。我国特殊的风水观念也使得村镇内部的景观布置必然是有章可循，因此村镇中的景观往往呈现出有层次的序列关系，而并非均质化的平铺处理。在上文中已提到村镇的外部景观空间构成和选址，而村镇内部的景观布置则是更为细部的景观构成。从类型上看村镇内部景观可以分为水体、植物和标志性景观节点。标志性景观节点与标志性节点空间基本重合，在此不做赘述。

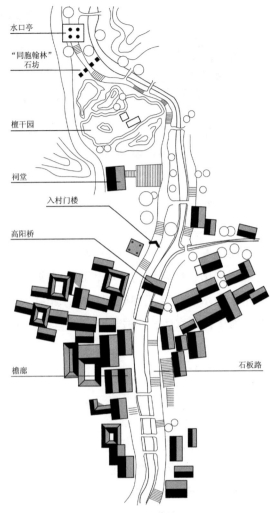

图2-59 歙县唐模村中不同种类的节点空间

1）村镇内部水体的利用

水是生命之源，水对村镇的重要性不言而喻。为方便对水源的利用，村镇内部往往会对自然水体进行改造，而改造后的水体也会形成村镇内部特有的景观。人工改造水体的水利工程，譬如都江堰具有防洪、航运和灌溉三种功能，其利用自然而不破坏原有生态环境。灵渠工程则巧妙地将三江五岭贯通南北，虽为秦朝工程，至今仍发挥其作用。村落内部则有小型的引水工程如水圳、漕浜等。

水圳引水

水圳指的是人工修建的用来灌溉农田的水利体系，也兼有泄洪作用。在已有水系的区域，为了营造村镇的"风水文化"，同时有利于村镇后期的扩建与发展，

图 2-60　宏村以水体为中心的格局示意图　　图 2-61　宏村水圳

居民会将自然水系有目的地改造，形成新的村镇空间格局。例如安徽省黄山市棠樾村与宏村则是典型的团状空间形态，以湖泊水体为核心，建筑组团环绕而成，不断向周边扩展。宏村在南宋时期地处雷岗一带"幽谷茂林、蹊径茅塞"，并无月沼、南湖之说（图 2-60），截至 1403 年，经由规划后，村民挖水圳（图 2-61）引西溪水入月沼，此时，村镇空间以月沼和祠堂为中心、水圳为纽带。但是发展至明朝，人丁兴旺，于 1607 年开始，历经三年建成南湖，至此，村落空间形成了背靠雷岗山，以月沼为中心，面向南湖，临西溪的向心性的团状格局。宏村村内的水系由水圳、月沼和南湖组成，起初临近西溪，由于人口的壮大，逐步利用人力改造了自然水体，形成了今日与自然共生的格局，不失为改造自然的优秀范例。

漕浜引水

漕意指运粮水道，浜意为小河沟。对于没有水源直接流经的区域，在平原河网基础上开掘护村河，灵活地引入水源也是古人的智慧。如浙江省宁波市走马塘村位于平原地区，建筑布局故而较为规整，村镇依傍东江，在建村之初利用过境的东江水，经刘家港，将东江之水引入村西的走马塘河，

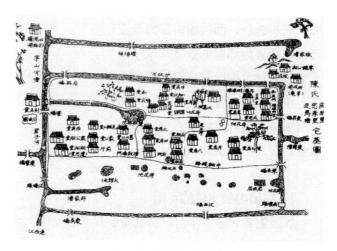

图 2-62　走马塘村总平面图

又经北东南及各条漕浜将水源引入村庄腹地，以天圆地方的传统手法，将村镇四周的水体相连通，形成了四方"护城河"，其东西长 460m，南北长 470m，供给居民取水，灌溉和消防之需，整体村镇形态以方正的组团形态呈现（图 2-62）。另外村镇内部生活用水则利用漕浜和水塘，将外部水体引入村落内部各个居民点，形成网状的人工水系[28]。

开凿水井

另外也有以泉水水系形成的村镇，此类型村镇利用地下水资源养一方水土。例如河北邢台县皇寺村，三面环山、一面邻水，且位于水资源汇聚的地势凹地，地下水资源丰富。村镇共有两处泉眼，其中玉泉池水量丰沛，顺应村镇西高东低的地势，人工将泉水引入村镇内部形成泉溪，西部为居民

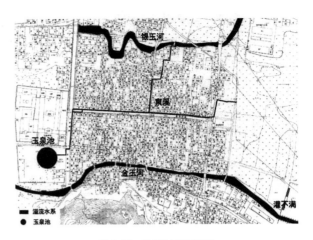

图 2-63　皇寺泉村总平面图

区，东部为耕地，整体为方形的布局（图 2-63）。为了充分利用引入的泉水，村民将其划分为三个层级分级使用，饮用水为最洁净水质，取水地为水井；生活用水为较好的水质，取水自泉溪上流；生产用水则为最后一层级，源自泉溪下流，主要用于灌溉农业[29]。

2）村镇内部植物的布置

植物的布置不仅影响着村镇的景观构成，还影响着村镇内部的微气候，以及人们的风水观念。我国向来注重植物的布置，在我国传统园林中，为达到"虽由人作，宛自天开"的效果，往往需要对植物进行详细的规划，以获得最佳的层次感。村镇中虽极少有园林存在，但村镇中心或入口、住宅庭院内也需要对植物进行布置。村镇内部比较有特点的景观布置主要有风水树和农业景观等。

风水树

栽种风水树是一种广泛流行于村镇中的民间居住习俗。在传统村落的村口或内部，常植有一些高大的树木，这些树木被称为"风水树"或"屋场树"（图 2-64）。风水树在各地村落中常被视为"保护树"，保护着村落的兴盛和村民的健康长寿、人丁兴旺。在村民的朴素信仰中，风水树中寄宿着树神，因而不得被破坏。这也是村民的朴素信仰，体现对村镇中高大树木的保护[30]。

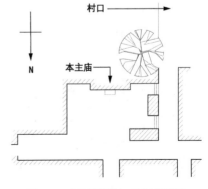

图 2-64　大理市瓦村村口风水树示意图

图2-65 黄山市宏村院落中的风水树

村镇内部的风水树可能不只有一棵，一些山地村镇古树林立，会出现一个村镇中有许多风水树的现象，但这种情况下往往有一棵风水树最受村民的爱护和关注（图2-65）。北方一些民居具有较为宽阔的庭院，也会在较好的风水方位保留树木，没有树木的庭院也会新植树木作为家庭中的风水树保障风水，可见种植风水树的观念在我国村镇中深入人心。

农耕景观

农耕景观是村镇特有的一种景观，它也是村镇内部景观构成的一部分。我国地形地貌类型多样，人口众多，需要在有限的土地上尽量多地开垦农田，而不同地貌上不同的农田状态也形成了丰富的农耕景观（图2-66）。农耕景观是农业生产和自然环境相互作用下产生的，它同时也承担着社会生产的重担[31]。

在我国的南方山地丘陵地区，雨水充足，但适合规模化灌溉的土地较少，在山坡上筑台地形成梯田，能够对雨水和土壤最大化利用，同时也形成了独特的梯田台地景观（图2-67）。江南水乡村镇水系发达，村镇多临水而建，稻田引渠灌溉，田间植桑，形成方形水田和居民区错落的村镇格局。北方平原一望无际，水资源匮乏，小麦是最适合的作物，麦田广阔无垠，田与居民区间还会形成防护林带。

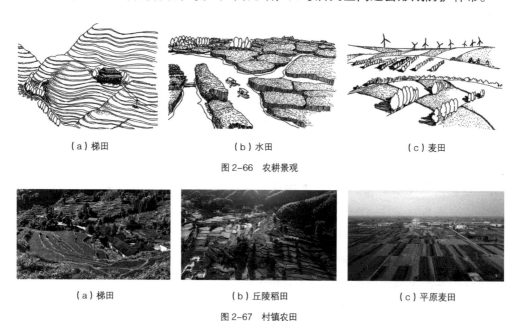

(a) 梯田　　　　　　　(b) 水田　　　　　　　(c) 麦田

图2-66 农耕景观

(a) 梯田　　　　　　　(b) 丘陵稻田　　　　　　(c) 平原麦田

图2-67 村镇农田

随着我国现代化的逐步推进，农耕的方式也发生了巨大的改变，传统的人工逐渐被机械化所取代。农田变得连续而完整，但是传统的农耕景观正在被趋同的现代农耕景观所取代。

小结

景观是村镇风景中重要的一环。村镇往往与自然融合程度较高，村镇内的景观布置也较为普遍；农耕景观的存在也使得村镇的景观环境更加多样化。除了水体与植物外，村镇内部还有其他景观布置方式，如石头、假山等。村镇内部景观的布置使得村镇与自然更加贴近，在村镇与城市日益融合的同时，也没有放弃与自然环境的交融。

2.4 村镇单体空间格局形态

在鳞次栉比、接连不尽的村镇图画中，民居作为组成村镇建筑的主体，一般以间为单位，多间民居共用屋顶，形成单体建筑；进而多栋单体建筑按照一定方式布置，组合为群体建筑。因此可大致分为单体建筑与庭院式建筑两类。我们可以用建筑空间形态常用的图底关系来直观说明传统民居的空间形态组成（图2-68）。

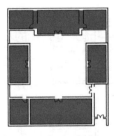 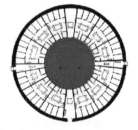

四合院的图底关系　　　　　圆形土楼的图底关系

图2-68　民居单元的图底关系图

2.4.1 单体建筑空间格局

1）单体建筑空间的划分——间

在中国传统建筑特别是木构架建筑中，"间"被用来指两榀梁架之间的空间。单体建筑以"间"为单元，由一间或数间组成，且数量多为奇数，在民居建筑中

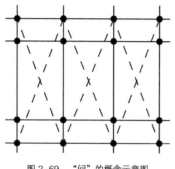

图 2-69 "间"的概念示意图

多采用三开间或五开间建筑形式（图 2-69）。借助木构架的梁柱承重体系，可摆脱承重墙体的限制，将多个"间"连用为大空间，而没有承重墙体的限制。各开间的名称与宽度也因位置不同而异：正中一间称为明间，宽度最大，其他递减，左右侧的称次间，再外的称稍间，最外的称尽间。因此单体建筑的平面规模大小，在面阔方向由开间数量决定，在进深方向则由步架数量（即进深方向檩条）的多寡决定。受限于木材的物理特性，一般开间宽一丈（3200mm），进深一丈六尺（5120mm），这样就可得到 16m² 的标准间的空间体量，在其间安排家具、用具、进行日常活动完全够用。当使用多柱的穿斗式构架，能够形成进深更大的屋架，深者可达十余米[32]。可以看出"间"作为构成单体建筑的基本单位，其不同尺寸、数量、位置的组合，可以构成形态各异的单体平面。

2）单体建筑空间形态

（1）一字形

在以间为单位组成的"一明两暗""明三暗五""明四暗五"等多种一字形平面形式中，以"一明两暗"最为典型，使用最为广泛（图 2-70）。究其原因，一方面，"一明两暗"的三间组合，利用梁柱划分房间，使得堂屋居中，处于轴线位置，两侧作为卧室，有良好的私密性。同时能够保持室内空间完整、间架分明、主从关系明确。另一方面，三开间能够满足必要的分室要求，适合于小家庭或单独五口之家的起居使用的同时保证适宜使用面积。假如需要更大面阔房屋时，多采用在两侧附加耳房的办法，如三间两耳、五间四耳等。一字形民居作为最为简单的

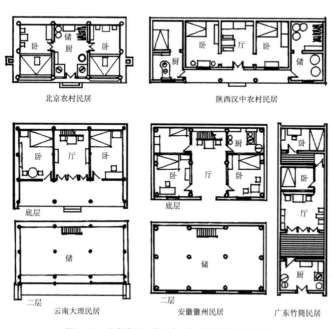

图 2-70 北京地区一明两暗一字形民居建筑平面图

建筑形式,其分布范围广泛,在全国各个地区都有所运用,在实际使用中既可作为单体建筑单独使用,也可以作为群体建筑的组成单元。

(2)凹字形

凹字形民居可以看作是一字形民居的变体,其中一种做"加法",即在其基础上左右添加前厢房或后厢房,形成两侧向外突出的"凹"字形,两侧厢房与主房连为一体。自然围合的剩余空间即作为庭院或天井使用,典型代表如浙江的"三间两搭厢"或"半合"(图 2-71)。另一种做"减法",这种形态以湖南地区"吞口屋"为典型(图 2-72),将居中的一间"中堂"(堂屋),面壁内缩一柱形成"吞口",一般用作临时休息、待客之用。堂屋其后分为两部分,前面一部分用作议事、祭祀、待客之用,后一部分是用来放置火塘,作为四季烩膳和冬天取暖的地方,堂屋两侧为卧室。

(3)回字形

该类型民居形态上类似于南方天井院,但从结构关系来看,仍属于单体建筑。其典型样式为浙江西部的"对合式"住宅(图 2-73)。基本的对合式,由三间两搭厢对合而成,在当地又被称为"四合院",平面方正,形如"口"字,且整体

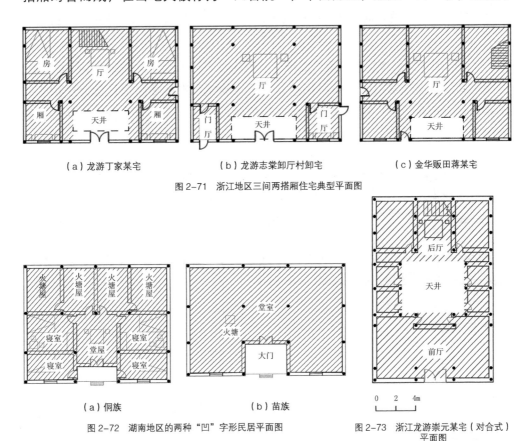

(a)龙游丁家某宅　　(b)龙游志棠卸厅村卸宅　　(c)金华贩田蒋某宅

图 2-71　浙江地区三间两搭厢住宅典型平面图

(a)侗族　　(b)苗族

图 2-72　湖南地区的两种"凹"字形民居平面图

图 2-73　浙江龙游崇元某宅(对合式)平面图

屋面全角相交，形成"四水归堂"形式，隐喻财不外流。通常，对合式民居在第一进正中开设大门，以第一进三间面阔为前厅，其后为窄长天井，天井左右各有厢房，末端为基本一字形布局，在正中后厅沿墙布置楼梯通往楼上，前进后进、楼上楼下的联系都靠围绕天井的廊。

（4）L形

此种民居同样是由一字形民居演变而来，即在单边再加厢房形成一正一厢相互垂直的格局。L形是湘西土家族的传统建筑形式之一，被当地人称为"钥匙头"，在台湾地区则被称为"单护手"（图2-74）。

（5）H形

一字形民居的左右两侧添加纵向房屋，从而在平面形态上表现为"H"形。其典型形制如湖南地区的"一担柴"，以中间三开间为堂屋，左右两端房屋为厢房，因厢房面积较大，内部除卧室外，还兼有书房、厨房、杂屋等，甚至还可在厢房内开设天井，以增加采光。与此类似，在湘西土家族这种形式被称作"明三暗五"，两侧为披屋，功能灵活。略微复杂的H形民居要数徽州"三间两进堂"的变体，它可以看作两个"凹"字形形体向背组合而成，前后两个明间合二为一，前后各一个天井，以满足更大进深房屋的采光要求，同时形成对流，以迅速带走热量（图2-75）。

单体民居作为形体简单、造价低廉、占地较小的建筑形式，在各地被广泛使用。上文虽然从类型上尝试概括多种形态，但不能囊括所有民居。况且作为庇护所的民居建筑不断被建造，面对不同环境所作出的调整与优化使它一直处于动态发展之中。这里的分类只能就典型单体建筑的形态、功能、分布等做介绍，以使读者

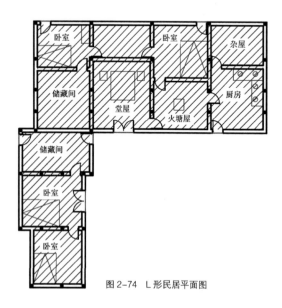

图2-74 L形民居平面图

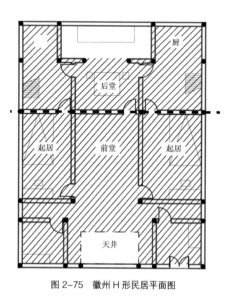

图2-75 徽州H形民居平面图

对单体建筑有一个基本的认知。

2.4.2 庭院式建筑空间格局

相较于独栋单体式民居，还有以多个单体建筑组合成的群体式民居，它往往通过建筑与围合要素的组合形成矩形或正方形院落，使得单体与自然环境、单体与单体之间表现出较为自然的过渡与渗透，院落也因之成为中国建筑最为典型的特征。此外，基于庭院所展开的轴线与重复是庭院式建筑布局时的常用手段，也成为中国建筑的鲜明特征。

轴线

在院落式民居布局中，以门厅、客厅、祖厅、上房和后罩房的次序排列形成中轴，左右厢房、廊屋、围墙对称布置的手法，使整体布局完整统一，同时主次关系明确，形成有规律的层次感（图2-76）。究其原因，一方面是受儒家中庸思想的长期影响，追求平衡、协调、统一的结果；另一方面，在民居轴线式布局的形成阶段，中国处于集权的封建统一时期，具有强烈的等级观念，在一个家庭中，这种观念就是家长制。而轴线式布局正暗合中国式的等级观：前为轻，后为重，左为上，右为下，中为主，侧为辅，轴线中央是首位。家长制的等级观念在这里得以体现，并通过空间的物化进一步加强。

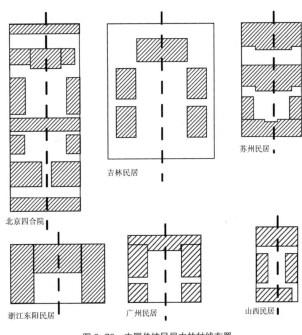

图2-76 中国传统民居中的轴线布置

重复

重复即利用某一种布局组合定式的反复使用，巧妙组合形成规模，以满足各类使用需求（图2-77）。这种现象在南北方院落式布局中屡见不鲜，各地虽因地制

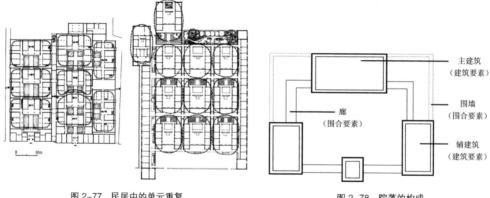

图 2-77 民居中的单元重复　　　　图 2-78 院落的构成

宜在开间大小、数量多少上稍有变化，但重复并置这一特征却是一脉相承，庭院建筑内部的重复多表现为多个单体建筑及其组合定式的纵向并置。因重复形成的统一、轴线式布局带来的平衡及庭院空间的调节，三者共同作用，使得庭院建筑既能够呈现"庭院深深深几许"的小尺度无尽透视，也能够打造威严庄重、震慑人心的大尺度空间。就民居建筑而言，它更多地表现为前者。

1）院落的构成要素与特性

同样按照"要素—结构—形态"的解析方法，构成围合庭院的物质要素由建筑、围墙、廊、照壁、院门等构成，这些要素按照一定的空间结构组合构成围合庭院的空间形态。其中，建筑要素与围合要素是最基本的两类要素（图 2-78）。

（1）建筑要素

建筑要素即房屋，是院落的主角，是围合院落最主要的"实体"元素，多个单体建筑的组合排列，形成不同形态的建筑组群定式。特别是处于主体地位的单体建筑，它的功能、规模决定了整个院落空间的形态与气格，在以居住占主要功能的民居中，主房成为毋庸置疑的空间主体，它为整个院落定下了基调。

（2）围合要素

构成围合庭院的物质要素有建筑、围墙、廊、照壁、院门等，这些要素按照一定的空间结构组合，构成围合庭院的空间形态。墙体作为围合院落的一种重要手段，它既隔断院内外的人流交通，也切断院内外的视线联系，是一种封闭性很强、限定性很明确的围合手段；而廊作为一种线性交通，其作用之一是联系各个功能不同的建筑单体，二是围合限定各个大小不同的庭院空间区域。相较于墙的密不透风，廊具有曲折、通透的优点，能够增加景观空间层次，缓解由墙体、建筑等形成的封闭感。

2）建筑形态与特征

（1）平行式

院落式民居最大的特点在于它由多个单体建筑围合成院落。这里的单体建筑多指一字形、凹字形等。平行式院落即由两条或多条一字形建筑相互平行并置而成，前后建筑之间的空间作为庭院使用，其典型形制如苏州多进院（图2-79）。

（2）曲尺形

两条一字形民居相互垂直布置，屋面互不相连，在形态上类似于单体民居中的曲尺形（图2-80）。一般以坐北朝南的横向一条为主房，各开间面阔略大于纵向厢房，大门一般开在南侧围墙正对主房，当受到地形或位置限制时，也可灵活布置，偏移在东西两侧。其典型形制如北京地区的两合院、云南大理的两向两坊、云南丽江的两拐房等。

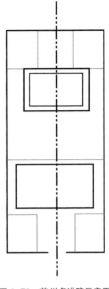

图2-79 苏州多进院示意图

（3）冂字形

冂字形院落的建筑主体部分由横向主房与两侧纵向厢房组成，主房与厢房都是基本的一字形单体建筑（图2-81）。一般冂字形院落南侧由围墙围合，大门也顺势开在南侧，当受周围环境限制时也可以东西厢房的一间作为门楼或改为开设大门的围墙。典型的形制如北京地区三合院，粤北地区的下山虎、宁波与绍兴地区的五间两弄带明轩等。

（4）口字形

口字形院落是一种典型的组合院落，它具有四条一字形单体建筑、冂字形与一字形、一字形与点状单体建筑等多种组合形式。其典型代表是四条一字形单体组成的北京一进四合院（图2-82），一般以坐北朝南为主房，作为会客与长者的居室，

图2-80 云南两向两坊

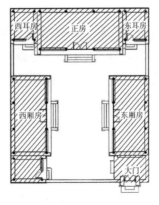

图2-81 北京三合院

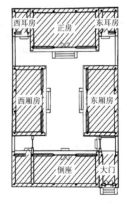

图2-82 北京四合院

东西为厢房，用作厨房与子女卧室，坐南朝北的"倒座"与正房相对形成口字形布局，而大门开在东南角，占据倒座的半开间。与之类似，川中丽江的"四合头"、粤北客家的"五间过"、云南建水的"三间六耳下花厅"等都是由四条一字形单体建筑围合而成。此外门字形与一字形组合成的"云南一颗印"、一字形与点状单体建筑组合成的潮汕"四点金"、闽西客家"双堂屋"、泉州的"两进一厅四房"等也都在平面形态上表现为"口"字形。

以上四种组合定式，既可以作为一进院落的建筑主体形式，也可以通过前文所说的重复并置手段，将一种或几种形式组合使用，形成多进院，如"日"字形的二进院、"目"字形的三进院，乃至九进院。在实际运用中，后一种情况成为常态，不同形式的组合运用一方面是出于满足不同的功能需要，另一方面可能出于经济或用地等因素的限制。由此产生的结果具有以下优点：

①不同定式的组合形成丰富多变的平面形态，产生不同肌理、不同类型的建筑；
②不同定式的组合形成形态各异的立面形式，丰富了村镇天际线；
③不同定式的实体建筑围合出形态各异的虚体空间，它们或长或短、或方或圆，对于调节院落节奏有着异乎寻常的作用。

3）院落空间形态与特征

院落式建筑平面的基本要素构成模式为"庭院—屋"，其中被"实体"建筑所围合的"虚体"庭院，成为院落式建筑中的"眼"，是不可或缺的组成部分。它能够丰富空间层次、调节微气候、体现审美情趣，且对正屋、厢房具有组织作用，特别是在多进院落中，由于庭院的调节与组织，轴线与重复所带来的单调感被打破，形成有韵律的空间节奏，表现出更多的生动性。受地形、气候、经济条件等多种因素的影响，不同地区、不同家庭中庭院在位置、形态与尺寸等多方面表现出明显的差异性。

（1）庭院

庭院空间多见于合院式院落，一般指由三面或四面建筑围合所形成的虚空间，其面积较大，有的尚有树木、绿化，平面形态以方形或矩形为主。东北地区庭院最大，一般以五开间见方；河北、河南为代表的中原地区，多以面阔三间的方形庭院为主，尺度适中；云南白族、纳西族的庭院也以方形为主，但面积明显较小；而关中民居的庭院则空间进深大、面阔小，呈纵长形（图2-83）。

庭院形状只在受到地形的严重限制时才会表现为三角形、梯形等其他不规则形态。至于闽南客家的圆形土楼所形成的环形院、围拢屋所围合的半圆形院当数特殊形制。

在建筑的建造与历史发展中,"庭院"一词所包含的范围不断扩大,一方面是位置的变化,位于院落一侧的虚空间更多地被称作庭院,如四合院的四角耳房部分与厢房山墙间形成的角院;另一方面围合庭院的实体也不限于三到四面的建筑,平行式、L形中两建筑两墙体所围合的虚空间也被叫作庭院。总体来说庭院空间平面形态呈规则矩形,面积则表现出从北到南逐渐减小的规律。

（a）东北典型民居

（b）云南白族民居　　　　（c）关中乔家四合院

图2-83　各地典型庭院

（2）天井

天井空间多见于长江以南的天井式院落中,一般指四面由连结屋顶围合而成的小院落。因面积较小,加之四面环绕垂直立面,类似井口,故称之为天井。天井式院落屋面排水皆排向院内（俗称"四水归堂"）,所以天井内一般皆有地面铺装及排水渠道。

天井一般在其前后设置厅堂式正房或门屋,左右以墙、厢房或空廊、巷道封闭。因此天井位置并不一定居中。与北方院落动辄几开间起步,庭院面积较大的特点不同,狭小的天井空间内只能够摆放鱼缸、花盆,真正成为院落空间中的"眼"。其形状一般呈横长或小方块状,再加上各向建筑出檐较大,所余露天面积愈加狭小,犹如"一线之天"。

江南、湘、赣及闽粤一带人口密集,土地宝贵,故正厅或正房多为楼房,愈加显得天井狭小[33]。据福建民居实例分析,在井厅式民居总面积中,天井面积仅占1∶14~1∶12,说明天井最重要的作用是通风与采光,而不在于活动面积的多寡（图2-84）。

小结

民居作为村镇建筑的主体,它或是以间为单位,联合数间共用一个屋顶,组成一幢或一栋房屋,形成单体建筑;或是数栋单体建筑组合成为院落式群体建筑。按照"要素—结构—形态"的解析方法,村镇建筑具有多层级的空间结构特点,

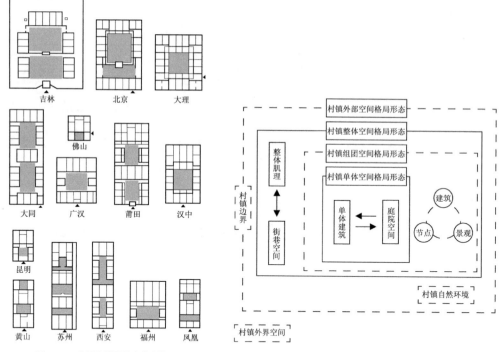

图 2-84 全国各地民居院落比较图

图 2-85 村镇各层级关系

最高层级的建筑群由民居单元按照一定的空间结构形式组合而成，而民居单元是由围合室内空间的单体建筑和围合室外庭院组成（图 2-85），单体建筑和围合庭院成为民居空间形态的基本类型。

◆ 思考题

1. 村镇空间格局形态包含哪些方面？
2. 村镇地形地貌与水体流域形态各自分为哪些类型？
3. 简述建筑层级的空间格局类型与特征。
4. 村镇节点空间的构成是怎样的，并用实例解析。
5. 村镇单体建筑空间的格局划分依据是什么？尝试以中国传统古建筑举例分析。
6. 简述传统民居中，单体建筑的基本类型、组合模式及优缺点。

第 3 章 村镇空间格局的现代转译

前两章分析了村镇空间格局的内涵、演变机制和形态组织，以及村镇空间与城市等的关系，全面对中国典型村镇进行了分析，并着重从整体到局部解析了村镇空间格局的形态。本章以村镇空间营建的传统手法为载体，研究其对于现代建筑的启示。

美国生态建筑学家吉·戈兰尼（G.S.Golany）在考察了中国的窑洞建筑后指出："中国的住宅、村庄和城市设计，具有与自然和谐并随大自然的演变而演变的独特风格，是与生态建筑学思想相契合的"[33]。目前，世界上各种类型的建筑百花齐放，中国地大物博，不同地域的建筑形式、技术与材料不尽相同。而中国特色的地域建筑在大量开发建设中逐步消失殆尽。最能反映本土文化的物质载体即是建筑物本身，其承载了世代人民的智慧与文化，由此，本章将具有民族特色与地域文化的建筑提炼出可传承与创新的内容，提供地域建筑创作的设计手法以供参考。

3.1 村镇空间肌理的转译

3.1.1 场地肌理的底与图

图底关系是描绘虚实关系的一种图形理论，是明确空间秩序和结构的一种二维化的表现方式。在人类感知系统的视觉本能中，视觉系统会重视其中某些部分而成为一般意义上的"图"，剩下的部分则根据视觉选择的主次关系退居其后成为背景的"底"，这便是传统意义上的"图底关系"[34]。

村镇以散落式布局加之民居平面形态的丰富多样造就了图底关系中的多样有机形态。正是基于这种特质，当代的区域规划与建筑设计常将聚落的有机图底关系经过转译、重构应用于创作实践中。

1）顺应原有肌理

通过对场地图底关系中肌理的提取、重构与组合，近似的体量与布局方式使得新建建筑在比例尺度方面与原有场地有着较高的融合度，顺应场地原有肌理成为

（a）文创街区鸟瞰图　　　　　　　　　　（b）公共服务中心鸟瞰图

图3-1　山东省沂南县的柿子岭理想村

当代设计的主要手法之一。

位于山东省沂南县的柿子岭理想村（图3-1），在整体规划中，延续当地民居院落的原始肌理，民宿、文创街区、公共服务中心等区域以村道为轴依次由东向西排布，在保证良好朝向的同时呈现出自然有机的散落形态。

东部民宿群的设计，提取当地民居的典型空间形态"院"，以民居大院平面形式为原型，延续了传统的民居肌理，在空间与形制方面承袭地域传统，形成相对独立的院落空间。而西部的公共服务中心，提取村镇错落有序、纵横穿插的整体肌理，以双坡屋顶作为母题，通过平面上的复制、错动、断开打造出以南北向为主，富有动态的连续折面形式。错落有致的形体变化，使得新建筑与原有村镇完美融合，成为村镇环境中不可分割的一部分。

2）反转正负形

图底关系中"图"与"底"，又被叫作"正形"与"负形"，以往人们对于"图"的关注往往大于"底"。受后现代主义反潮流反正统思潮的影响，在当代设计实践中，许多设计师开始重新关注图底之间的同构关系，并对它们进行重新解读，许多建筑设计以此为理论依据，创造出新颖、别具一格的布局效果。村镇建筑中的虚实关系有着这样的规律：作为实体的建筑往往散布于各处，而由街巷、广场等空间构成的虚体呈现出脉络状，贯通村镇各处。

四川省德阳市孝泉镇民族小学的虚实同构关系正与此相反：鱼骨状的布局看似是连续街巷"负形"虚空间的映射，但在该小学中，其已经反转为代表建筑实体空间的"正形"；而村落中以各处分散民居为代表的实体空间，在这里以"负形"的姿态反转为庭院虚空间（表3-1）。

孝泉镇民族小学与传统聚落图底的正负形对比　　　　　　　　表 3-1

示意	图底关系	正形：分离的实体	负形：连续的公共空间
传统村镇正负形			
孝泉镇民族小学			

通过用现代建筑材料与语言表达这种颠覆性的虚实同构关系，从新的角度诠释了传统聚落空间特征，赋予其活力。

3.1.2　街巷的组织与构建

街巷作为村镇的支撑与骨架，很大程度上决定着村镇的肌理与走向。街巷的曲直、界面的围合、节点的收放等特点都是影响整体肌理的重要因素，其中尤以街巷形态对肌理的影响最为显著。

1）曲直有度的街巷空间

缓节奏、慢生活的村镇定位是多方面因素共同作用的结果，循序渐进、次第展开的民居建筑与景观即是其中必不可少的一环。所谓"循序渐进、次第展开"即要避免一览无余的平淡，就街巷而言就是要实现街巷的曲直变化、路径的转折。

传统村镇中像山西省临汾市襄汾县丁村、安徽省宣城市绩溪县石家村这样纵横分明的实例不在少数，然而这些村镇经由漫游路径的组织，让人丝毫不感乏味，多重并立的高大门户、转角迎面而来的葱翠，都让人沉浸其间感受历史的厚重、乡村的宁静。可以看出"曲直"的界定并不是物理中的弯曲与平直，而是要借用街巷实现空间感受的变化。

以湖南省常德市洞庭渔村为例，该村的规划摒弃以往沿道路一字排开形式，新建房屋以内部曲线道路为据，分列两侧，建筑或临池借景，或树木掩映，或借弧形道路前后进退自成一景，数十栋民居最终以蜿蜒道路为凭，却能够给人曲折自然、蜿蜒不尽的空间感受（图 3-2）。

除了简单的曲线形，直线街道经由转角的组织同样能够实现"循序渐进、次第展开"的目的。四川省汶川县金台村的灾后重建建筑群，以 22 个立方体形式错位布置，内部自然形成的公共空间与民居建筑经由折线形道路相连。内部道路借由山体地势的跌落而自然高低变化，沿路所经或是高墙壁立、或是门前菜畦、或是边界处豁然开朗，迎面云雾缭绕远山青翠，沿途所看景色各异，感受迥然（图3-3）。

图3-2 湖南省常德市洞庭渔村鸟瞰图

（a）整体鸟瞰图　　　（b）街巷示意图　　　（c）远处景观

图3-3 金台村灾后重建建筑群

2）高低各异的界面变化

前文街巷的"连续与开合"一节中用皖南屯溪老街的例子说明连续界面能够塑造街巷的连续与韵律，该街巷建筑多在三层以下，以一、二层为主，同时由于各家建造时间、财力不一，最终即便是风格统一的连续街道也常表现出开间、高度上的变化。而连续的高低各异的界面形成独一无二街巷天际线，迥异于现代步行街道的平齐界面与一眼到底的两点透视。

杭州市富阳区东梓关村回迁房的设计很好地说明了这一点，回迁房从四个基本原型出发，三五一组沿袭杭派民居的粉墙黛瓦，曲檐低廊，加之形体的扭转，最终实现界面的高低起伏与远处错落有致的山脉有异曲同工之妙（图3-4）。

图3-4 东梓关村回迁房

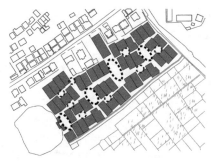
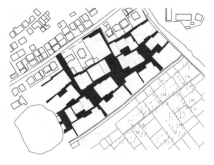

(a)东梓关村节点示意图　　　　　　(b)东梓关村空间收放示意图

图 3-5　东梓关村节点空间图底示意图

3）收放自如的节点空间

节点空间的收放在传统街巷中比比皆是，一般表现为平行界面中局部建筑的缩进，或由于水井、古树等形成自然的节点空间，抑或是祠堂、戏台、鼓楼等建筑旁预留的大片空地。在一系列节点的共同作用下，街巷空间的节奏感也自然而生。正是由于节点空间的这些积极作用，在现代设计中，节点成为设计要点。

同样以东梓关村回迁房为例，各组民居的倾斜与错位，将原本一览无余的笔直道路塑造为收放有度的行走路线，在增加空间丰富度的同时，以点的形式串联起整片民居。由北向南，两侧民居形成的线性空间与道路交叉口的开敞空间交替出现，及至南侧边界，视野豁然开朗，大片的稻田成为水墨江南意境的绿色基底或背景；由东向西，曲折不尽的行进路线中，由两侧民居进退形成的空地，成为村民日常聊天的绝佳场所，特别是中部村民活动中心前的小广场，成为全村集会、看戏、红白喜事等相对重要且人群密集的场所（图 3-5）。

3.1.3　院落的传承与发展

院落作为中国建筑最典型的特征，是中华民族亲近自然、热爱自然的朴素自然观的一种建筑表现，在当前关注个体，亲近自然思想的影响下，庭院作为一种引入自然的媒介被重新关注。当代创作手法的多元性与个性化运用使庭院在空间的围合、连接、形态组织等方面出现了多维探索与发展趋势，使之更加契合当代建筑的空间塑造。

1）庭院的主与从

传统民居中庭院的大小组合是非常普遍的，一般以重要建筑前的庭院为主，面积最大，面积较小的庭院则布置在次要建筑附近。此外，大小有别的庭院空间还

(a) 喜洲竹庵鸟瞰　　　(b) 入口狭长天井　　　(c) 围合中庭

图 3-6　喜洲竹庵

担负着调节空间节奏的作用，特别是多进院落中大小有别的庭院带给人的空间感受完全不同。

在当代，划分大小庭院仍是设计中的重要手法之一。以云南省大理州竹庵为例，院内布置大小不一的八个内院与天井空间，它们大大丰富了空间的多样性。从功能上讲，院子被这些开敞空间模糊地分为门厅、前庭、中庭和后庭四个区域。从入口处仅供接纳雨水的狭长天井，到院内紧靠餐厅和室外生活最为集中的前庭，以及中部连接多个空间的中庭水池和后庭，仅靠卧室用以调节光线并辅助通风的若干小天井，可以看出面积较大的庭院总是位于主体功能一侧，原本只有大小之别的空间因临近建筑的差别而被区分为主与从。此外，从入口狭长的门厅天井转入开敞的前庭空间，紧接着穿越通透的中庭空间，到达私密的后庭；空间感从紧凑转为疏旷又复归紧凑，大小空间的转换仿佛演绎着跌宕起伏的音乐篇章（图3-6）。

2）庭院的分隔与连接

庭院的分隔与连接即平面的强分隔与空间的弱连接。它们分别用来描绘院落内部多个庭院之间的相离关系以及相邻空间的分界与渗透。

就分隔来说，庭院作为一种"虚空间"，它虽然占据着空间位置，却没有实体，在多体块建筑设计中，庭院常被用来组织分割空间，控制整体节奏。以传统民居多进院落为典型。

在这里建筑实体与庭院空间交替出现。与此类似，在当代建筑设计中利用庭院分割建筑体块的案例不胜枚举，以陕西省富平县庄里镇三河村村民活动中心为例，整体布局采用传统院落形式，其新意在于，利用庭院分隔复杂功能，形成的多进院落塑造出传统"层"的概念，从设计师最初的设计手稿中我们可以看出，利用庭院分隔空间的设计构想（图3-7）。

就庭院的连接而言，这里的连接是建立在分隔的基础之上，庭院虽然被建筑或其他限定要素分离，在平面上表现为两个单独的院子，但由于敞厅、门、窗等建筑内部的连接存在，庭院之间仍能够进行一定的视线交流，它实现了一种"弱连接"与空间渗透。

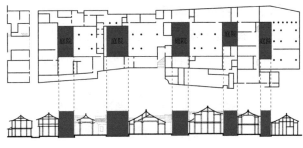

（a）庭院的分隔示意图

在江苏省昆山市计家墩村民中心改造中，封闭围墙在角部被打开，仅保留较高处围墙的连接，外部广场的铺装顺势延伸到院内，庭院与庭院之间的"弱连接"衍

（b）设计手稿

图 3-7　三河村村民活动中心

生为内部庭院与外界自然的"弱连接"，外界自然通过"框"渗透到院落内部。与此类似，南侧边界处的一排竹子代替实体围墙围合庭院，作为一种与实体墙完全相反的弱限定要素，竹子在分隔内外的同时，实现了内外空间的模糊与渗透，与当代设计语言中空间界面"透明性"与"模糊性"的处理不谋而合（图3-8）。

3）庭院的规则与异形

受传统礼制思想与建筑形式的限制，村镇庭院空间以方正为标准，而随着传统观念的淡化及经济、舒适等因素的影响，现代建筑的院落围合方式更加多样、开放，相应的空间也更加自如、丰富、多变。在河北省唐山市有机农场的设计中可以明显看出从规整四合院空间到异形院落的转变。从构成看，建筑保持了传统四合院的围合形态，而庭院空间却发生了较大变化，中心庭院向建筑四周错落延伸，拓扑组合成为多层次庭院空间且形态都表现为更加复杂的曲尺形（图3-9）。

图 3-8　江苏省昆山市计家墩村民中心

图 3-9　河北省唐山市有机农场

4）庭院的围合与开敞

传统庭院通过建筑、围墙的围合形成封闭的内向空间，成为中国建筑的主旋律，而至当代，随着材料技术的进步、审美观念的转变，围合与开敞共同成为塑造庭院空间的两种手段。

在四川省广元市下寺村小学设计中，原本呈风车型分布的四个独立体块被2.4m宽的环形内廊连接为统一整体，分散的建筑形态被有意整合，原本开敞无阻隔的流通空间被环形内廊分割为内与外，内部便自然重新围合为院落（图3-10a）。可以看出，即便是在多个分散体块的不利条件情况下，人们依旧希望通过围墙、廊道等线性元素将散落各处的建筑组织为具有向心性的整体空间。而开敞式庭院则表现出与之相反的特性：四川省雅安市新场乡中心幼儿园通过多组建筑的三面围合，依地形排成两排，像展开的双臂一样抵挡着险峻的大山，呈现开敞状态，使得空间在开口处能够自由延伸，将微风、远山带入庭院（图3-10b）。

（a）下寺村小学　　　　　　　　　（b）新场乡中心幼儿园

图3-10　下寺村小学与新场乡中心幼儿园

对于角部打开的围墙与竹子形成的院落，从位置上来说它们介于室内与自然之间，从开敞度来说，它介于封闭的室内空间与开敞自然之间，有着类似"灰空间"一般的作用，内与外的界限相对模糊，可以被认为是半开敞庭院的塑造手段之一。

小结

对于村镇整体空间肌理的提取与转译，本节主要从整体场地、街巷以及院落三个层次入手，由整体到局部，层层递进，针对各个层面的转译分别提出了相应手法：比如整体肌理的顺应与反转；街巷的形态、等级与节点的组织；庭院在形态、围合等多方面的设置。多层次、多角度的切入及相应转译设计方法能为场地规划与新建筑的在地性设计等方面提供指导，体现不同区域建筑的地域性，也为构建当代村镇格局提供一条新思路。

3.2 村镇传统建筑形式的现代转译

传统建筑形式与空间进行现代转译的内涵，是通过让建筑回到自身所处的地域特色这一根本属性，多方位、深层次地挖掘其与当地文化之间的关联及建筑创作。正如邹德侬先生所说："现代建筑有其时代性，从建筑材料、技术、风格和功能布置均有别于传统建筑，不过我们可以从中发现其蕴含的地域精神，现代的地域建筑应当吸收当地的建筑形式在内的建筑文化成就，回应当地的地形、地貌和气候等自然条件；运用当地的地方性材料、能源和建造技术，这也是现代地域建筑的灵魂。"[35]

对于地域文化与建筑形式的转译，现阶段中国建筑师探索出了研究思路与方向。主要以传统空间的格局、地形的适应性转换和对气候的适应性研究几个方面出发，从建筑的形态特征、空间组织形式以及材料、结构等角度进行研究与探索，对传统建筑语汇进行转译。

3.2.1 地形适应下的建筑转译

1）从"吊脚楼"到"架空空间"

吊脚楼的建筑形式常用于有高差的坡地村镇，是我国南方少数民族干栏式特有的建筑形式。它主要分布于苗族、侗族、土家族、壮族、瑶族等少数民族聚居的西南地区，森林茂密、气候潮湿的山区是吊脚楼分布地区的生态环境特点[36]。如贵州千户苗寨（图3-11）、湖南省里耶镇龙岩村、广西桂林大瑶寨。

吊脚楼一般采用当地木材、竹子进行建设，部分地区以桐油刷光，达到防腐和平整光洁的视觉效果（图3-12）。结构以柱枋穿斗式、剪刀歇顶为主，形制有四榀三间、五榀四间和六榀五间，常见为前两者；建筑整体形态上出檐深远、屋角起翘，飘逸生动[37]。吊脚楼的每一层各有其功能。底层为生产所需的功能空间，如储藏柴草、农作工具、肥料和圈养家禽家畜。第二层为日常生活的起居空间，一般在二层外侧会有设置走廊，用于夏季乘凉、休憩。顶层即第三层为储藏空间，

图3-11 贵州千户苗寨

图3-12 水边吊脚楼

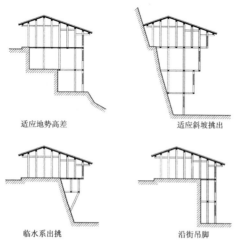

适应地势高差　　适应斜坡挑出

临水系出挑　　沿街吊脚

图3-13 吊脚楼不同形式的特征示意图

用于存放易于发霉的食物等，也可做成小隔间用于客房，高度在2.5~3m。底层的架空空间能够通风防潮、避暑防寒和保障安全，高约2m，结构上通过榫卯搭接紧密，利于抗震；室外的连廊不仅是一个休憩空间，同时也是一个交往空间，增进邻里关系。

吊脚楼最具创新的是底层架空，通过吊脚的形式适应高差不一的地势（图3-13），同时对于建筑本身的功能进行补充，这种多重功能的"复合空间"对于现代建筑也极有启发意义。吊脚楼的现代转译形式为：地形的适应性建构、虚实结合的空间表达、结构材料的创新表达。

（1）地形的适应性建构

在山地、沿河景观带或是有高差的基地上，通过架空、局部挑出，对原生地形进行呼应（图3-14）。利用"吊脚"这一传统的手法，一方面是可以防灾防患，另一方面也可以扩大景观面，既是现代建筑的地域性的表达也是空间流动性的策略。

位于浙江省建德市的富春开元芳草地乡村酒店，基地位于丘陵山野之上，为了获取更为广阔的视角同时不破坏山地原本的生态环境，民宿在坡地上使用了吊脚楼的建造形式（图3-15）。同时为了最大化地保护与保留原生态的环境与林木资源，建筑与道路的规划避开了树木，建造部分是采用轻钢结构对建筑进行组装搭建，这样可以尽量避免场地因为土方施工被破坏。

图 3-14 吊脚楼民宿与地形紧密结合

图 3-15 民宿剖面图

（2）虚实结合的空间表达

通过对"吊脚"这一元素的转译，形成底层架空与上层实体空间的对比设计，保留了其最为原真的空间要素，在建筑形式上达到了美观性与地域性的结合。在功能空间上也可以有所借鉴，主体功能在上部，而附属功能放置在架空层。通过空间要素的变更，不同形式的实体空

图 3-16 大邑农科基地展示中心

间与架空"吊脚"结合，可以形成现代形式的吊脚楼建筑。成都的大邑农科基地展示中心，通过对吊脚楼建筑的现代转译，底层作为架空开放式的种植展览空间，上部实体空间由办公区及其屋顶构成[36]（图 3-16）。可见，吊脚楼的建筑形式不仅仅可以是适应地形的建筑方式，同样也是空间设计策略的借鉴方法，通过下层架空建立与上层建筑的过渡界面，建筑主体与地面的距离感丰富了建筑本身的空间层次。

（3）结构材料的创新表达

通过对传统空间结构的研究，在保留原有结构与形式的基础上进行现代化材料的更替与转译，可以使人们对于建筑的节能、舒适性有更佳的体验感。我们对于传统建筑与其手法要辩证地进行学习，吊脚楼的主要优势在于：首先它对于原有的山地环境适应性极强，在维持原生环境与保护中起到了作用；其次，对于空间的高效利用，加强其环境适应能力；最后，吊脚楼轻巧灵动的建筑形式充满了传统建筑形式之美。不过对于原有材料，木材竹子等耐久性较低，防火等安全性能也受到一定制约，另外则是原有传统形式的吊脚楼居住环境与居住质量不及现代住宅，由此需要对其材料、结构以及设备进行更新，与时俱进的现代转译才能将传统建筑的特征延续。

图 3-17 智利 Engawa 住宅

智利 Engawa 住宅通过架空柱将仅有一层的建筑向上托起（图 3-17），另一部分则落在整平的坡地上，下方自然生成了一个私人空间的架空花园，同时建筑四周愈加开放，形成了丰富了空间感受。建筑主体的支撑由抬起的地面逐步转移到倒置四棱锥形的锚固钢结构，建筑的支撑结构从传统的木材到钢结构的转换，释放了更多的有效空间，内部宽阔的无柱空间令建筑的功能空间排布更为灵活，空间感更为通透。

2）从"窑洞"到"生土空间"

窑洞建筑是沿袭先民穴居模式进化后的结果，同时中国窑洞是世界上现存最多的古代穴居形式，主要分布在我国黄土高原：如陕西、甘肃、宁夏、山西、河南和河北地区。窑洞按照建筑选址与布局方式分类，可分为靠崖窑、下沉式窑洞和土坯拱窑[38]。它们大多是土坯或砖石砌筑，包括内部的睡炕、厨房、厕所和院墙等[39]。生土窑洞一般就地取材、挖洞造室，传统的生土结构的窑洞不同于木框架支撑系统有梁和柱，它仅仅依靠黄土制成的土拱作为支撑体系（图 3-18）。随着建筑技艺的精进与材料的更迭，出现了砖砌的窑洞，如箍窑便是先沿着拱形土模砌筑，用砖砌的拱券与墙体作为支撑结构，顶部覆土。当然也有木结构与生土结构等相融合的做法，如层楼式的石碹窑洞，山西省寿阳县龙泉寺便是利用石材碹砌成窑洞并在垂直方向上互相叠合而成的多层窑洞建筑[40]。

在地形适应上，窑洞的建筑布局是根据基地的地势高差而产生不同的形制（图 3-19）。基地基本没有高差时，窑洞可直接建在平整过后的地面上；基地有高差

图 3-18 生土窑洞

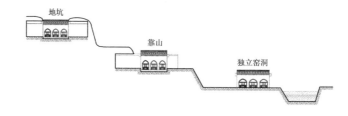

图 3-19 窑洞民居与地形的关系图

但较小时，通过不同高差的平地建成以台阶等连接的组合型建筑；当基地起伏较大时，为了顺应地势，建筑部分空间藏于地下，形成地上和地下两种空间的融合[41]。由于村镇发展缓慢，青壮年人口大量流失，传统的村镇建筑逐步消失，地域文化的内容和形式多以建筑为载体，因此对于窑洞建筑的研究与创新性的传承，有利于保护当地的文化。通过对窑洞这种覆土建筑适应地形的手法、土拱券结构体系的运用的研究，可以抽象出传统窑洞的建筑要素进行现代化的转译与运用，同时还萌生了"城市窑洞"这一建筑设计的新思路。

（1）覆土空间的建构

窑洞是根据地形地势衍生出的一种当地适应性极强的建筑形式，其内部温度宜人，建筑形式犹如原地生长一般，是一种契合地形的覆土建筑，常常适用于山地之中。

西班牙的科尔多瓦 Pilar del Pino 私宅，位于莫雷纳山脉的丘陵地带，那里地势起伏较大，村民在岩石中的空洞修建栖身之所。建筑隐藏于岩石之内，形成了一个中空的腔体作为生活空间。通过玻璃门窗交换外界的空气、阳光，已有的墙壁与岩石共同围合出的内部空间，如同原生态的洞穴一般。室内的地面材料混凝土浮板与屋顶铝板排水道的排水设计均是运用了现代的技术，达到防潮、排水等需求[42]（图 3-20）。这是通过现代技术手段对传统窑洞形式的传承与发扬，能最大限度维系其地域文化特征的同时，营造宜居环境。

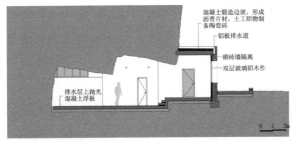

图 3-20　新型岩石窑洞民居

（2）夯土建造的传承与创新

窑洞位于黄土丘陵地区，这些区域常常发生滑坡崩塌等地质灾害，民居又常选址于新黄土中，新黄土较为疏松、孔隙大、土质不坚固，抗灾能力较弱[43]。通过对原有结构材料的更新迭代，将土砖砌筑的传统技艺运用到现代建筑设计中，是对于窑洞建筑形式的一种保存与更新。

在甘肃省会宁县的黄土高原沟壑区，当地的建筑材料多为夯土、草泥和木材，地形上多为高差较大的坡地，马岔村民活动中心的选址便是在一个退台山坡处

（图3-21）。场地本身的处理与建筑的建造通过土结合了起来，建筑材料主要为黄土，同时也整平了建筑基地。其在建筑形式上设计借鉴了当地民居的特色，建筑体量围合而成了一个三合院，北部建筑结合山坡设计了屋顶活动空间，可以俯瞰周围的自然环境。同时，活动中心通过现代化

图3-21 马岔村民活动中心

的技术设计了雨水回收系统与风力发电装置，减少了耗能。

（3）结构拱形式的现代转译

箍窑是一项熟能生巧的建造窑洞的传统技艺，指的是在地势较平坦的川、坝、源、台、平川等地利用地面空间，用土坯和黄草泥箍垒窑洞[①]。它是一种以砖或土坯在平地仿窑洞形状箍砌的洞形房屋。其营造方法有两种，一种是利用砖和石材的独立砌筑。首先将砖与石材，制成条形基础，墙体用砖石、灰土等材料砖缝错开咬接砌筑，然后再用木或钢构架作支撑，砌筑墙体，最后安装门窗。另一种是利用黄土作为拱券的模具，最后将土撤走即成一座窑。

窑洞使用的材料也在不断演变，其中砖相比于黄土，材料的可塑性、材料的抗压性更强，而砖拱中的叠涩拱是通过层层叠上同时逐层出挑于顶部汇合而成的，是传统建筑的建造手法之一。在陕西省富平县国际陶艺博物馆即是利用当地居民最为熟练的砖砌拱技术，创新地将砖窑起拱的直径进行变化（图3-22），形成最大跨度为10m的拱券空间，这种变径砖拱的做法不仅是支撑结构，也为室内增添

图3-22 陕西省富平县国际陶艺博物馆

---

① 宁夏传承近千年的"箍窑"手艺，即将退出历史舞台。

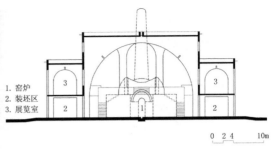

1. 窑炉
2. 装坯区
3. 展览室

(a) 柴窑内部形式母题为拱券　　　　　　(b) 柴窑剖面图

图 3-23　景德镇市丙丁柴窑

了艺术性。墙体为半掩土厚墙，建筑内部借鉴窑洞的节能调控特性，形成了自然的内外交换空气的风道。博物馆的设计通过对陕西地域文化与传统技术的运用完成了砖窑的现代化转译。

江西省景德镇市丙丁柴窑的外部造型与设计利用了红砖、黄土经过传统窑洞结构形式的转译建造而成，内部中心有一处由经验老道的师傅纯手工砌筑而成的拱形双曲面窑炉（图3-23）。窑炉最外层是由夯土填充的一个矩形空间，其上利用红砖堆码而成，而中心的窑炉腔体则是一个传统半圆形的窑洞式样，最高处砖高为24cm，上覆一层薄薄的黄土，窑床为老土的垫层。柴窑建筑空间以窑炉为中心，窑房则是以拱券结构形式为母题，利用现代的钢筋混凝土材料设计成一圈圈半弧形的结构体系。该设计通过对传统窑洞的结构形式的解析，形成了连续的拱券，砖拱与混凝土拱交相辉映。

3.2.2　气候适应下的空间转译

1）从"传统合院"到"围合空间"

合院式民居是一种民居类型总称，它的主要特征是由住房和院墙围成庭院，仅有大门与外部联系，院落的存在解决了住宅的采光、通风等实际问题[44]。合院式建筑是一种建筑原型，分布在我国不同气候区域，在不同的地区产生不同的变体，最具有代表性的有北京四合院（图3-24）、晋中合院（图3-25）等。

合院式建筑以间为计量单位，对于建筑群则是以院为计量单位，几院几间用以描述建筑群的规模。它的核心是由建筑围合而成的院落空间，庭院在功能上一方面可以是交流场所，内设置有树木、休憩的石桌椅等，另一方面也为居住环境提供更多的阳光、顺畅的通风，创造温暖舒适的生态环境。

中国传统的合院建筑，一般具有明显的中心性，主次分明、尊卑有序。不过，

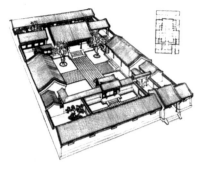
图 3-24　四合院形制图

图 3-25　乔家大院

现阶段的合院建筑正在逐渐消失，其有多方面的原因。第一，以血缘关系为纽带的宗法家族社会的瓦解，现代家庭生活更趋向于独立的生活，而非家族聚居[45]。第二，由于现代化进程的推进，城乡土地政策、住房制度的改变，导致用地紧缩，独立住宅取代了传统的合院民居。第三，科技发展带来的建筑技术与建筑材料的精进，原来的住宅以砖土为主，现在转变为了钢筋混凝土等新型材料，同时人们对于保温隔热的要求越来越高，传统民居在不改良的情况下很难适应现代化的生活需求。由此，对于合院建筑的保存与更新以及现代化的转译需要建筑师不断实践与探索。

（1）围合空间的摹写与表达

传统院落中，建筑间距较小，围合式的空间设计将院落与建筑内部空间紧密联系在一起，邻里交往频率较高，相对于现代社会人与人之间的联系疏远，合院式的建筑在一定程度上能促进邻里之间的亲密感。另外内院与外院的递进，能营造出从开放到私密、以小见大的空间感受，引入传统院落的形制与格局特征，将其利用在不同的建筑设计中，巧思构筑一种地域文化的表达。

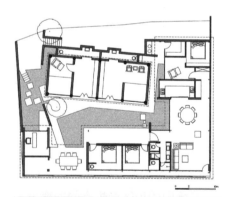

图 3-26　传统院落格局的构建与创新

河北省怀来县的一栋改扩建民居，即是通过对旧建筑肌理的梳理，植入新建筑体量，围合成一个"新合院"。建筑由此新生的内庭院给予了住宅内部静谧感，但也遮挡了院落中俯瞰全村的视线，设计将南侧新房中的一个开间利用可开合的玻璃钢格栅形成一个"侧廊"，在这里俯瞰村内，视野开阔（图3-26）。结构上采用了钢结构的单坡折屋面，

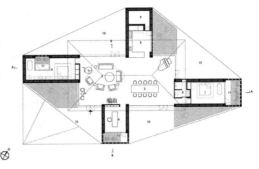

图 3-27 四合宅，唐山

结合高窗、落地窗采光通风，而新建部分的玻璃钢格栅可以通过翻折调节来遮阳，同时房屋沿内部庭院还设置了一圈檐下游廊，能够连通新旧建筑。

（2）由内向格局转化为外向空间

传统四合院的格局是内向的，建筑与外部仅有一个门连接，但是现代生活对于建筑与自然的交融使得空间的需求更甚以往。将传统的合院格局从内向转换为外向，从核心的内部庭院置换为景观四面渗透，能最大限度地解放建筑空间。在河北省唐山市郊区的一栋建筑私宅，建筑整体形式是将方形四合院原型中的建筑进行旋转，形成突出于院落和屋顶的体块，每个体块都有独立的功能，通过核心的厅堂空间连接各个房间（图 3-27）。原本内向的院落空间被置换成为起居的客厅，而且围合的院落成为向四面开放，在中心的厅堂可以感受到外部景观渗入的空间。

2）从"窨子屋"到"天井空间"

窨子屋（一种南方天井民居的形式）是侗族创造的民居建筑，为湘黔赣地区的特色传统建筑，至今有 1000 多年的历史，如湖南湘西洪江古城、高椅古村等。窨子屋有四合天井与三合天井两种类型，多为两进或者三进，四面围合，一般为两到三层，用屋顶天井采光。建筑由于适应湖南炎热多雨气候而采用小型开口的天井，满足通风、采光、排水、家庭活动等。

平面布置上，窨子屋首层前屋为商铺兼做中堂，后屋作为作坊和厨房（图 3-28）。二层是卧室起居空间，屋顶上有晒楼，可以进一步改善室内的通风条件，兼安全防御、生活和休憩功能使用[46]。湖南地区多雨潮湿，窨子屋的干湿天井是一个极佳的建筑分区模式，干天井上盖以木材，需要时开启或关闭，满足多种需求。干天井是对于我国传统天井院落最为成功的利用与改造，也是窨子屋的创新形式，它同时满足采光、通风、遮蔽等功能需求[47]。

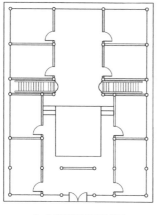
（a）窨子屋平面示意图

（b）窨子屋鸟瞰图

图3-28 窨子屋民居

图3-29 富阳东梓关回迁农居

（1）建筑形式的转译表达

南方传统民居都有小型的天井空间，如云南一颗印和湘西窨子屋，在地域建筑设计中，对天井空间主要特征进行转译与运用既是将传统的地域文化符号转为实体物质空间的过程，也是对天井住宅传承与发扬的过程。

浙江省杭州市富阳区东梓关回迁农居，群山环绕，建筑格局顺应原有村镇肌理，以一个个小盒子状的形态，错落有致地排布。建筑的天井自由分散在建筑各个方向，屋面连绵起伏，建筑平面以长方形为单元连接（图3-29）。建筑立面整体色彩和当地传统村镇相近，且与自然和谐共生，利用白色涂料以及灰色面砖，木纹金属等现代材料，相比传统的木柱、砖土墙而言，更耐磨、防水性能佳，耐腐蚀且耐久性好。

东梓关村回迁居民通过对天井院落形制的借鉴，营造了庭院深深的空间感，在形式上将现代的建筑材料与构造手法融入传统形式中，在保护村镇整体风貌的同时，提高了建筑整体的寿命与舒适度。

图3-30 四川省彭州市小石村文化大院天井空间

（2）天井的功能丰富化

南方天井式合院住宅与北方的四合院形制类似，但是由于南方地区天气更为炎热，雨水丰沛，因此对北方的庭院进行了合理的改造与创新，形成了天井式的合院住宅。在不同的地域环境或气候下，天井的大小会有所变化。过去的天井不仅可以采光、通风和排水，同时也是为生活提供便利的场所，如水井、花台等也放置于此。湖南地区的窨子屋，天井有封闭式的与开敞式的，这便是结合地域条件下的新形式，而今天我们在现代民居更新与设计中，天井以多种方式介入建筑空间，除了满足采光、通风等目的外，还增添了其他的公共活动功能，提高了空间流动性与观赏性。

四川省彭州市小石村文化大院建筑为四坡瓦屋顶，呈坡度向外倾斜，同时屋顶上开口了三四处大小不一的天井。不同的天井承载了多样化的功能，如中央的大天井，是人们聚集活动的区域，以交流、休憩等为主的活动空间，而侧面的天井则结合了竹子景观，在满足采光通风的需求下，于方寸之地营造了人与自然沟通的场景(图3-30)。

天井住宅的转译从对天井空间的原本形态的摹写到创新成为多样化、多功能的天井空间，不仅是在形式上对传统建筑的借鉴，在材料与结构上也适应了现代化生活的需求。

3.2.3 迁移与文化下的建筑形式转译

1）从"客家土楼"到"集合住宅"

土楼最早记载于《重修虔台志》："福建永安县贼邓惠铨、邓兴祖、谢大髻等，于嘉靖三十八年聚党四千人，占据大、小淘水陆要道，筑二土楼，凿池竖栅自固，且与龙岩贼廖选势成犄角……"[①] 土楼是古代北方人南迁躲避战乱而形成的具有军

---

① 《重修虔台志》记录了明代中后期赣湘粤闽边区百余年的史实。天启三年，南赣巡抚唐世济命郡人谢诏等续修之，成书十二卷，名为《重修虔台全志》。

图 3-31 土楼建筑形式　　　　　　　　　图 3-32 土楼内部

事防御性质的建筑，其主要分布在福建省龙岩永定县、漳州南靖县和华安县。其血缘性聚族而居、建筑布局的向心性是客家文化的重要象征。

土楼建筑布局有大圆形、弧形和方形，以祠堂为中心的围合式建筑（图3-31、图3-32），其中家族制度与封建形态最为突出的便是五凤楼，它把中原的建筑元素运用到了闽粤地区，建筑外部环以半圆池塘、广场，内部以院落为中轴线，中心对称布局，主次分明。其次是方形土楼。而环形土楼中，空间形态已经不受束缚与制约，强调自由平等的生活[48]。土楼材料主要是当地的黄土和杉木，结构坚固、抗震性较强，外墙多以夯土构筑，底部最厚、向上渐薄并略微内倾，屋顶为向内的斜坡。土楼的防御性极强，开窗面积较小，多为箭窗[49]。

土楼的设计既有平房、半楼房又有全楼房，形式上既有开放型、闭锁型庭院也有独栋型，它们不同的建筑形制却有统一的构图原理，即以同心圆为比例进行分割。对于土楼的现代转译，不仅仅是从建筑形式上的模仿，也是对其格局、材料与结构等多方面的剖析。

（1）中心空间的转化

对于客家文化最为显著的特征表现在聚居下的向心空间格局，以祠堂等为圆心辐射的建筑布局，中心的"天井院落"就是一个大型的公共空间，在承载宗祠文化的同时也使得四周房间获取了良好的采光与通风，是一种典型的传统聚居模式。

图 3-33 土楼中心"精神文化"的置换

随着现代化进程的推进，土楼开始在村镇中逐步消失，以往的聚居生活被独立生活取代。由此对于土楼的改造与现代适应性更需要建筑师作为主体进行引导，以延续地域文化与历史记忆。过去土楼以祠堂等精神文明的物质载体为中心，现在对中心的空间进行现代化的置换，保留土楼的形式特征，创造出新的"核心空间"（图3-33），置换其内部功能，提供适应现代的多种社交和行为模式的可能，成为更多元的"新类型"建筑。

如"城村架构"在福建进行的土楼改造，首先通过对现代人的需求分析，对土楼的功能进行了置换，建筑从居住变为学校；其次对于建筑的中心空间有了创造性的更新，将原本的"精神空间"更替为了旋转楼梯组成的活动中心，连接各个楼层。这是对于集体生活模式的二次思考，过去由于战乱聚居的人群，现阶段已经大部分独立而出，对于聚居模式的需求，学校等公共建筑成为必要设施，这或许也是对于土楼的现代化表达的一种趋势。

（2）生活空间的优化

土楼以聚居地生活为主，而当代人对于群居需求较大的即是低收入水平的人群，土楼占地面积小，容纳人数多，是一种较符合现代群居生活的居住空间。如何将传统的土楼建筑转译为现代人需求的房屋，是一项需要深入研究与思考的工作。

作为建筑师，对于社会的关注是必不可少的，不少前人都在聚居空间与住宅方面有过思考与实践，如日本的集合住宅、香港的屋村、福州的退台方院公寓、广州的"土楼公社"和巴黎的"胶囊住宅"等。土楼公社即是一种对于传统地域文化的转译，其对于土楼的生活空间予以借鉴，创造了新的内容与功能（图3-34）。其原型取材自土楼的形制转换，内部由方形和环形的空间嵌套而成，整体结构为混凝土。在生活空间上，相较于传统土楼，增加了商业娱乐和生活服务配套空间[50]。土楼公社将传统的客家土楼文化与低收入人群的群居住宅结合在一起，将土楼在现代生活下的适应性挖掘出来，并予以转译与实践，未尝不是一种对于低收入空间的持续性研究与思考。

福建省福州市网龙公司新总部员工宿舍建筑形制上借鉴了客家方形土楼，结合了退台的形式以不同角度层层退级，不仅使得土楼形象中原本封闭的中心庭院变得开敞、通透。基地营造了高低起伏的微地形，建筑底层的架空将方院内外连通，

 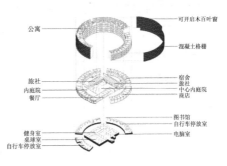

图3-34 土楼公社

图 3-35 福建省福州市网龙公司新总部

架空层与交通流线的设计将向心的、内向的庭院空间转化为了开放的、流动的活动空间（图 3-35）。通过对平面的优化，在转角的空间将交通空间与活动的公共平台结合景观进行设计，增加了建筑采光同时也具有观赏性。这座建筑在功能上作为集体宿舍使用，其中涵盖了多元化的生活配套措施，解决了居住者的生活需求。

2）从"蒙古包"到"轻质结构"

蒙古包是蒙古族人民在长期游牧生活下产生的传统民居形式，蒙古包是由墙体、椽子、天窗和外部覆盖材料组成的，形制上，顶部为圆形的尖顶，四周为木制墙体，外部覆盖了毡片。蒙古包顶是用柳条编制的扇形椽子制作而成，顶部天窗可以通风、采光，支柱使用了细木棍和骆驼毛绳连接成型[51]。蒙古包有许多优点：选材上，就地取材，避免资源浪费与短缺，其次通过对不同材料的模块化组装，形成了巧妙的支撑体系与外表皮可拆卸的状态，便于迁徙时拆卸、定居时安装。

蒙古包不仅搭建拆卸简便，装载运输合理，而且材料随处可寻，也易于后期维护和修理，同时，蒙古包的构件灵活，模块可以任意搭接成新型的构筑物。建筑师可以通过对蒙古包结构与形式的借鉴，借助新型技术与材料改良优化现代蒙古包，对现代装配式建筑的发展也有一定的启发意义。

（1）建筑形式的运用

在内蒙古，随着现代化生活水平的提高，过去的迁徙文化逐步淡化，因此对蒙古包形式的转译与延续，在建筑更新中尤为重要，否则传统文化可能就在现代面临断层。

对于传统蒙古包形式的传承与现代化转译具有极大的启发意义,如在河北省围场县哈里哈乡八十三号村的木兰围场的村民活动中心,从形式到结构,都是将传统元素提取精炼进行优化,成为满足人们需求的活动中心(图3-36)。

在形式上,村民活动中心借鉴了传统的蒙古包伞状的形式,形成了双环连接的图底关系,通过几个方形盒子的嵌入,获取了多向的采光。在功能上,内部空间以厨房和客厅为双核心组织流线,另外外凸的方体空间承载了起居、活动等功能。内部圆形的空间则承载了公共活动的客厅、休憩、书吧等社交功能。在结构上,内部双环大厅采用钢结构,入口为向外突出的方形体块,结合木质竖向的遮阳百叶。

(2)结构的延续与创新

对于蒙古包的形制,其可以拆分为支撑结构与围护结构两个部分,古代蒙古包的支撑结构便于携带拆卸组装,而现代的需求是与时俱进的建筑内部环境的舒适性,由此可积极探索建筑的结构和材料的改良。

在内蒙古正蓝旗元上都遗址之南的遗址工作站,其屋顶为形似蒙古包的圆锥形坡顶,有的组合成了双曲面的形制。结构上,原本易于拆卸的木质材料替换成了清水混凝土,而外侧的弧形界面则采用了白色半透明的PTFE膜材,在保证其内部舒适度的情况下又有一定的通透性,形成了轻质结构与实体材料相结合的新类型。蒙古包原型上的顶部天窗也被转译成了斜坡屋顶偏心的位置,同时增加了侧面开窗,光线更为充足(图3-37)。

图3-36 木兰围场村民活动中心

图3-37 元上都遗址工作站

(3)对建筑模块化与装配式的启发

蒙古包在古代毫无疑问是一种"装配式"与"模块化"的建筑集合体,它采用了非传统方式,进行搭建,同时可以利用部分构件连接成新的构筑物,它的可变性极强,并且不会对原有生态环境造成破坏。

传统蒙古包的墙体是由木制棍交叉形成网状木架搭建,屋顶的椽子类似雨伞的结构，呈放射状排列，它们都可折叠、收缩。现代化的装配式建筑也是如此，提前预制不同的模块单元，然后装配搭建成为建筑。用单体构件组装成构筑物的案例是位于江苏省泗阳县爱园镇果园村的村民剧场，主体结构以底部木架、三角形支撑体系、木梯、钢木节点与滑索等组成。剧场以梯子为单元模块，进行装配，主要材料为梨木，整体形成了一个圆形的稳定结构，构件上的横杆都有不同的角度以适应整体弧度（图3-38）。

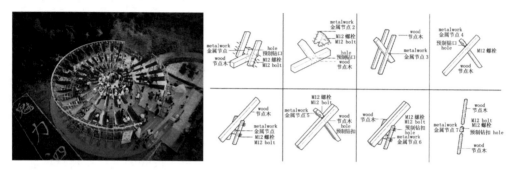

图3-38 爱园镇村民剧场

3.3 村镇空间元素的现代转译

现代建筑思潮极大地冲击了我国传统建筑形式，我国未经历现代建筑逐步发展建立的过程，而是后期直接引入，导致我国现代建筑与传统建筑缺乏融合。而城市化进程的加快也使得现代建筑一步步取代了传统建筑，为了保存传统建筑元素，我国也做出了折中主义等尝试，如今建筑师仍在为现代建筑与传统元素的融合而努力，并试图引入新的血液。

在这个现代建筑与传统元素融合的过程中，地域主义的发展与传统村镇元素的联系较为紧密。地域性是自然和人文事象等要素相互作用形成的，它包含了不同的自然景观、地域建筑、地域语言和民情风貌等文化映像，这也是地域的差别所在[52]。不同村镇元素的差别本质上就是地域性的差别，地域主义所研究的现代建筑的在地性与传统村镇元素的转译则异曲同工。

3.3.1 传统村镇符号的现代转译

符号学是20世纪30年代由美国哲学家莫里斯（Charles William Morris）提

出的语言学研究方式，用于研究符号的本质、结构、系统以及符号意义的产生、传达和释义过程，后被引入到建筑学领域。他认为建筑是通过符号来传达信息，这一观点已被人所接受和理解。同理，村镇中的传统元素也是由一系列符号构成，建筑、街巷、自然、细部都由符号来表示。同时符号具有可替代性和模糊性，可以较为方便地替换为现代语言。传统村镇符号一般有四种转译形式：表象应用、抽象应用、同义置换和隐喻。

1）转译符号的表象应用

表象应用是传统村镇符号最为直接的手法，即直接将符号从原有村镇中提取，不做变化或做少许变化后直接应用到新设计中。在这个过程中往往会出现符号的生搬硬套和东拼西凑，不考虑符号的运用环境和现有设计条件的情况。

南方民居多为硬山，横向的山墙具有区分形制和防火的作用，因此也常被称为"封火山墙"。不同地区村镇中的山墙形态往往各不相同，山墙符号成为当地民居中的特色，这种符号具有极强的地域性和传统性，易于识别。

位于安徽省黄山市祁门县闪里村镇的南仕堂接待中心（图3-39）就直接运用了传统徽州民居的符号要素。作为村镇入口处的标志性建筑，它直接提取了徽州民居随处可见的马头墙加于建筑两侧；同时对这个符号进行适当的改变：将整面马头墙的材质替换为玻璃砖，使得室内灯光和结构能够朦胧地透射到建筑外部；既保留了马头墙的形式，又灵活地配合了自身建筑的属性。

图3-39 南仕堂马头墙符号的运用

同样，福建省厦门市白鹭洲公园内的筼筜书院（图3-40）则选择了传统民居建筑屋面中的构成元素"椽子"作为符号，直接引用到自身屋顶，同时为适应建筑本身形体，椽子的材料选择了轻钢材质。

图 3-40 筼筜书院椽子符号的运用

2）转译符号的抽象应用

传统村镇中的符号往往繁多复杂，与现代建筑简化的风格难以直接融合，而对符号的抽象化则既能保留传统符号的形式和意义，又能简化符号以更好地融合入现代建筑中。但在符号抽象的过程中要平衡形式与意义间的关系，不能为表达意义而形式过于冗余，也不能为追求形式过分抽象而使人难以理解。

传统村镇符号中屋顶形态的符号最具特色，也最容易抽象化运用，因此有许多现代建筑的地域化设计会采用当地传统村镇民居屋顶抽象后的形式。如安徽省宣城市绩溪博物馆（图3-41）设计便采用了徽州民居传统的屋顶形式，将其抽象重构，形成一片连绵起伏的坡屋面。同时在立面上用白墙的白色和灰瓦的灰色构建出简化后的连绵屋顶的剪影。庭院也对中国传统园林进行抽象，最为明显的便是庭院水池中心方形石块堆砌而成的假山，则是由园林假山抽象而来。同样，台湾东海大学的路思义教堂设计将我国南方村镇中传统的屋顶符号抽象为两片凹曲面，使用四片这样的曲面构成教堂造型。

图 3-41 绩溪博物馆

3）转译符号的象征隐喻

隐喻是对传统村镇符号的另一种诠释，两种相似的符号可以相互取代。这两种符号在结构、材料等上可以没有联系，而是一种符号对另一种符号的映射，可以

图 3-42 乌镇互联网国际会展中心

图 3-43 小洞天茶室

是通过文化、传统等概念将其联系到一起。

浙江省桐乡市乌镇互联网国际会展中心（图 3-42）融入了江南水乡的传统民居的建筑风格。其外立面采用了 260 片江南小青瓦以象征传统文化和传统建筑；用 5.1 万根钢索形成网状肌理以隐喻互联网，整体象征了传统村镇建筑文化与互联网时代的融合相生。建筑同时也运用了江南水乡屋面的表象符号，将青瓦屋面适当修改，重复几层以运用到建筑屋顶上。

位于浙江省杭州市良渚文化村的小洞天茶室（图 3-43）的室内空间则在一定程度上隐喻了山地村镇中的空间形态。由其名字就可以看出它的主体便是中国园林中洞天、洞穴、石等符号的抽象表达建筑内部营造出自然山水中洞天的效果。与此同时，设计者还将洞天内墙体的开洞抽象为错落的剪影，以此来象征绵延的山体。

3.3.2 传统村镇材料的现代运用

随着社会经济的逐渐发展材料也总是不断演变，村镇的建筑表达方式、审美标准等也会随之转变。新材料扩展了建筑表达的可能性，使得村镇建筑能够突破原有的限制，构建新的空间格局。但与此同时新材料的出现势必会淘汰一些旧材料，而村镇中原有的材料本身就是村镇景观格局与风貌的一部分。因此村镇中的传统材料需要与新材料进行碰撞、融合和对接，进行材料的现代转译，以达到既满足现有功能和审美需求、又能保留原有村镇特色风貌的目标。

1）传统材料的直接应用

传统村镇中材料在现代建筑中最直观的体现便是直接应用。传统建筑中一些材料仍沿用至今，尤其是一些生态材料，如木材、竹材等在现代建筑中毫不过时，并有再次兴起之势。竹子在南方地区是常见的建筑材料，竹篱、竹栏等随处可见；在云南西双版纳地区竹林茂盛，当地村镇甚至会搭建全部以竹为主体材料的竹屋。在今天竹材由于其极强的再生性、生态性和较高的强度、韧性被许多建筑师所喜爱。浙江乌镇乡村中名为"竹星院"的民宿（图3-44）按照传统的方式大量地使用了竹材。在院内随处可见竹篱、竹墙，以及大片的竹林，不仅与自然环境融合得很好，还轻松融入了村子中的其他建筑。

图3-44 "竹星院"民宿

2）传统材料的创新应用

随着材料的更新换代，建筑技术也在逐步推进发展，传统材料也得到了更多展现自我的机会，原有材料的应用方式也在一定程度上发生了改变。随着现代框架式建筑的出现和相应搭建技术的提高，建筑立面越来越自由，相应地传统材料也可以不考虑承重问题，只考虑自重带来的影响。最为典型的莫过于砖，在传统建筑中砖的搭建方式已五花八门，一顺一丁、平砖丁砌等各不相同；但仍发展衍生出更多新的搭建方式。北京的红砖美术馆便是一座用红砖搭建的美术馆（图3-45），其中砖采用了很多镂空、旋转、混接等方式来丰富建筑的细部，与传统红砖建筑有着很大的不同。

另一个例子是对中国传统民居中瓦片的应用。瓦原本是用于传统建筑中遮风避雨的材料，在现代建筑中瓦则作为代表传统民居的元素被运用到立面表皮、地面铺装等各个地方。隈研吾在中国美术学院象山校区内所做的民艺博物馆（图3-46）

图 3-45　红砖美术馆

大量运用了瓦的元素。建筑立面拉起斜向交叉的铁丝网，将瓦片穿插其中，形成通透的视觉效果。当阳光照射进来时则会产生斑驳的光影效果。在上文中所提到的绩溪博物馆（图 3-47）也在立面和地面大量运用瓦的元素，一些立面填充和地面铺装都是由青瓦密铺而来。

图 3-46　民艺博物馆外墙

图 3-47　绩溪博物馆部分墙体

3）新材料的传统应用方式

随着材料技术的逐渐变更，一些传统材料被逐渐淘汰。但这些传统材料已具有完整的应用方式和技术，同时也是传统建筑的一个重要印象。在这种情况下就需要寻找与传统材料类似的新材料来代替它。黏土红砖在我国应用已久，国内仍保留着大量的黏土红砖建筑，村镇中红砖砌筑的民居比比皆是。但由于烧制红砖需要用到大量的黏土，会对耕地造成极大的破坏，因此，我国已禁止在建筑中使用黏土红砖。混凝土砌块、空心砖等一众新型砖材料代替了红砖的使用（图 3-48）。

（a）清水砖墙的砌筑　　　　（b）混凝土砌块的砌筑

图 3-48　砖的转变

随着太阳能技术的发展，越来越多的建筑开始应用光伏技术。而屋顶作为建筑

(a)传统屋面瓦的形态　　　　　　　　　(b)光伏瓦片建筑的形态

图 3-49　瓦的转变

中受光面最大的部位，"当仁不让"地成为最适合安装光伏板的位置。为保持建筑的原有形态，光伏薄膜玻璃瓦片应运而生。它与传统瓦片的搭建方式无异，既保持了传统屋面的形态，又能够充分利用太阳能光伏发电（图3-49）。

4）新材料对传统意向的象征

传统符号的转译中符号具有象征与隐喻的作用，材料同样可以做到对一些传统意向的象征。在探寻新材料的过程中，有一些材料虽然应用方式与传统方式并不相同，但其形态、色泽、质感等能使人联想起传统意向，或是一些与传统文化相关，但并不适合用于建筑的材料。

由盖里建筑事务所（Gehry Partners）参与的由中国国家美术馆举办的"国家美术馆概念性建筑设计方案征集"的作品就采用了新材料的象征形式。玉石是我国古代君子的象征，中国人对玉的喜爱传承至今，但玉因其价值因素和材料强度因素并不适合作为建筑材料使用，因此较难在建筑中见到玉的身影。而盖里建筑事务所开发了一种拥有一些玉的特质的新的材料：透明石材，并运用到其作品中，整栋建筑如同玉石般晶莹剔透，并拥有玉石的整体形态。同时，其表皮的纹理也象征了我国传统村镇自然环境中的山川与流水（图3-50）。

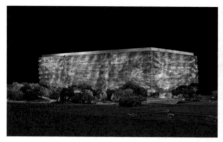

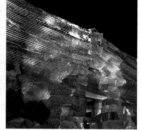

图 3-50　国家美术馆概念方案

小结

村镇在对建筑自主更新的过程中，并未大量沿用过往的建筑形式与技术，在一定程度上，传统技艺与传统建筑样式的继承与发扬与当代居民生活、生产有了矛盾，由此，对于建筑技术、形式以及材料的转译和应用是乡土建筑亟需的研究与实践。

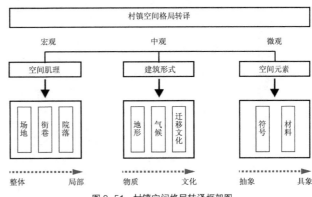

图 3-51 村镇空间格局转译框架图

本节介绍传统建筑形式的运用与转译以三种方式为主：第一种是通过对建筑的形态与布局的研究，从场地、街巷及院落三个层级进行村镇整体空间肌理的提取与转译；第二种是以建筑结构或是建筑形式的主要特征为转译对象，利用新型的建筑技术与材料对其进行地形适应和气候适应的空间重构与创新；第三种是通过对传统建筑的某一种元素或者符号进行抽象化的摹写，提炼建筑的地域文化特征，透过传统或现代材料的方式追溯传统意向（图 3-51）。

◆ 思考题

1. 村镇空间格局的现代转译包括哪些？
2. 简述街巷空间如何进行有序的组织与构建，并以实例解析对现代建筑的影响。
3. 院落作为我国传统建筑中的主要构成部分，请简述其主要功能与类型特征。
4. 传统建筑形式如何进行现代转译，请结合实例分析？
5. 建筑结构与形式如何进行现代转译？
6. 村镇空间元素有哪些，请简述它们的内容与特征，同时解析如何将它们利用现代技术进行提升与更新？

中篇

村镇风貌的保护与更新

　　村镇风貌一方面以实体构筑空间为载体保存,表现为建筑和规划上的生活居住空间,另一方面又通过社会关系、传统习俗活动和文化景观等得以传承,是村镇居民的精神财富。由于城市化进程的推进,造成规划过渡阶段的无序、人口流失导致村镇空心化、村民集体和个人保护意识淡薄、缺乏法律制度的保障,致使现阶段村镇风貌保护欠佳。

　　本篇从村镇风貌的内涵解析出发,基于现存村镇风貌现状问题,提出保护原则与更新策略,包含整体角度的自然风貌、人文景观风貌、人工形态风貌和产业风貌四个层级的保护以及微观角度的建筑结构、材料、装饰、防护措施等空间保护策略。基于乡村振兴发展战略,在既有保护体系下推陈出新,村镇风貌各有特色、重拾活力。

第4章 村镇风貌保护概况

4.1 村镇风貌的内涵与构成要素解析

4.1.1 村镇风貌的内涵

在社会经济快速发展的浪潮之中，传统村镇风貌与现代生活需求的矛盾日益彰显，加之缺乏科学的规划指导，片面追求新风格、新面貌，导致当今传统村镇风貌严重破坏。在这样的现状及背景下，村镇风貌的保护更新迫在眉睫，明确村镇风貌的内涵具有显著的现实意义。

1）村镇风貌的定义

清王士禛《池北偶谈·谈艺二·忆秦娥词》"破檐数椽，风貌朴野"中的风貌一词指的是："事物面貌与格调"。在城乡建设领域，风貌是涵括自然、人文、历史环境的综合环境概念，泛指一个地方的人文特征和地质环境特征。

近年来，国内不少学者对城乡风貌进行了解析，大致分为物质风貌与非物质风貌两大类，前者包括自然风貌与人工风貌，后者包括文化构成与秩序关系[53]。关于村镇风貌的定义，兰州交通大学张正涛认为村镇风貌是区别于城市和传统村镇，村镇的发展演变受到多方因素的综合影响，是人作用于环境产生的无形环境和有形实体环境的结合。上海同济城市规划设计研究院的董衡苹结合相关地方规范与技术导则，提出村镇风貌既包含地形地貌、人工实体环境，也包括民风民俗、历史文化等无形精神环境，是自然和人文景观在有形实体和无形精神环境的有机统一，更是地域文化在人居环境上的展现。

结合我国当下村镇发展和风貌的研究，村镇风貌的内涵可以概括为以村镇景观为主，同时包括自然和人工复合的整体外观形象以及以文化内核为基础的传统风俗文化与生活生产秩序。村镇通过时间累积形成符合地域特征的空间载体和寄托集体记忆的文化认同，简而言之，村镇风貌是通过自然环境、空间形态、建筑形制以及具有当地特色的非物质文化遗产等共同体现出来的特定地域文化的整体印象。

2）村镇风貌特征

由于我国幅员辽阔，不同地区环境、气候、人文都有较大的差异，如西北地区干旱，传统村镇一致呈现平顶土坯粗犷的形态，江南平原地区湿润多雨，维持着"江南水乡"典型的村镇风貌。村镇风貌在历史长河中凝集了地域属性，同时又在社会不断前进过程中，以有形的物质载体或是无形的精神风格得以发展传承。村镇风貌在新农村建设、美丽乡村建设、新型城镇化建设、乡村振兴等多重时代语境下不断地进行自我更新，呈现新的面貌，因此具有与时俱进的特征。

村镇风貌分为整体风貌和微观风貌。整体风貌包括生态景观风貌、人文景观风貌、人工形态风貌以及经济产业风貌。微观风貌包含建筑材料、装饰、结构、防护性措施和文化空间。整体风貌是依托自然地理和地域文化为基础的宏观整体景观，由自然地理景观、社区生产生活传统氛围、自然与人工结合景观以及人造物共同构成，是随时间变迁呈现不同特征面貌，具有时代化特征；而微观风貌是构成整体风貌的细部成因，依托自然地理环境、人文历史、风俗传统，从材料、装饰、符号、建造等多层面决定了整体风貌的现实形态。

4.1.2 村镇风貌要素构成

村镇的发展受到政治文化、经济制度、民风民俗、宗教艺术等多因素影响，具备了物质和非物质文化属性。因此，村镇完整的风貌体系构成，不仅包含传统建筑、传统景观等物质空间，同时包含各类非物质文化遗产、民俗民风等。

村镇环境中的人工构筑、自然草木都可列为物质风貌的保护对象，而依托物质载体产生的集体记忆、礼俗秩序、饮食方言、非遗技艺等非物质文化也同等重要。如果将村镇中能够给人们直观感受的外在景象称之为整体风貌，那么，我们可以认为村镇整体风貌是由生态景观风貌、人文景观风貌、空间形态风貌和经济产业风貌构成的环境综合体。而微观风貌则是赋予"宏观"事物人文内涵、构筑宏观风貌的基本结构要素，即材料、装饰符号、建造、空间协同等[54]。

1）整体风貌

村镇系统是由完整的、动态的、综合复杂的有形实体空间环境和无形精神环境共同构成，既包括自然原始的生态景观风貌、居民生产生活的人工形态风貌以及生产发展构成的经济产业风貌，也包含文化积淀的人文景观风貌，这四类风貌共同构筑了村镇风貌的整体。

（1）生态景观风貌

中国文化是以农耕为基础的文化，而村镇为农耕文化的载体，山水是乡村自然环境的骨架，乡村以自然生态为主要特征。生态景观风貌包含山水景观、田园风光、原生林木等，因此，生态景观风貌可以概括为基于地理气候、山形地貌而形成的原生自然环境与生物要素的综合生态环境，是村镇发展、居民生产生活赖以生存的物质基础。村镇与山水之间的关系不仅包括山水与聚落的选址定位，还包括结合自然环境形成防灾屏障、防御界面等。保护山水风貌是防止村镇遭受次生灾害的重要举措。同时田园风光是农业景观的特定产物，保护好田园风光就是保护我国的农业文明。不同的自然环境衍生因地制宜的生态景观风貌，如基于地域特征形成独特的水乡、山地、草原、高原等风貌具有显著的自然风貌识别性。

（2）人文景观风貌

在现有国家对历史文化保护区规划的规范要求中，提出了历史风貌、空间特色规划的内容，但偏重物质形态的控制，未明确提出对区内人文风貌的保护要求。《人类口头和非物质遗产代表作申报书编写指南》明确了"文化空间"的两重含义："既包括具有地域特征的传统文化表现的多种形式，又包括容纳文化现象表达的实体空间[55]。"村镇传统人文风貌的保护是一项无形文化资产的保护，是对"文化空间"定义的多种文化表现形式的保护，反映在乡村生活生产方式、民俗民风等方面，具体表现为美食、民间技艺、名人、历史传说、语言文字等。因此保护好传统人文风貌，是村镇风貌完整性保护的必然要求。

（3）人工形态风貌

人工形态风貌是指村民日常生产、生活、活动所使用的空间环境的整体形态风貌。除自然地理气候特征因素外，由思想文化、生活习惯等形成特色鲜明的人工环境差异。这种地域性差异的表象具体表现在村镇建筑空间、街巷肌理、公共场地等构成的实体骨架，及其所承载的居民日常生产与生活。村镇空间形态风貌的外在要素与风格奠定了村镇的本色，其形态的内在规律具有可组织性，因此对村镇空间形态风貌的导控需有迹可循。

（4）经济产业风貌

挖掘村镇空间的特色有利于促进村镇健康发展，增加村镇在经济、文化层面的吸引力[56]。随着村镇产业发展的推动，特色村镇建设和风貌保护受到重视。特色产业风貌是指在特定地理环境下，凭借独特资源条件所形成的特殊农业风貌，要兼具地域特色和文化特色两个要素。村镇保护的一个重要内容就是活态的保护农业文化，而农业文化的载体就是农业生产。村镇的农业生产包括田间生产、庭院经济两部分。其主要特征一是近地就地生产，二是循环农业，三是多样化农业。其次，结合生态、环保等可持续发展理念，结合互联网大数据等创新手段，通过空间优化进一步协调生产和生活的关系，把产业特色发展成村镇重点风貌特色，促进村镇经济产业风貌的特色化发展，丰富村镇风貌底色。

2）微观风貌

微观风貌是构成整体风貌的有机分子，具体表现为因水文地质、气候条件、建筑材料、建造工艺以及传统文化、地域文化、民族文化和宗教信仰等方面的差异而形成的地域性风貌。村镇微观风貌是指构成建筑的风貌要素，微观风貌在村镇建筑的地域性差异表征体现在屋顶、结构、基础、围护、装修等部位。因此，了解村镇建筑的装饰构件、空间构成、建筑材料、建造方式等，对村镇整体风貌的控制与引导具有基础性作用。

（1）建筑材料

传统材料不仅体现单体民居的建筑特征，也是地区聚落整体特色组成部分。建筑材料的外在表现形式受自然条件、文化环境、技术水平等多种因素的影响，某种程度上建筑材料能够从外在表现及其内部底蕴层面反映地域性特征。

竹、木、瓦、砖、石、土，这些带着"传统"标签的建筑材料，是对建筑及街巷历史风貌的直观体现。其裸露在自然条件下，在当地气候的催化过程中形成相对应的地域性特征。在土地资源较为丰富的地区，生土作为建筑材料被广泛地运用在建筑中，并呈现一种独特的肌理脉络感。同一种传统材料在不同地区都可形成成百上千种材料的肌理样式，对于地区建筑的发展有着极强的指导性。在林木资源丰富的亚热带地区，出于隔热防虫等要求，因地制宜发展出了吊脚楼的建筑形式，而在自然资源较少但以畜牧业为生的蒙古地区，发展出了毛毡搭建的蒙古包，对于建筑材料的使用往往从地域自身的特性出发，结合当地的自然优势而逐渐形成。

（2）建筑装饰

建筑装饰是建筑艺术的重要组成部分，而建筑装饰的艺术感体现在对于装饰材料的选择和装饰材料加工工艺的表现。同时建筑装饰也不局限于绘画、雕刻等单一层面，往往使用多种艺术形式的组合，形成我国丰富的建筑装饰艺术。装饰与符号相辅相成，符号主要通过建筑形态与装饰艺术进行表达，表征特定地点的文化意义。建筑装饰符号经历了我国传统文化数百年的沉淀，形成了丰富的题材、广泛的形式，同时建筑装饰的符号内涵也体现了人民对于美好生活的追求。

（3）建筑结构

建筑结构不仅是建筑单体承载荷载的重要组成部分，建筑结构的形式也与地域的文化内涵、建造者的审美趣味、政治权利的表达有密切的关联。肯尼斯·弗兰姆普敦（Kenneth Frampton）将建构分为"本体性"与"表现性"，本体性所关注的是建筑材料的选择、建筑结构的受力、材料之间的建构关系，而表现性则关注建筑结构所呈现的视觉体验，如结构构建对空间的影响与划分。

当代建筑师的实践体现了对传统建造体系的回应：其一是采用现代建筑材料替代传统建筑材料。其二是建筑结构的表现选用传统材料并沿用传统的建筑工艺，现代化的材料和工艺以优化补充的方式出现。

同时，我们应充分尊重当地传统、文化、产业和空间肌理，提取和诠释不同村镇的特色文化、特色产业，进而复苏传统的建造方式。

（4）建筑防护性措施

建筑的防护性措施是指村镇风貌保护的预防性方法。我国的历史悠久，留下了大量极具艺术价值的古建筑，一旦发生了火灾、虫蛀、雷劈等事故，极易造成毁灭性的破坏。从防火、防潮、防虫、避雷这四个方面着手，利用相关技术手段、增加相应的防护性措施可以减少对建筑破坏的概率。

（5）文化空间

文化空间指的是文化活动集中发生的空间，这种文化活动从时间线上来看具有一定的周期性，因此文化空间除了具有空间的属性也具有时间的属性。文化空间是村镇精神文化的重要表现载体，文化是物质载体的精神介质，村镇保护需要挖掘物质载体中所蕴含的精神文化，彰显文化内涵。这样不仅有利于认识村镇的文化魅力，也可作为文化展示的重要内容，促进物质文化遗产的保护。

小结

村镇风貌的构成有多种复杂要素，风貌保护发展是一项综合的系统工程，需要分层级把控，分类引导。从生态景观风貌、人文景观风貌、人工形态风貌与经济产业风貌，囊括了多样化的村镇风貌。本节从村镇的宏观整体风貌出发，从宏观村镇风貌要素到微观细节导控，落实村镇空间形态骨架、核心人文景观，以微观控制为手段，进行逐级保护。

4.2 村镇风貌现存问题

4.2.1 宏观层面上的规划无序

部分村镇整体布局缺乏有序的规划，村镇乱拆乱建现象严重。无规划无秩序的新建筑在村镇中拔地而起，与周边传统建筑格格不入（图4-1）。在村镇规划中，缺乏保护意识与审美趣味，在古村镇新建的超尺度现代广场与村镇环境不协调，失去原有格局与空间秩序（图4-2）。现阶段许多村镇对乡村自然资源缺乏有序

图 4-1 村镇建筑风格混杂

图 4-2 超尺度的现代广场

规划,甚至肆意破坏,填塘伐树等行为屡见不鲜,对原有风貌造成了很大的破坏。

4.2.2 人口流失导致的村镇空心化

一方面,城市拥有良好的基础服务设施和大量的就业机会,吸引着村镇青壮年劳动力外出谋生,村镇内实际居住的人口主要是留守的老人和小孩,村镇空心化问题严重。另一方面,原有建筑大多间距较小,采光通风条件较差,随着村民生活水平的提升,旧有建筑难以满足他们的要求,人们纷纷搬迁出村镇。

同时随着经济条件较好的村民搬迁去城市,"有钱村外住"的攀

图 4-3 村镇中破败的房屋

比心理也促使着其他居民不断搬迁出村镇。村镇人口的外流,留下的村民往往没有能力对村镇进行良好的维护修缮。大量人口外流,多数房屋无人居住,门前杂草丛生,大量老屋缺乏维护,成为闲置危房(图 4-3)。

4.2.3 经济发展导致的破坏性活动

随着经济发展,城市化进程不断加速,乡镇城区改扩建项目以及保障性住房的大面积开工,在改造和建设过程中,很多有价值的村镇正在不断消亡,使风貌保护处于危急的状态。为了发展经济,许多村镇发展引入第二产业,工业建筑与村

图 4-4 村镇中的工业厂房

图 4-5 村镇中乱排放的工业废水

镇传统风貌格格不入（图 4-4），同时很多工业废水废气未经处理就排放到村镇中，对村镇的环境造成很大的破坏（图 4-5）。

宏村、西递镇和乌镇等村镇的成功开发带来的巨大经济效益促使众多村落纷纷效仿，盲目地追求最大化的经济效益，传统村镇中"仿古一条街"、拆除古建筑、新建仿古建筑、随意用现代化工艺改建历史建筑等现象屡见不鲜。这种旅游开发方式，不仅不符合古建筑保护与修复的原真性原则，也破坏了村镇的整体风貌，且肆意修建的假古董不具有地域文化特色，很易造成"千村一貌"的现象。另一方面，部分村镇开发随意改造古村落的功能性质，将村内原住民迁出，完全开发为商业旅游网点。这种以经济利益为导向的商业开发，破坏了村镇的传统风貌、传统的生活方式与生活习俗，开发出来的旅游网点也不具有真实的生活气息（图 4-6）。

图 4-6 北方某旅游网点开发的古建筑

4.2.4 村民个体保护意识的淡薄

传统上认为"旧貌换新颜"是进步成功的标志。因此人们对破旧的传统建筑的保护意识淡薄，一味地积极建造新房，没有认识到村镇的历史文化价值。历史建筑的拆毁、装饰部件的破坏（图 4-7）、建筑的修缮不及时（图 4-8）等现象时有发生。同时保护性破坏现象也时常发生，村民们自发对古建筑进行修复，但却因缺乏专业的指导而对古建筑造成损害，这一系列的破坏行为不仅有损村镇的风貌，也会造成村镇历史、文化和旅游价值的丧失。

图 4-7 建筑装饰木雕的破坏

图 4-8 村镇中废弃的古民居

4.2.5 村镇保护缺乏法律制度的保障

我国对于历史文化村镇的法律保护只有三十余年，相关的法律制度相较历史文化名城与保护区等要少很多，而现有法律法规对村镇风貌保护的责任义务及相应的奖惩机制划分得较为笼统，缺乏操作性强的法律制度保障。村民可以自行拆除未列入文物保护单位的村镇建筑，致使大量有文化价值的村镇建筑未能保存。同时目前也没有具体的法律制度来保护未列入历史文化名村的古村落，致使大量有文化价值的古村落被破坏。如《历史文化名城名镇名村保护条例》中虽然对村落的申报、审批等内容做出了明确的法律法规的规范，但是在具体的实行过程中还存在一些漏洞。在村镇历史文化建筑产权的划分、村民宅基地等问题没有考虑全面。同时，村镇管理者、法条编制者、建设实施者多方参与的保护工程复杂，相关条例以普适性为主，难以从"一村一品"出发，为具体建设实施提供参照。

4.3 村镇风貌保护原则

4.3.1 生态观：尊重原始风貌

传统村镇历经千年，依托自然环境凝结劳动人民的智慧结晶，形成了具有地域特色的村镇景观。随着人类文明向更高级的形态发展，生态文明逐步主导村镇建设的新风向，生态旅游就是村镇生态建设的典型示范。无论是传统村镇还是普通村镇，其未来可持续发展均离不开生态文明。基于村镇风貌的保护，生态观可概括为自然生态和文化生态[57]。村镇风貌保护原则，包括两个方面，一是要维护村镇自然生态的完整性，二是要保护与传承传统村镇文化生态。保持自然生态景观的完整有利于实现可持续的生态环境，塑造地域特色景观资源。文化生态是地域文化与周围环境综合作用形成的可持续发展动力，良好的文化生态对村镇文化传承具有积极意义。

4.3.2 文化观：传承和发扬特色文化

文化是村镇风貌的内核动力。阿摩斯·拉普卜特（Amos Rapoport）的建筑人类学理论提出，建成环境是从文化的土壤中培养起来的，应当从文化进化的高度来分析建成环境的价值和意义[58]。路易斯·芒福德（Lewis Mumford）认为文化贯穿村镇的形成和发展，从生活习惯、语言文字、宗教风俗等方面和文化紧密关联[59]。如今村镇整治重点放在村镇外观形式而非村镇本身的文化内涵：一是因为文化意象性本质，在实际工作中难以具象化，即使实施也难见成效，二是就目前规划现状来看，村镇规划与保护的重点大多为旅游商业发展优先。而现实中大部分居民和游客都没有意识到内在文化是村落最富标志性的特色，针对村镇风貌的保护与更新往往就被简化和聚焦于"皮相"的保护利用上。

村镇的文化内涵是维系村民社会网络、体现村镇独特价值的基础，文化的传承是村镇复兴的重要条件。传承文化特色具体体现在两个层面，一是在物质环境层面，重点保护与强化村镇的风貌特色，包括传统民居建筑的保护及修缮，院落布局的修整与恢复，历史街巷的整治与重现等。二是非物质资源层面，需要让村镇特色的非物质文化遗产和民间技艺在新的时代找到生机，实现文化的传承与活化。

4.3.3 生活观：尊重当地生活习俗

村镇内的居民才是村镇的使用者，居民的生活环境是村镇风貌的重要组成部分，包含物质空间、习俗礼序等与生活密切相关的因素。具有历史文化价值的村镇非物质风貌是当地居民世代延续的文化成果，面对现代文明均质化的影响，许多有特色的民风民俗开始消亡。因此，可以通过对传统生活习俗运用现代化的手段转化，使它重获生命力，如将村镇的传统生活元素运用在旅游纪念品的设计上、将村镇生活体验作为一种新型传统文化的输出。在保护当地习俗的同时也要了解和分析居民的生活需求，可对废弃民居进行功能置换，使其融入现代生活，延续村镇的生命力。

4.3.4 生产观：结合现代农产业发展

产业是村镇立根之本，产业结构的调整是促进村镇经济发展的重要手段。第一产业是村镇的传统产业，传统农业的经济效益较为低下，缺乏生产活力。第二产业是目前村镇的主体产业，经济效益较好，但高能耗高污染的特性对村镇环境造成了一定影响。依据自然风貌、人文环境、乡土文化等资源禀赋的第三产业由于其生态可持续、文化可塑性等特性在村镇还有很大的发展空间。未来村镇产业发展的趋势是农业与其他产业融合发展，与第二产业融合的集成化农业等可大大提升传统农业的生产效率。与第三产业融合可生成环境依托型产业，如集农业观光与休闲旅游为一体的旅游产业。

◆ **思考题**

1. 村镇风貌的内涵是什么，其发展形成具有什么样的特征？
2. 简要概括村镇风貌的要素构成体系，并简述其相互关系。
3. 村镇风貌现在的主要问题是什么，请从多角度解析问题发生的原因与改善思路。
4. 村镇风貌保护应遵循哪几个方面的原则，意义是什么？
5. 村镇风貌如何结合当地文化、生活与生产进行保护，请结合实例解析。

第5章 村镇风貌保护与更新策略研究——整体性研究

5.1 村镇风貌分层级保护策略

5.1.1 分层级保护目标

村镇形态在发展过程中不断更新，建筑质量、保存现状和风貌特色等均有所差异。为进一步完善村镇风貌保护，构建科学合理、彰显内涵特色的保护体系，应系统评估村镇现状历史文化资源、自然景观资源、产业资源等情况，厘清村镇主导风貌特色，进行分类引导与分级整治。根据中国村镇发展历史及建筑空间、艺术成就的多样性，发展形势与阶段的不同，村镇风貌划分为重点特色风貌村镇、美丽宜居风貌村镇、整治提升风貌村镇和新型城镇转型风貌村镇。

重点特色风貌村镇主要依托村镇特有的历史建筑资源、民俗民风、产业发展等，包含历史文化导向型、民俗风情导向型和产业发展导向型三类风貌村镇。

美丽宜居风貌村镇，是指历史文化资源、产业资源匮乏的村镇，风貌创建方向应结合居民的生活需求，依托村镇自然风光，完善村镇基础设施空间，营造乡村美丽宜居环境。

整治提升风貌村镇，是针对普通村镇基本风貌破坏现状，清理整治旧房、危房和违法建筑，提出整治措施，进行基础设施建设的村镇，主要目标是实现村镇风貌文明整洁、和谐有序。

新型城镇转型风貌村镇，一般指位于城市近郊、具有向城市化面貌转型的趋势、公共基础设施较完善、转型发展条件较好的转型发展村镇，风貌创建方向应为新型城镇转型村镇片区。

5.1.2 分区保护策略

村镇风貌保护是一个系统保护的过程，涉及村镇的方方面面，包含物质环境与非物质文化，涵盖居民日常生产生活与美丽人居环境建设。可以将保护规划划分为三个层次：核心保护区、风貌控制区、协调发展区，同时在此基础上进一步扩展，细分保护层次，根据村镇现状资源评估进行保护范围的划分，形成一个整体的保护框架（图5-1）。

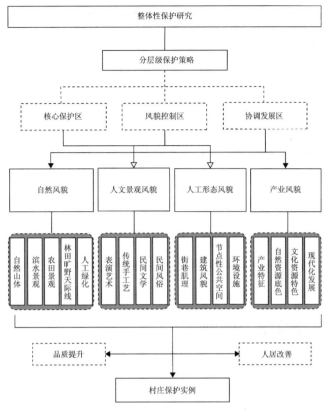

图 5-1 整体性保护研究框架图

保护范围的划定是基于保护层次的区分,有利于村镇整体适应性保护发展。按空间结构完整,传统风貌完好,视觉景观连续的基本要求划定核心保护区、风貌控制区和协调发展区(图5-2)。

核心保护区始于对重要历史文化遗存风貌的整体性、原真性的保存和恢复,是村镇风貌保护的核心价值区域。应采用"整体保护"的方式,以保存整体核心区域的整体风貌、建筑特色为主,着重保护其核心保护区内空间格局、建筑

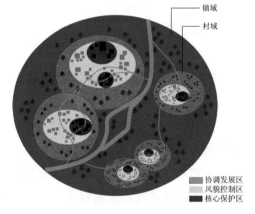

图 5-2 层级保护关系图

形态等,以修缮、整治为主,基本保留重要建构筑物原始风貌特征,不随意新建、加建或拆除,保持核心区风貌的文化特色。

风貌控制区围绕在核心保护区的周围,以协调核心保护区风貌向周边环境过渡,

区域内建构筑设施相对建成时间较近，一般是满足居民生活需求的居住环境，包括村镇新区和改造旧区。村镇新区多为新建建筑组群构成，改造旧区多为需改造提升适应居住或生产功能的旧建筑，该区域范围内可根据实际需求进行新建或改造，但应遵循风貌协调统一的原则，重点考量周边建构筑物的体量、形式、风格、色彩等风貌特征。通过正确理解和把握风貌控制区与核心保护区的辩证关系可以提升村镇风貌的整体性和协调性。

协调发展区的划定是为了保证村镇环境风貌的完整性，通常位于风貌控制区的外围，以自然环境风貌为依托，保护村镇与自然环境"图底关系"的基底。协调发展区以保护各类农业生产用地、山林植被、山水格局等景观为目标，禁止破坏山体、耕地相关的建设活动，着重控制建设项目的引入，适度退耕还林还田，进行生态保育。

5.2 村镇自然风貌的保护

村镇自然风貌是由山水、植被等自然和人工景观构成。其中山水环境要素是村镇选址、规划的主要因素，山脉与水系分布对村镇的布局往往起决定性作用。农业耕地和村镇内的植被景观也对村镇的乡土风貌有很大影响，延续原始自然景观风貌对于保护村镇整体风貌的生态原真性和地域性特色具有深远影响。而对人工景观风貌进行因地制宜导控对保护乡土景观风貌和实现自然景观风貌的适应性发展具有现实意义。

5.2.1 自然山体的保护与利用

工业文明时期国家鼓励大力发展采矿业等行业进行现代化建设，这些资源的开采对村镇的山体环境造成了巨大破坏。部分地区由于雨洪、地震灾害导致其自然环境脆弱不堪，不仅破坏了村镇自然景观风貌，而且容易引起山体裂缝、崩塌、滑坡、泥石流等地质灾害现象。因此，基于自然地形的山体风貌的保护与利用是目前村镇自然景观风貌保护与修复的重点。

山体根据林地位置、地形坡度和植被情况，可以分为保育山体、修复山体、景观山体和可建山体四类（图5-3）。

保育山体包括林地保护范围内或其他有特定生态保护要求的山体，应该按照生态红线保护要求，严禁开山采石、堆放垃圾、凿地建坟，鼓励封山育林，杜绝乱砍滥伐现象。

修复山体包括自然性受损山体（荒山或石漠化山体）和工程性受损山体（由于道路、房屋建设或生产性采石采矿破坏的山体），以生态修复和生态防护为主。生态修复主要通过恢复绿化植被和山体护坡修复，主要针对已毁坏的山体为防止进一步生成自然灾害，通过山体修补、阶梯过

图5-3 自然山体保护与利用类型

渡和植被恢复等措施实现自然景观风貌的可持续发展[60]；生态防护通过建立生态袋防护系统、格构防护系统、生态坝等人工加固系统达到防护需求。

景观山体是指具有文化内涵的山体或者根据村镇实际情况以及建设规划要求，结合休闲、游憩、观景需要建设的山体，可以依托现有资源要素建设山体游园、观景台或休闲登山步道，在形态空间上保护好景观山体的轮廓线和制高点。

可建山体是处于村镇建设用地范围内，可用于建设的山体。处理建筑、场地与山体的关系要考虑融于山体自然环境，留出缓冲空间，形成与自然和谐相处的生态风貌。特殊地区可以延续传统建筑形式，适宜采用吊脚、筑基、分台等山地处理形式，避免大挖大填，形成高挡土墙。

5.2.2 滨水景观多样性的保护

河流滨水区是水陆生态环境之间一个重要的交错带，是限定水体具有渗透性的界面，能有效缓解水土流失和生物多样性减少，有利于增强滨水生态[61]。随着人工介入生态景观的不断深入，削弱了自然景观环境自我修复和生态维护的能力，滨水驳岸人工痕迹凸显，滨水生态过渡地带丧失，对滨水景观多样性的保护具有显著生态意义。

对滨水景观多样性的保护包含滨水驳岸的改造修复与水体环境的保护整治。滨水驳岸的修复采取恢复自然植被缓冲带结合轻介入式人工驳岸改造，使其恢复作为栖息地、海绵湿地、生物护堤等多种生态功能。同时，因地制宜恢复地域性河岸植被及景观可以营造满足居民生活休闲等多种需求的亲水空间、休闲步道等。对水体的保护整治包括水塘与水系的保护，对于水塘，需要整治其周边的环境，加固池塘堤岸，疏通水路，保持水体的清澈；对于水系，可以提升其岸边的生态风貌，修建河堤，清理杂物，保持水质的清澈。对于恢复自然滨水驳岸与水体环境，可以结合现代人居的需要和滨水空间营建生态休闲型驳岸（图5-4）。

（a）生态型驳岸　　　　　　（b）亲水平台　　　　　　（c）亲水步道

图5-4　滨水驳岸类型

5.2.3　农田景观地域性塑造

中国地形地貌类型多样，有山地、高原、丘陵、盆地、平原等，丰富的地形地貌也造就了中国不同地区的特色农业景观。中国各地气候也有很大差异，这一差异带来了农业类型的分异。因此，基于地形地貌与气候差别产生了中国独具特色的地域性农田景观。农田景观属于人工经营景观，是农业景观的构成要素，是农业生产过程与结果的最直接表现。从广义上讲，是指不同土地类型的适应性经营景观。从狭义上讲，是指以耕地为中心的自然景色。这里主要探讨的是狭义层面的耕地景观地域性。

南方地势起伏、雨水充足，利用天然地势特点通过田埂筑界的方式形成具有韵律感的台面，因而产生独特的梯田景观。在南方水乡的平原地区，方形水田与居民区镶嵌，形成独特的村镇格局和水田景观。北方由于平原广阔，水资源相对缺乏，主要为广阔无垠的麦田景观，麦田与居民区之间形成防护林带。此外在海拔地势较高的高原地区，人们利用河谷盆地或狭长平原开垦耕种，形成了具有高原特色的坝区农业景观（图5-5）。

目前，随着机械化大生产，传统乡村景观也在向和谐的人工生态系统和自然生态系统相协调的现代乡村景观转变过渡，在过渡阶段，许多地区占据农田进行开发，破坏了固有的农田风貌。因此作为构成乡村景观结构单元的农田景观在规划中必

（a）南方梯田　　　　　　（b）北方麦田　　　　　　（c）高原坝区

图5-5　农田景观风貌

须实施保护与恢复并存的方针，一方面保护传统农田景观，另一方面与现代农业生产活动相结合，实现动态性保护。具体措施如下：

（1）充分尊重现有耕地的自然形态和纹理特征，建设活动不得侵入永久基本农田保护线，在原有的格局框架之下进行局部平整；

（2）村镇相邻田块保持连通，适度保护和营造半自然生境，构建"农田基质—斑块—廊道"合理镶嵌的农田景观，提高景观空间多样性；

（3）维护田园耕作功能，保存原生农业体验。

5.2.4 林田旷野天际线的保护

天际线通常指城市外部形状构成的轮廓，由城市连续突出的建、构筑物的轮廓形成城市的整体景观。乡村地区的天际轮廓线明显区别于城市地区的天际轮廓线，村镇的林田旷野天际线实际指村镇开放空间自然天际线，是以天空为背景，由山体轮廓、水体轮廓、农田景观轮廓等自然要素构成的整体轮廓线。对村镇的林田旷野天际线的保护要遵循原真性、地域性以及生态性的原则。具体措施如下：

（1）严控新建大体量建筑或构筑物，严控建筑高度，使村镇建筑与自然环境相协调；

（2）强调保护要求，保护好自然水体、生态岸线和山体景观风貌，通过绿化保育突出山水相融的村镇景观特色；

（3）积极保护山体之间、山与聚落之间的互视视线走廊；

（4）对村镇林田旷野天际线景观进行再组织，利用乔灌草塑造田冠线，结合山体等自然界线，构成丰富的农田景观天际线，达到移步换景的效果，使人们既能近景观赏，又能远景眺望。

5.2.5 人工绿化风貌指引

人工绿化是村镇建设的一个重要部分，是改善村镇人居环境的重要方面，村镇人工绿化包括公共绿化和庭院绿化。村镇公共绿化常指公园或村民广场景观绿化、边界防护绿化、附属绿化等，是满足人们日常生活需要与游憩功能的绿化设施，庭院绿化是建筑内部为满足观赏要求、实用要求的生活性绿化空间。

村镇绿化规划应当因地制宜，结合地形地貌、水体菜地、空间节点等，打造欣赏性绿化景观、防护绿地和其他绿化等。公共绿化应选用地域性景观植被，便于居民日常维护和打理，避免过于城市化、标准化，绿化形式应符合自然野趣，与周边原生自然景观呼应。庭院绿化，首先应兼顾经济与美观原则，结合生产性植物景观进行塑造；其次，应适应当地气候，建筑西面考虑夏季防晒、北面考虑冬季防风、南面考虑建筑通风采光的要求，从而选用相对应的植被形式。

小结

自然风貌是村镇赖以存在的重要环境要素，在村镇视觉层面与文化层面的真实性与完整性价值等方面具有重要意义。保护村镇自然风貌应积极保护和改善村镇内部的山水格局、农业景观的地域性特征、环境景观视廊和天然绿化植被，将保护与修复融为一体，以绿色生态为出发点，以改善村镇人居环境为落脚点，加强人工绿化风貌的指引，强化村镇自然风貌特色，建设生态宜居的现代化新村镇。

5.3 人文景观风貌的保护

5.3.1 人文景观的内涵

1）表演艺术

村镇表演艺术类文化遗产种类繁多，包括民间音乐、民间舞蹈、传统戏剧、曲艺、杂技与竞技等多种表现形式，通过表演艺术家的演唱、演奏、动作表情来塑造人物形象，表达劳动人民的情感，展现生产生活特色，如独具魅力的戏曲表演（图5-6）以及通过人物剪影进行戏剧表演的皮影戏（图5-7）。

2）传统手工艺

传统手工艺的文化价值不仅体现在民间艺术家创造出的有物质形态的工艺品

图5-6 戏曲文化表演

图5-7 皮影戏表演

上，如泥人面塑、绒花、剪纸艺术等，而且民间艺术家无形的创作行为、创作技巧、创作想法也具有丰富的文化价值。传统手工艺既具备物质生产的属性也具备艺术创作的属性，对其保护既要保护物质实体的手工艺品，又要保护手工艺制品的制作技巧，防止独具特色的传统手工艺失传。

3）民间文学

民间文学类非物质文化遗产是活在民众生活中的口头传说和语言艺术，具有区别于其他传统艺术的特性。民间文学是各地人民集体创造的产物，包含民间传说、民间故事、谚语、山歌、猜谜等多种表现形式，体现我国古代劳动人民的思想情感和独特审美。民间文学以口耳相传的方式延续至今，我国地域辽阔，民族多样，各地民间文学各具特色，但随着了解民间文学的人越来越少，一些民间文学面临着消亡的危机。

4）民间风俗

民俗体现了各地的风土人情，与各村镇的社会生活有所交融。民间风俗涵盖的范围非常广泛，包括婚丧嫁娶、节日庆典、服饰传统、饮食习惯等多种层面。村镇的表演艺术、传统手工艺、民间文学大多依附于村镇的传统节日和庆祝仪式，因此，民间风俗是村镇的表演艺术、传统手工艺、民间文学的重要表现载体。

5.3.2 人文景观的保护措施

1）物态化保存

对村镇人文景观的保护，可通过文字、图片、录音、录像等手段对其进行记录与收集，将无形的人文景观记录为有形的物质财富。物态化保存方式一方面可以将无形的文化通过实体的方式进行保存与收藏；另一方面可以通过可视化的方式展出，弘扬文化。对于记录村镇人文景观的书籍、音像、多媒体成品的管理可以参照档案资料室的管理制度，设置专人管理负责并且落实管理责任。如江苏省苏州市启动了吴歌项目数字化保护工程，为民间文学类非物质文化遗产数字化保存与保护提供了可借鉴的做法和经验[62]。

2）活化更新

村镇传统人文景观衰微的一大原因是没能适应新时代的发展，传统人文景观要在新的时代下继续保存，发展是它的必经之路，因此，需要重视活化民间的传统人文景观，融入现代文化与时代接轨使其焕发新的活力。如舞蹈家杨丽萍对云南传统歌舞进行创新编导的歌舞集锦《云南映象》，参与演出的演员七成来自云南各村寨的少数民族，演出服装全部以少数民族生活着装为原型。对传统表演艺术进行适当创新，这样既可获得经济效益，又促进了表演艺术的传承。在民间文学的保护实践中，可以合理地开发利用民间文学资源，进行现代化表达，创作出关于民间文学的影视作品、文学作品、动漫作品等，延续民间文学的生命力。如利用"沉香救母"神话传说创作的影视作品《宝莲灯》、利用中国古代民间四大爱情故事之一的《梁山伯与祝英台》创作的同名影视作品等，既赢得了观众的喜爱也宣扬了民间文化。

3）重视传承人的培养

不管是无形的民间风俗、民间文学和表演艺术还是有形的传统手工艺，都离不开对传承人的培养。村镇人文景观传承的主体是人，我国当前村镇人文景观的传承链青黄不接，掌握传统技艺的多是年岁已高的老人，很多宝贵的村镇人文景观面临失传的处境。需要重视对传承人的培养，首先需要重视思想上的引导，摒弃"传男不传女""传内不传外"等一系列封建思想的束缚；其次需要重视传承人物质生活上的支持，相关部门需要为传承人创造较好的生活条件和工作环境，解决传承人的后顾之忧；甚至大部分人认为从事手工艺品制作、表演艺术的人的社会身份地位较低，因此要重视提升民间艺术家的社会身份地位，颁发国家认可的专业证书，并给予"民间艺术家""文化艺术家"之类的表彰。

4）与旅游产业相结合

通过将传统手工艺制品、表演艺术和民间风俗等活动与旅游产业相结合，既可以获得一定的经济效应带动村镇经济发展，又是对村镇传统文化的一种传承。加大对村镇文化的宣传力度，让优秀的村镇文化被大家了解，打造地区独特的村镇旅游品牌。如景区利用独特的村镇人文景观资源作为旅游业的发展依托，吸引外来游客，民间手工艺家在景区内进行艺术创作，进行木雕、竹雕、砚雕、石雕、砖雕、制墨、撕纸等一系列手工艺艺术活动，游客们既能看到独具特色的手工艺制品的制作全过程、欣赏手工艺制品，又能和传统手工艺传人进行交流，感兴趣的游客也能购买手工艺制品（图5-8）。

对村镇旅游业的开发要把握适度原则，在开发和创新中要把握文化的内核，而并不仅是传承文化的形式。如云南傣族泼水节（图5-9），是云南地区隆重的传统节日之一，具体节日活动有泼水、赶摆、赛龙舟、浴佛、诵经、章哈演唱和孔雀舞、

图 5-8 景区内的手工艺家

图 5-9 傣族泼水节民俗文化活动

白象舞表演等，极富村镇民俗特色。云南省多个城市和地区都将传统文化活动和旅游产业相结合，如开展泼水节旅游活动吸引来自全国各地的游客。

5.4 村镇人工形态风貌的导控

5.4.1 导控原则

村镇类型多样，涵盖重点特色风貌村镇、美丽宜居风貌村镇、整治提升风貌村镇和新型城镇转型风貌村镇，但在人工形态风貌的把控上其导控原则和导控目标具有一致性，结合社会、经济、文化生活建设富有中国特色的村镇生态。其具体导控原则如下：

（1）肌理延续性原则。村镇肌理是村镇风貌的形态骨架，应该强调村镇环境格局、山水格局、街巷肌理、建筑肌理的连贯性与一致性。

（2）文化性原则。应基于风水学、符号学和社会学，探寻物质空间形态风貌背后的文化意义。

（3）经济性原则。遵循此原则可实现村镇资源与生产生活方式的有机结合，兼顾资源最大化利用与特色产业发展。

（4）可持续发展原则。村镇风貌的保护与发展，应该秉持绿色发展理念，实现人、自然环境、人工环境三者的有机和谐。

（5）以人为本原则。应兼顾村镇风貌形式的协调与人居环境的改善，结合现代农村生产生活习惯，合理运用现代材料与现代技术改善人居环境。

5.4.2 街巷肌理的延续

街巷是指村镇内具有交通功能和交往功能的空间，根据尺寸等级划分有多种类型的可通行道路，以满足人们日常生活的各项活动需求，具体可分为生活型道路、生产型道路和过境型道路。传统街巷一般包括街道、巷道和弄道三种空间类型，在水乡村镇还包括河道及沿河街道、水巷等类型，其肌理是在历史发展积淀下逐步形成的，带有明显的文脉特征和地域特征。一般来说，影响街巷平面形态构成的因素有地形地貌、江河水系、自然日照、风向、街道功能和建筑等[63]。街巷道路空间结构不仅构成了村镇肌理的平面形态，也是构成街巷邻里关系等社会生活网络的组织架构。延续街巷肌理不仅能保留村镇居住环境风貌和特色，还能延续生活场景的文化记忆，更是延续街巷文脉和生产生活场景的重要手段。在村镇保护规划中，应延续街巷依地形地貌、地域文脉形成的肌理特征，适当规整用地，保护和延续街道的传统道路网格局。

1）街巷建筑立面的延续性

建筑是构成街巷空间的侧界面，建筑立面是街巷风貌的主要视觉展示面，立面造型、材质、构件等元素的统一是影响街巷立面延续性的重要因素。把握街巷建筑立面设计可以营造好的街巷视觉效果。同时，街巷空间的连续性会影响行人的心理感受，过强的连续性会增加疲劳感，而连续性不足难以形成街巷氛围。街巷还需结合公共空间节点进行设计。街巷立面根据街巷实际功能需求的差异而呈现不同的风貌特点，一般也随街巷的交通属性和生活功能的不同而发生变化，如商业街道和沿河街道相对开敞和丰富，巷弄街道则比较封闭单调。因此，在保持街巷立面延续性的同时，不仅要考虑沿街建筑立面形式、材料和色彩的一致性，还要保持视觉景观的连续完整性。保持街巷界面的连续性的重要构成因素是建筑，实现街巷立面的延续性需要从建筑的形式、材料、体量、色彩等方面进行控制。

具体措施包括：

（1）材料：运用地域性材料进行表达，创新传统工艺和技术，与周边建筑风貌协调，色彩和质感与整体村镇建筑风貌一致；材料选择还应考虑抗震设防要求。

（2）形式：保持建筑风格上的延续，包括屋顶形式、立面形式以及建筑商业标识等形式。

（3）体量：通过控制建筑高度、层数、基地尺寸等要素防止建筑体量突异。

（4）色彩：以村镇色彩为基调，区分居住建筑和重要公共建筑色彩的表达，强调整体与细部的色彩搭配。

2）保持街巷铺装的连续性

街巷的地面铺装是街巷的底界面，铺装的材质运用、图案设计等是街巷风貌的重要内容，街巷铺装的选择性表达往往取决于交通功能的差异，因而，形成了街巷铺装的多样化[64]。一般来说，铺地类型对应街巷的等级变化，同时根据需要还可分为公共空间节点铺装和一般铺装，因此，铺装是空间功能划分的一种方式。

经实地调研发现传统村镇常见的街巷铺装有砖石路、条石路、方石路、青砖路、弹石路以及多种组合式铺装形式（图5-10）。在现代村镇建设过程中，由于生产生活与交通运输的需要，混凝土车行路等出现，破坏了原有传统街巷的路面铺装；因此，历史文化村镇街巷宜就地取材，在延续街巷铺地形式肌理的过程中，保持和采用当地传统的建筑材料和铺装形式。

（a）砖石路　　（b）条石路　　（c）方石路　　（d）青砖路　　（e）弹石路

图5-10　地面铺装形式

如浙江省乌镇古镇的街巷地面铺装的改造，保持了原有街巷铺装的连续性，并保持原有的尺度大小不同的、进行部分切割形成矩形形状石板拼合而成的青石板地面铺装，且为了维护古镇街巷整体风貌，将古镇基础设施管线等埋置在铺装以下，美化了街巷空间，也使地面铺砖风格得到了延续（图5-11）。

图5-11　乌镇古镇铺装形式

3）街巷轮廓线的节奏变化

街巷轮廓线即沿街两侧建筑立面轮廓，是由建筑的屋檐、山花、山墙、屋脊、垛头等形成的边缘线，以天空为背景的建筑边界。街巷建筑高度的起伏和一定空间段的建筑宽度的变化都可以通过沿街立面轮廓反映。这种变化对应着街巷轮廓线在统一中的节奏和韵律与街巷空间秩序的特殊空间和集散广场等节点空间。街巷转角和街巷交汇处往往形成节点，成为村镇中主要的活动交往场所，由于这些节点的存在，街巷轮廓线大多伴随着戏剧性的开合变化。例如古树、古井在街巷中的出现，具有很强的识别性，极大地丰富了街巷空间的构成。

街巷建筑的体量、屋顶形态是街巷天际线的重要影响因素[65]。通过对嘉兴传统古镇乌镇进行调研可以看出，街巷天际线的透视程度与街巷级别的差异紧密相关，临河街道因船只通行，尺度较一般街道宽阔，其天际线也较平缓。街—巷—弄因其交通属性的逐级减弱，人流量一般也由弄汇入巷再汇入街，因而其街巷尺度由街—巷—弄逐级减小，界面变化也由丰富向单一发展，天际线由街—巷—弄逐级增强（图5-12）。

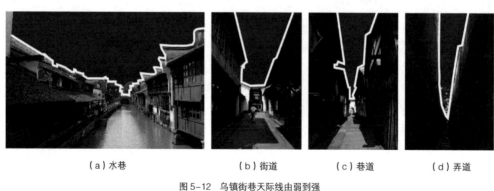

（a）水巷　　　　（b）街道　　　　（c）巷道　　　　（d）弄道

图5-12　乌镇街巷天际线由弱到强

通过对乌镇街巷内建筑体量、屋顶形态和街巷天际线的调研可以得出以下三点结论，可供村镇街巷的建设参考：

（1）控制新建建筑的体量和风格，引导其适应整体风貌，建筑形式轮廓延续周边建筑造型特点，融入街巷原有天际线轮廓。

（2）对大体量建筑高度进行控制，保证顶界面轮廓不会破坏。

（3）对原有建筑的修复秉持"修旧如旧"的原则，做到不突出原有建筑轮廓线。

4）塑造街巷空间宜人尺度

街巷独特的空间构成和宜人的尺度是现代城市空间难以复制的，传统街巷尺度近人，营造良好的通行感受并容纳户外交往行为。各地由于地理因素的影响，街道宽度尺寸稍有区别。例如北京、河北、山西等华北平原地区村镇街道宽约10m，巷道宽约4~8m。而东北吉林地区地广人稀，用地宽裕，巷道皆极宽敞，达10m，中间为车行，边侧为人行，街巷不分。南方村镇街巷则较为狭窄，宽约2~4m，窄的巷道尚不足1m。尤其是山地村镇中，街巷与地形完美结合，空间变化异常丰富，各种形式的尺度比例各不相同[66]。现在很多历史村镇由于控制保护不力，街巷尺度、建筑体量脱离村镇整体风貌的控制。

对街巷空间宜人尺度的塑造可以通过以下三种方法实现：一是对道路等级进行划分，分车行主要道路，人车混行街巷支路和人行宅旁小路等，分级别控制街巷道路尺寸。二是分区控制，重点核心保护区域严格控制建筑体量、形式的变化，协调区与外围区，控制相对放宽，但应防止出现体量较大的建筑。三是通过视线控制，把控建筑高度、连续性等营造宜人的街巷尺度。

5）恢复街巷家具及小品

街巷是居民日常生活交往的场所，随着线上交往的普及、街巷商业化日益严重，导致传统街巷生活活力缺失，街巷生活场景成为过去。空间的活力源于人类活动，传统街巷承载着时代记忆的生活方式、生活场景等文化特征。对于传统村镇街巷风貌的保护，应该恢复其特定生活文化对应下的生活场景设施，比如北京胡同里面四合院门口仍延续着一些老旧桌椅设施的摆放，展示着传统的胡同生活，南方巷子里至今还有商贩推着小推车在吆喝叫卖，这些生活场景都是丰富且充满活力的街巷生活风貌。街道公共服务设施，如街道环卫设施、休憩休闲设施、标识指示系统等，需结合村镇风貌特色进行整体式设计，使其形式特征达到和谐统一，且呼应街巷传统风貌（图5-13）。如街巷当中的体育休闲设施、庭院入口供村民乘凉和社交的公共区域沙发以及随处可见的石凳等（图5-13）。

(a) 街道体育设施

(b) 街道公共区域沙发

(c) 街道休憩石凳

图5-13 街巷家具

小结

街巷风貌的保护不应局限于物质空间的更新和静态保存，而应该在日常生活中焕发活力。通过导控原则，可以为村镇街巷风貌的保护和更新提供指导，如在街巷建筑立面延续性和街巷铺装连续性的引导、把控街巷轮廓线的节奏变化、营造街巷空间的宜人尺度和恢复街巷家具和小品来延续街巷的形式风貌和生活风貌等方面。

5.4.3 建筑风貌的控制引导

一般来说，建筑风貌的引导是通过分析村镇现状建筑特征，立足于建筑形态构成要素，提出对现状建筑的保护修缮、改造提升以及新建建筑的风貌建设引导。本节注重风貌保护的系统性，通过对建筑价值、现状情况、对村镇整体风貌的影响程度结合前文村镇整体风貌保护分区，将建筑风貌控制划分为核心保护区—风貌控制区—风貌协调区这三级分区，对建筑实行分区导控。在保持建筑风貌整体统一的基础上，不同分区的建筑在形态、色彩和规模上稍加区分。

通过分区引导规划，能较好地控制建筑风貌，使得空间区块性更加明晰。同时建筑风貌的控制引导应当延续传统民居文化内核，需要提炼建筑原型要素并加以运用，在实现原型风貌延续的同时，不同建筑并非单纯的复制，而是在建筑风貌整体统一的基础上，各具其独有的特征（图5-14）。

1）建筑风貌原型分区

村镇建筑主要涉及民居、祠堂、书院、庙宇、商店、集市等，其中以民居为主。许多小型村镇都以单体民居或民居群组成村镇整体人工建筑形态。传统民居是村镇显著的"风貌基因"，是村镇风貌突出的识别要素（图5-15）[67]。

汪德根、吴永发等学者在民居风貌研究中将148个特色景观旅游名镇名村的

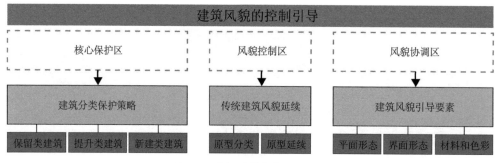

图5-14 建筑风貌控制引导分区策略

图 5-15 传统民居风貌基因（浙江省建德市大慈岩镇新叶村）

传统民居建筑风貌根据传统民居建筑风貌的共性特征与空间分布的相对集中性，划分为 11 类建筑风貌区，分别为北方合院风貌区、木刻楞建筑风貌区、江南水乡风貌区、皖南徽派建筑风貌区、湘赣式建筑风貌区、干栏式木楼建筑风貌区、云南一颗印建筑风貌区、干栏式竹楼建筑风貌区、岭南广府建筑风貌区、客家围屋建筑风貌区、闽南建筑风貌区。从聚落环境、空间布局、造型风格、建筑材料和细部装饰五方面反映出中国传统民居建筑风貌的地域分异明显。研究发现地理气候、地形地貌、植被土壤等自然环境要素是形成民居地域特征的根本原因所在；宗教伦理、风水观念及民族文化等人文因素则是地域分异的内动力；而人口迁移、战争防御和商贸经济等人文因素是地域分异的外推力[68]。

由此可知，中国民居风貌的空间分布存在明显的地域差异。村镇民居风貌的地域分区应综合考虑地理区位、民族宗教、气候文化等要素，明确特征差异后划分风貌分区。

2）建筑风貌原型延续

中国传统民居风貌特色各异，是构成村镇建筑风貌的主要载体，保护村镇建筑风貌即保护建筑文化符号，继承和延续传统民居风貌要素是把控村镇建筑风貌导向的关键因子。通过对国内全域村镇地区的地形地貌、资源要素、地域文化、生产生活方式、建设方式等方面整体风貌的基础研究，可以提炼出村镇建筑空间的"地域特征"；同时结合以往研究梳理，对全国村镇建筑风貌进行分区，共分为 8 个分区，并对每个分区建筑特色元素进行提炼归纳,用以指导村镇新建建筑的建筑文化传承(表5-1)。

村镇风貌分区特征提炼　　　　　表5-1

风貌区类型	分布地域	风貌示意	风貌特征
北方合院式民居风貌	主要分布在华北、西北地势平坦地区,根据地形地貌发展出北京四合院、山西大院和地坑院三类合院风貌		北京四合院 形制—多进合院 材料—青砖
			山西大院 形制—多进合院 材料—青砖
			西北地坑院 形制—合院 构造—覆土空间
井干式民居风貌	主要分布在东北林区或西南山区等气候比较寒冷但取材方便的林区		构造—榫卯搭接 材料—原木或矩形、六角形木料
干栏式建筑风貌	分布在川东、渝西南、渝东南、鄂西、黔东南、桂北和湘西等地区		形制—架空 材料—木材、竹材
云南"一颗印"建筑风貌	分布在云南大理、丽江的汉族、白族和彝族等聚居地		形制—天井 构造—穿斗式构架 材料—木材、夯土
皖南徽派建筑风貌	分布在皖南和赣北		形制—天井 色彩—灰白 山墙—马头墙
客家围屋建筑风貌	主要分布在闽西和粤东地区		形制—圆形/方形天井 构造—夯土厚墙
岭南广府建筑风貌	主要分布在桂东、粤北及粤南等区域		山墙—镬耳墙 材料—青砖
江南水乡建筑风貌	集中分布在沪、浙、苏南等区域		环境—水系、石桥 色彩—灰白

3）建筑分类保护策略

一个村镇的形成多则历经千年，在发展的过程中不断更新换代，由于村镇建筑现状质量、风貌特色、价值差异以及其对村镇整体风貌的影响程度均有差异，建筑保护与利用针对历史文保单位、重点保护建筑、一般保护建筑等采用不同的保护利用方式。如何确定适用于村镇建筑保护利用的策略，尤其是具有实际操作意义的"建筑分类"保护利用策略，对建筑风貌的保护与延续具有重要意义。因此，建筑风貌整治应遵循分类指导的原则，根据建筑的保护要求与整治方式，可以分为保留类建筑、提升类建筑和新建类建筑。其中，保留类建筑主要由价值主导，提升类建筑主要由质量主导，新建类建筑则强调风貌的引导。

保留类建筑

保留类建筑主要是指具有历史价值、艺术价值、科学价值和文化价值的传统风貌建筑以及与村镇整体风貌不冲突的新、旧建筑物、构筑物建筑。根据价值评估，历史文化价值较高的建筑可以列为文保建筑和建筑文化遗产，需要严格遵循《中华人民共和国文物保护法》和《中国历史文化名镇名村保护理论与方法》等相关法律规章进行保护。参考《中华人民共和国文物保护法》以及相关法律法规，将"历史价值＋艺术价值＋科学价值"作为保留建筑的价值评估要素。历史价值，以展现特定历史时期的建筑文化、技术水平、生活文化艺术特点等，具有一定的历史研究价值。艺术价值，通过物质风貌承载审美文化、艺术手段、思想文化等艺术特点，如地域性建筑的造型、装饰、色彩等因反映一定时期和地区的风格而具有一定的艺术价值。科学价值，是指通过时代的考验，验证了营建材料的可持续性、营建技术的生态性以及适应气候设计的低耗能性等。

这类建筑的保护首先需要遵循原真性原则，一般适用于具有重要历史文化价值的传统建筑，传统建筑的价值不仅在于特定时代的建筑文化，也承载特定时期的生产生活情感记忆[69]，具体到真正生活中的建筑与环境。其次需要遵循整体性保护原则，《威尼斯宪章》（1964）指出"保护一座文物建筑，意味着要适当地保护一个环境"。对传统村镇完整风貌的保护不仅在于对民居单体建筑的保护和修缮，还应控制和整治民居周边的背景环境。对于传统村镇保存情况良好的，且长期使用中没有造成大的破坏，尽管有些残缺破损，但进行修整就可再利用的建筑，应采取全部保护的方针。现存保护情况良好的村镇较多，如山西晋中曹家大院、安徽西递、安徽宏村、吴江同里古镇等。

保留类建筑强调建筑信息的保存，通过整体性保护保留建筑平面、立面、空间格局和形态特征等。具体保护措施如下：

（1）建筑空间格局修复。传统民居真实性保护应按照其原有的历史格局，根据历史文献记载、原住民访谈、现状特点对受损格局进行复原；

（2）建筑结构、构件修复。尽量保留原有建筑的结构、构件的形式，通过加固措施或者原材料替换，使其保持历史原状；

（3）外部环境整治。与主体建筑的风貌不协调的部分采取整治或者拆除，不得加建、新建构筑物，对传统设施进行保留。

提升类建筑

提升类建筑，由质量和需求主导，主要针对质量较差、需要进行功能置换的建筑，或根据需要对其进行改扩建，重点对这类建筑的建筑形式、立面、细部、色彩等进行改造提升，以达到建筑风貌的整体性。不同于较高价值的保留类建筑，提升类建筑仅具有一定的历史价值、艺术价值、科学价值和文化价值，由于其本身也是村镇文化不可或缺的载体之一，面对年久失修，质量较差的提升类建筑，需要对其进行提升改造。应从总体建筑形式上呼应原有传统建筑，在形式和内容上与保留类建筑相协调。改扩建更新改造时，应注意形式协调，手法主要有以下几种：韵律、尺度与材质[70]。

屋顶提升：屋顶形式根据村镇整体建筑屋顶形式，实行统一处理，或根据实际需要与建筑类型特点进行适应性平坡屋面调整。屋顶材质结合经济性、安全性考虑，采用具有可替代性的瓦材。

墙体提升：墙体提升的重点是对与村镇整体建筑风貌不协调的立面形式、材质、颜色进行改造提升，采用一致或接近总体建筑风貌的立面处理方式，对于污损的墙体，可进行原状修复和洁污处理。

构件提升：构件作为建筑风貌的细部成分，应从可见的屋顶构件、墙身立面构件、装饰构件、围护构件等[71]对建筑物的建筑部件进行改造，替换和改造与建筑本身不协调或与传统构件文化不相符的部件。

舒适度提升：结合居民实际需求，应增加必要的现代生活设施，改善室内采光通风条件；对不符合现代清洁能源使用标准的厨卫设施，以及卫生条件极差不利于居民健康的旱厕进行改造；引入清洁生活用能，完善生活设施体系。对建筑性能进行优化改善，在保持传统风貌协调的前提下进行传统民居外围护节能改造，提高外围护结构保温隔热性能；借鉴现代居住功能布局，优化传统建筑内部功能布局。

新建类建筑

新建建筑是适应村镇发展需求、人们宜居宜业的必然要求，然而，多数村镇缺乏对新建筑的设计指引，导致对村镇传统风貌的破坏。为了保护村镇风貌的整体性，对于村镇新建类建筑应从形式体量、比例尺度、格局秩序、材料色彩等多方面进行控制引导，保持与传统建筑的协调统一。同时，基于风貌保护的结果导向，对新建筑的控制导则也适用于指导旧建筑更新与改造。

图 5-16　传统建筑修缮复原

首先，空间格局应适应当地居民生产生活需求，不能盲目照搬城市生活模式下的功能布局。其次，建筑形式应从传统发展而来，实现传统建筑的现代转译，充分体现地域

图 5-17　新建建筑立面整治改造

建筑风貌特色。最后，应严格控制建筑体量、遵循传统建筑比例尺度，依据国家相应保护技术规定与村镇实际特点制定尺度设计规范。同时考虑当代人居环境的改善，在保护和改造的前提下，应尽量满足居民现代生活的需求，既兼顾建筑风貌，又合理地使用现代设施和技术以提高村民的生活品质[72]。

例如，在河北省石家庄市的于家村的面貌提升改造中，采用了建筑分类保护改造的方法。石头建筑是于家村村镇最显著的特色元素，是构成街巷景观、村庄肌理的重要元素。为了保护村镇传统肌理符号、特色风貌，于家村风貌保护沿用当地传统石头技艺方式，按照建筑原有形制修复破损传统建筑39处（图5-16），运用传统建筑符号和材质改造新建建筑114处，使其与传统风貌相协调（图5-17）。新建类建筑应遵循原真性原则，从空间格局、形式特征、材质色彩等方面修缮复原，以达到建筑风貌协调的目的。

4）建筑风貌引导要素

建筑风貌从空间构成解析，可以分为建筑平面形态、界面形态和材料色彩，这三者构成了建筑形态风貌的主要方面。建筑风貌的重要组成部分包括建筑空间和建筑维护界面。建筑平面形态、界面形态和材料色彩这三者的具体内容如下：

建筑平面形态：平面形态是顺应地形关系，适应居民生活方式的建筑平面格局。从构成角度分析，民居大多由庭院或天井组织空间，无论南方的天井还是北方的四合院，都有类似的向心构成规律，只是庭院尺度以及建筑层数具有相对差异。同样，这种向心式庭院空间也影响到集合式聚居单元，如南方的土楼，北方的寨堡。随着院落尺度的差别，形成的民居空间风貌也风格各异。需要合理利用地形，建筑平面与地形相适应；结合现代居住习惯，规整平面布局，实现传统空间布局向现代空间重构的转变。

建筑界面形态：建筑空间界面不仅是作为内部与外部的边界划分和建筑功能以及空间使用方式的延伸，还是建筑外在形式风貌的直接表达，包括建筑屋顶和建筑立面。屋顶形式应与地理气候相适应，在形制、出檐、坡度等方面与传统建筑保持统一，立面形式应通过控制建筑体量、高度、层数、门窗形式、立面构图等方面来适应村镇整体建筑风貌。

建筑材料和色彩：应因地制宜采用当地材料、构筑工艺和技术，从环保节能和经济性出发创新对传统材料的使用方式。并从经济性、便民性出发对工艺技术进行改良，传承优良工艺。建筑色彩应与村镇整体色彩协调统一，通过挖掘村镇基准色调，形成村镇建设基准色卡。

（1）平面形态

从平面形态构成角度分析，民居大多围绕中空庭院或天井来组织建筑实体，民居空间组合下的平面形态是居民按照社会制度、家庭组合、信仰观念、生活方式等社会人文因素安排出的民居建筑空间形制，它具有鲜明的社会特征及时代特征[73]。此外，地形地貌、气候、材料以及技术条件也会在一定程度上影响建筑的空间组织。不同空间组合形式的民居院落空间的保护更新应遵循：保护、利用和发展的原则。保护指的是对建筑平面形态的原真性修复；利用是发挥民居院落的价值，探索和拓展院落空间的利用方式，创造社会、经济和环境价值；发展是发挥传统民居的天然优势，结合使用需求整治更新，激发更多空间活力，实现社区的可持续发展。

建筑平面形态基于空间尺度的保护，同时是维持建筑传统风貌的重要方面。空间尺度，反映着中国传统思想中含蓄的审美取向与思维特征，体现了中国传统儒家礼制思想观念。院落空间以合院和天井式民居为代表，单幢民居为特例。天井式民居中，天井的主要作用是通风以及排水，因而天井面积仅占民居总面积的1/12到1/4，最小的天井仅$1m^2$；根据合院尺度大小可以分为福建土楼为代表的集居式合院、北京四合院为代表的规则多进院、西北不规则狭长形深宅大院。例如平遥古城多为狭长形多进院落，院落长宽比多在1:9~1:3之间。人们进入院中会有较强的纵向景深感。北京四合院建筑为单层，院落宽度是建筑高度的2~3倍，院落平面长宽比基本等于1，人们处于院中会感觉四向宽敞开阔。而客家土楼由于家族集居，居住单元较多，庭院内要容纳上百人的日常活动，满足内向日照要求，因此形成的庭院尺度也是最大的，且庭院形式不仅有方形庭院，由于特殊的防御要求，还衍生出独特的圆形庭院空间。单幢类院落重点强调内院空间的利用，以及院落的公共属性[74]。

综合庭院与天井民居的院落形式、庭院长宽尺寸和建筑体量去共同引导与保护民居传统风貌，是协调整体建筑风貌的关键因素，本节对各地合院与厅井式民居基本形态特征进行归纳与整理（表5-2），期望对各地庭院民居风貌的引导与保护提供一些参考：

庭院式民居基本形态特征[①]　　　　　表5-2

分类	民居形制	院落形式	屋面	层数
合院式	北京四合院	正方形院落约三间面阔	瓦面双坡，硬山	1
	晋中、晋南民居	狭长院落，约半面阔	瓦面单坡，硬山	1层 2层
	晋东南民居	正方形院落一大四小	瓦面双坡，悬山	2层、3层
	关中民居	狭长院落	瓦面，草屋面单坡，硬山	1
	甘肃临夏回居	狭长院落	瓦面双坡，硬山	1
	宁夏回居	狭长院落	泥面平顶	1
	吉林满居	宽大院落，约五间面阔	草顶双坡	1
厅井式	浙江东阳民居	内天井，横长	瓦面，双坡悬山	1
	徽州民居	天井狭小	瓦面，双坡硬山	2
	江西民居	内天井，横长	瓦面，双坡	1
	湘西民居	内天井，狭小	瓦面，双坡硬山	2
	福州民居	内天井，横长，三间面阔	瓦面，双坡硬山	1
	泉州民居	内天井，横长	瓦面，双坡悬山	1
	潮汕民居	内天井，狭小如斗	瓦面，双坡	1
	粤中民居	内天井，狭小封闭	瓦面，双坡硬山	1
	台湾民居	内天井，横长	瓦面，双坡硬山	1
	云南一颗印	内天井，方形	瓦面，单坡硬山	1
	新疆阿以旺	曲尺院	泥顶，平顶	1层、2层

① 参考《中国民居研究》总结编制

（2）材料色彩

色彩是构成环境的基本元素之一，给人留下直观的视觉感受和第一印象。建筑中所使用材料的色彩，是展现一个村镇的风貌特色和个性气质。而建筑的材料色彩受到气候因素、民俗文化信仰、地理地貌特质、加工工艺等要素影响，各地区都有其独特的特色，是其地域性的重要展示方面。因此，材料色彩属于村镇风貌控制的重要因素之一，犹如水系之于江南水乡的意义。

例如，浙江省乌镇古镇在整体风貌控制中着重强调色调的控制：一是坚持古镇民居建筑粉墙黛瓦的风格；二是采用黑与白的简单色调，构成了古镇简单的本底背景；三是严格控制基础色调以外色彩的运用；四是辅色调以红色点缀，通过传统灯笼或其他局部构件进行装饰；五是新建民居延续传统建筑色彩风格，与传统建筑达到色彩的和谐（图5-18）。

图5-18 乌镇民居

纵观我国各地村镇，其民居的材料色彩总体并不浓烈，如浙江传统民居，主要建筑风貌呈现为白墙、青灰瓦和棕色木板门窗的淡雅色调（图5-19）。山西临汾襄汾丁村的合院式民居，其建筑墙体材料采用当地的杉木和黄土，墙体呈土黄色，瓦片为深灰色，整体给人以庄严、厚重之感（图5-20）。但部分地区也带有鲜明的地域色彩以及民族色彩。如西藏的建筑风貌，受到独特的高海拔地理风貌和宗教信仰等人文环境的影响，其在建筑装饰材料上的色彩运用较为鲜艳突出，而当地民居的主体色彩则常用土、石等材质原色和白色饰面等，体现出西藏民居艳丽、纯净、质朴的色彩环境（图5-21）。

对于村镇中色彩的运用控制，需要明确建立具有可操作性的建筑材料色彩基本色谱的方法和途径。基本色谱的建立，首先除了要对村镇建筑材料色彩的现状进行取样和采集，还应对村镇的自然地理条件和人文背景进行深入的调研，了解村镇色彩形成的内发动力。可采用通过文献阅读与在地采访结合的形式，基于下文三个维度进行基本色谱调研：宏观层面，以鸟瞰的方式对村镇整体环境色彩进行

图 5-19　浙江兰溪诸葛村色彩　　图 5-20　西北甘南藏族自治州村镇色彩　　图 5-21　山西临汾襄汾丁村合院式民居色彩

取样，有助于对村镇建筑色彩的整体现况感知和对整体色调的把握。中观层面，可以通过人的视角进行观察采样，收集立面构成中的基调色彩、辅助色彩和点缀色。微观层面，主要是调研采集构成建筑材料色彩的自然环境来源，自然环境色彩是最具本土地域特色的色彩基因。地域性村镇色彩的成因，追根究底是由于地理、气候影响下的自然环境风貌差异。采样调查是从构成建筑的本土材料入手，如墙砖瓦片、土石墙漆、土壤植被等实物色彩素材。

我们将上述调研采集的色彩数据进行编辑整理，分别从宏观、中观和微观层面对村镇建筑环境色彩进行分析[20]，运用色彩定性和定量分析的方法形成村镇基准色谱系统，用于后续建筑色彩风貌设计的控制[75]。

在村镇设计中色彩控制层面，可以借鉴城市微观层面的色彩控制方法，即物理属性、构成性和材质三要素指导建筑和环境的色彩运用。首先是物理属性控制，通过运用基本色谱系统，制定色彩规划。色彩的物理属性直接决定了物质风貌的色调基准。其次是构成性控制，通过控制基准色、辅助色和点缀色的施色部位及比例进而控制物质风貌的色彩表达[76]。上述两种共同构成了建筑立面色彩的控制内容。最后是材质控制，材质是色彩表达的重要载体，许多材质呈现出地域性自然色彩，色彩附着于不同材质表达效果也会有区别，并且材质表面的色彩会随着时间流逝富于变化，因而需要控制材质元素的应用部位和加工方式等（表 5-3）。

立面色彩控制内容　　　　表 5-3

	控制的基本方面	控制方式	指标与手段	适用空间规模
色彩控制	色调控制（物理属性）	直接选定色谱方式	强制色谱 推荐色谱 禁用色谱	村域
		非色谱方式的三属性域值	色相规定 彩度规定 明度规定	镇域
	构成性控制	施色部位的色彩规定		建筑细部

续表

	控制的基本方面	控制方式	指标与手段	适用空间规模
色彩控制	构成性控制	面积比例规定		墙面
		色彩组合方式的规定		墙面、屋面
		色彩的空间位置的限定		墙面、屋面、建筑细部
		门窗	推荐材质 禁用材质	
		承重结构	推荐材质 禁用材质	
		围护结构	推荐材质 禁用材质	

此外，材料的选择和运用也是建筑色彩控制的重要内容。材料是营建之本，建筑形式特征离不开建筑材料，有些村镇通过运用建筑材料的不同堆砌方法，其天然质感都会产生不同的地域性形式美感。例如藏族碉房以毛石砌墙，隔一段距离以片石找平，然后续砌，形成一条条水平线；有的地区将石墙砌成斜人字纹样，有的砌成鱼鳞状。通过当地材料与独特的砌筑方式形成多样化立面纹理与砌体外观，形成具有地域性的建筑立面风貌（图5-22）。

而有些村镇则是多种材料的搭配运用，通过不同材料之间的质感、色彩及体量，形成对比或协同的关系，以及独特的形式美感。例如石基与夯土墙的搭配、石板墙与砖墙的搭配、砖墙与木构架的搭配、木构架与编竹夹泥白灰填充墙的搭配等，使其建筑立面产生简洁明快、原生地景的效果。有的建筑立面通过建筑材

图5-22 不同砌筑方式形成不同材料肌理形式

（a）浙江温岭民居（木构架与竹笆夹泥粉墙填充墙）　　（b）贵州贵阳石板哨寨民居（木构架与石板填充墙）

图 5-23　建筑材料突出建筑立面结构的表达

料的区别把建筑的结构体系真实地表露出来，例如浙江温岭民居、贵州石板民居等（图 5-23）。

最后，根据上述色彩控制方法与策略，在对于传统村镇建筑进行修复时，应当采用传统的地域性材料或者对新材料以传统方法运用。在尊重当地历史风貌与民族文化的原则下，对传统村镇的建筑进行分类保护、修缮和新建，要合理利用建筑材料进行"本土化"的应用，包括两个方面：

①合理利用现代建筑材料建造适应传统村镇本土地域性特征的民居建筑

以传统材料的功能性质作为选择新材料的依据；

以传统材料的整体色调作为选择新材料的依据；

运用新材料与新模式对传统村镇新民居进行传承性的创新建设。

例如，夯土结构农房可采用新的施工工艺，利用现代夯土材料替代传统夯土材料，现代夯土材料具有色彩丰富、层次分明，抗震性、隔热性、隔声性能，一体化程度高等优良特点。

②延续当地地域材料进行创新与优化的"本土化"利用

利用先进技术对传统建筑材料进行加工处理；

通过传统材料与现代材料的结合，强化现代材料的性能。

例如，羌族地区由于高烈度地震的破坏而推动结构性能优化，探索了传统建构材料与现代建构材料和技术的融合，如将生土、石材、木材等传统建材及其建造技术和钢筋混凝土以及钢结构技术进行结合，以提升传统结构的延性。

在立面材料色彩的控制方面，主要通过材料施用部位和材料的选择进行控制，立面材料不是单一的，墙体材料以及门窗材料、承重材料与围护材料也有区别，各地方不同材料的施用部位也有区别，因地制宜，遵循传统（表 5-4）。

立面材料控制内容　　　　　　　　　　　　　表5-4

控制的基本方面		控制方式	指标与手段	适用空间规模
立面材料	材料选择	宽泛建议材质风格	推荐材质 禁用材质	墙面、屋面
		规定或禁止的加工方式		
	施用部位	墙体		建筑立面
		门窗		
		承重结构		
		围护结构		

（3）界面形态

①立面形式引导

丘陵山地地区村镇建筑大多分散布局，建筑风貌给人直观的第一印象是整体空间形象，平原地区村镇建筑大多联排建造，临街巷的主立面不仅要注重构图规律，也要控制建筑高度和门窗形式。对建筑高度采取整体上的控制，基于对景观、美学的要求，实现风貌的协调。

例如嘉兴乌镇古镇风貌保护中十分注重风貌界面的统一性，针对风貌统一性的控制主要表现在：其一控制门窗形式，包括门窗材质统一用木材，细部装饰简化，沿用花格窗图案；其二控制色调与材质，固定原木本色基调，修缮更新一律采用接近原建筑和构件的色彩和材质；其三控制立面风格，核心保护区内所有建筑特别是临街临水建筑，严格保持乌镇古镇街巷立面的原真性（图5-24）。

立面构图成为民居可识别性的重要特征。大中型民居重视格局礼序，平面多以中轴对称布局，主立面和入口注重仪式感采用对称式构图，整体构图呈均衡态势。

（a）统一门窗形式　　　　　（b）统一色调与材质　　　　　（c）统一立面风格

图5-24　乌镇街巷界面

小型民居的房屋组合较为自由，多数受风水影响，门开在一侧，主立面多为不对称的平衡式布局，再利用地方材料的质感和色彩补充立面构图。体量较大的民居侧立面根据需要也会突显出来，侧立面的房间布局一般是由厢房、护厝、庭院或者进厅的山墙构成，长度较长，空间变化不突出，主要通过立面形式上的均齐，窗口、檐口、山尖形制形成节奏感，来达到侧立面的统一形式美感。概括地讲，在立面构图中，对称式构图中应强调其对比性；不对称构图中应注意其变化性；连续性构图中应显现出其节奏性。村镇建筑高度的控制，能有效控制村镇建筑轮廓线，并形成宜人的街巷尺度。高度控制一方面基于保护规划的总体要求，按核心保护区、风貌控制区、协调发展区制定高度的层次控制要求。另一方面，基于视觉感知分析，应满足视线通廊和景观视线要求，协调建筑高度控制，达到风貌的和谐统一。

传统民居的立面构图与形式在现代民居中的转译尚不成熟，在新农村建设中有同质化的现象，流于表面形式，丧失其文化精髓。因此，对于现代民居建设与传统民居保护更新需要进行立面形态的引导，保护村镇传统建筑风貌。不仅要结合民居特点及风貌要素的实际情况和地域性特点，也要借鉴地方性建筑保护整治导则，当地政府为应对村镇建筑外立面形态保护而制定具体的整治与控制引导措施是实现风貌保护的关键，具体控制内容可以参考表 5-5。

立面控制内容　　　　　　　　　表 5-5

控制的基本方面	控制方式		指标与手段
立面构图	体量控制		比例推荐 限定域值
	门窗洞口位置引导		高度规定 明确对应关系（对齐、平行、交错）
门窗形式	洞口尺寸		规定尺寸 建议尺寸
	门窗框形式		固定形式 建议形式 禁止形式
	门窗扇开启方式		固定方式
	图案构成		固定形式 建议形式 禁止形式
立面尺寸	高度控制	建筑总高度	限定域值 建议高度

续表

控制的基本方面	控制方式		指标与手段
立面尺寸	高度控制	檐口高度控制	限定域值 建议高度
		建筑墙面线控制	限定域值 限定形式
	层数控制		指定性规定
	面阔尺寸		限定域值 建议尺寸

例如在浙江省永嘉县界坑乡坑口自然村制定了相关控制要求：规定了核心保护区保护建筑层数、建筑高度、檐口高度、屋脊高度、屋面形式等。对其新建建筑提出了建筑高度应控制在地上2.5层、最上层前部要有退台的要求。最高檐口在9m以下，屋脊应保持在11m以下，采用坡屋顶。其建筑形式、体量、材料及色彩上应与历史建筑和周边环境相协调。制定保护与修复控制导则，在旧建筑的保护修复中强调控制形态要素的尺度、色彩，引导控制新建建筑的体量与风格，是目前村镇建筑风貌保护中逐渐被各地所借鉴和采用的有效方式。

②屋顶形式引导

中国绝大多数传统民居的屋面以坡屋面为主，根据气候不同坡度有所差异，屋面也成为民居外观造型的主要因素。南方由于民居层数变化多，外加地势富于变化，形成了具有山地特色、丘陵特色等高低错落的村镇屋檐景观。南方各幢民居连片式建造，多通过挑檐以及廊檐等内廊和外廊空间进行空间上的连续，具有全天候设计特点。建筑屋面具有灵活多变的组合方式，增加了村镇建筑风貌的韵律，并且通过屋面的组合方式反映内部空间组合规律。

屋面组合有几种常用的方式：

披檐递降，相连空间由于高度不同，高处屋面通过悬山挑檐遮挡与低处屋面相接的缝隙（图5-25）。主要用于多雨的南方地区，为减少山墙面和构架被风雨侵袭，往往在山墙下部加建披檐，同时可以丰富山墙造型与轮廓线。具体手法如在主体左右对称加坡；在主体一侧加坡；在后、侧两面连续加坡；适应地形灵活加坡。

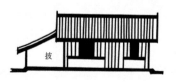

图5-25 披檐递降示意图

（a）浙江省建德市大慈岩镇新叶村　　　　　（b）浙江省兰溪市诸葛村

图 5-26　建筑屋面穿插

（a）河南省开封市朱仙镇　　　　　（b）安徽省黟县宏村镇卢村

图 5-27　建筑屋面对撞

穿插，是建筑空间高度一致的屋面组合方式，以将次要屋面插入主要屋面檐下为特征，如浙江省建德市大慈岩镇新叶村、浙江省兰溪市诸葛村等（图 5-26）。

对撞，是垂直组合的屋面形式，屋面直接相连形成阴角天沟便于排水，如河南省开封市朱仙镇、安徽省黟县卢村等（图 5-27）。当建筑组成群体，屋面形成序列，村镇人工风貌会形成具有地域特色的村镇整体风貌。通过形式上的统一、连贯、搭配，形成高低错落、连续起伏的叠变韵律。而村镇建筑的保护与更新应当延续村镇民居屋顶组合方式，延续屋顶统一有序又叠变的韵律。如皖南民居中，马头墙与坡屋顶共同组成具有特色的皖南村镇风貌（图 5-28）。

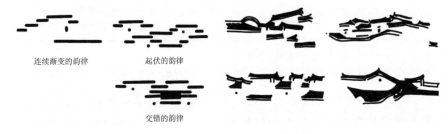

图 5-28　皖南民居屋顶元素组合韵律

村镇中新建的或需要修复的房屋应采用传统屋顶形式，最终形成延续传统且具有地域特色的空间风貌。一般而言，村庄内的寺庙建筑屋顶以歇山、庑殿、悬山的坡屋顶瓦屋面形式为主，而其他建筑以悬山和硬山的瓦屋面坡屋顶或平屋面为主，局部改建、新建建筑则多采用平坡结合，对于村镇内不符合原始屋顶风貌的农宅应积极引导其"平改坡"或者"坡改平"，材料选择传统屋面材料或者具有相对应形态特征的新型屋面材料。中国村镇传统民居屋面以坡屋顶为主，由于气候因素、社会风俗、功能布置等因素，各地屋顶连接形式各有不同，可参考屋顶组合形式（图5-29），具体控制措施见表5-6。

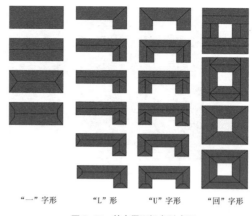

"一"字形　　"L"形　　"U"字形　　"回"字形

图5-29　基本屋面组合形式图

屋顶形式控制内容　　　　　　　　　　　　　　　　表5-6

控制的基本方面	控制方式	指标与手段
屋顶形式	单体形态控制	主体建筑规定形式 辅助用房推荐形式
	屋面组合方式规定	垂直相连屋面组合 平行相连屋面组合
屋顶材料	传统材料规定	延用部位指定 材料色彩指定
	替代材料规定	替代部位指定 材料色彩指定 替代面积限定域值 推荐材料 禁用材料
尺寸控制	屋面坡度规定	指定坡度 限定域值
	屋角起翘规定	建议坡度 限定域值

地方政府应当针对当地实际情况，形成相对应的村镇治理及传统建筑风貌保护管理办法。例如云南省宾川县鸡足山镇党政办公室根据《云南省违法建筑处置规定》《云南省大理白族自治州村庄规划建设管理条例》等有关法律法规的规定，结合

鸡足山镇传统村镇风貌情况，制定了鸡足山镇村庄治理及传统建筑风貌保护管理办法。当中规定了传统建筑文化风貌保护应该遵循的原则，如明确原有建筑整治提升的范围、方案，审批新建建筑的规划、设计、排水、排污、客栈招牌、建筑整体外观色彩、风貌、形态及楼顶附属设施建设；规定村民自建活动，例如材质不得使用彩钢瓦，结构、材质、色调应当符合本村的传统建筑文化风貌保护建设要求，并履行相关义务等。

5.4.4 点状公共空间的更新

1）点状公共空间的分类

在村镇的街巷交接处、公共建筑旁、村镇入口等处，分布着大小不等的点状公共空间，这些公共空间是村镇自发形成的，面积不等，大小不一，形状多不规则。点状公共空间承载了村镇的多种公共活动，村民在公共空间内进行生产劳动、社会交往、节庆聚会等活动，按点状公共空间的功能分类，分为以下四类。

（1）标识空间

村镇中的某些公共空间具有鲜明的标识性，在村镇中具有标识示意的效果，往往围绕着具有独特性的构筑物、自然景观等展开，如村镇中的牌楼、廊桥等往往位于村镇入口处，是村镇鲜明的入口标识（图5-30），村镇中的古树古井等则是显著的自然标识（图5-31、图5-32）。

图5-30　于家村村口清凉阁

图5-31　宏村村口古树

图5-32　古井

（2）生产空间

村镇的生产空间是与生产劳作相关的场所，如村民进行日常劳作的农田（图5-33）、晾晒谷物的晒坪等（图5-34）。由于村民多彼此熟识，在进行繁重的农业生产活动时，会进行交谈。田间地头既是他们进行粮食生产的场所又是他们进

图 5-33 农田

图 5-34 晒谷场

行交往活动的重要场所；在谷物丰收时节，村镇中大多有面积较大的晒坪，晒坪在发挥它的晾晒功能之余，还为村民们提供了一个活动场所，在夏季夜晚，村民会来到空旷的晒坪纳凉聊天。在 20 世纪 80 年代末 90 年代初，田间还会组织人们在晒坪观看露天电影。村镇的生产空间实质上是集生产劳作、交流活动、娱乐休闲等为一体的多功能复合空间。

（3）交流空间

村镇交流空间大多是村民日常生活中的场所，多数自发形成，能够促进村民间的沟通交流，是村镇中具有活力的空间。村镇中的交流空间并没有固定的场所，可以是门前空间、水边空间等，通常交流空间人流量较大、环境较好且能供人休憩交流。

通常居住距离较近的村民交往更为频繁，村民的门前空间是他们日常交流沟通的重要场所，且居民通常会随心地装饰自家的门前空间，布置些座椅、盆栽等供喝茶聊天，富有生活情趣（图 5-36）。

人们日常生活中离不开水，在传统农业社会村镇生产和生活用水均需从井边或河边获取（图 5-35），水井是村镇重要的生活设施，水边成为人们经常聚集的地方，村民在水边洗衣、汲水、闲谈嬉戏，交往活动由此产生，水边空间是富有活力的

图 5-35 水边空间

图 5-36 门前空间

图 5-37　戏台前广场　　　　　　　　图 5-38　南屏叶氏宗祠前的广场

社交生活场所。

（4）集会空间

集会空间中举办的活动围绕宗教信仰、政治文化、休闲娱乐等展开，通常规模较大且开放性强，参与人数多，有较强的影响力。传统村镇的大型集会只在特定的时间举办，故没有形成专门的集会场地，常依附于村镇公共建筑旁的空地，如祠堂、戏台、书院、寺庙旁的场地（图 5-37、图 5-38）。

2）点状公共空间的更新措施

（1）公共空间功能优化

①功能调整，合理利用

伴随着村民生产方式的改变，很多村镇开始发展特色产业，原有的单一农业生产空间逐渐被淘汰，但仍可对传统生产空间进行适当改造，依托村镇特色产业发展新型生产空间。

伴随着村民生活方式的改变，村民借助现代化的谷物烘干设备，可以实现谷物烘干。村镇供水已采用自来水，村民不需出门汲水洗衣。现代化的生活生产方式给村民带来了很大的便利，同时也引起了传统公共空间的衰败，部分节点空间如晒坪、河边等场所失去了自身的活力。这些空间的行为活动虽然已经消失，但空间场所仍然存在于村镇中，是一代人的集体记忆。对于这些衰败的公共空间，需对其功能进行调整以适应现代生活。如针对闲置的井台空间，在保护和修复原有井台的同时，将其改造成一个聚集休闲空间，以承载乡土记忆。

伴随着村民意识形态的改变，村镇中原先的祭祀行为、信仰崇拜等一系列传统习俗已不再有先前的吸引力和说服力，比起神灵，新时代的村民更愿意相信个人努力。村镇中的祠堂、庙宇等常有长期空置年久失修的现象，可利用空置的祠堂、庙宇、民居转变为村委会、村民活动中心、游客服务中心等。在对原有公共空间进行保护的同时，后人进行合理的功能调整，"旧瓶装新酒"，让原有的空间焕发新的生命力。

②闲置用地的潜质挖掘

传统村镇中存在大量闲置用地，通过对村镇闲置空间的再利用，使闲置空间焕发新的活力。村镇中的闲置空间分为以下几种类型：一是村镇内部由于房屋倒塌而形成的开放空间，这部分空间一般是拥有产权的宅基地，建议通过集体回购的方式收回土地使用权，改造成公共活动空间；二是村镇周边村集体预留的宅基地，这部分土地多位于紧靠村镇建成区的边缘地带，建议规划为公共绿地，形成现有村镇边界的绿色屏障，在村保留地中重新规划新村用地，满足村镇人口增长对宅基地的需求；三是村集体保留的生产用地，这部分用地处于村镇周边，现大部分已被征用或租用，还有村集体开发的工业区。建议在村镇周边划定保护红线，红线以内禁止征用，保留村镇周边桑基鱼塘的乡村农业景观，并适当开发乡村旅游景点和设施[77]。

（2）公共空间环境优化

公共空间的环境质量直接影响了公共空间的活力，舒适宜人的公共空间能够促进村民进行交往活动。村镇公共环境可以从以下三个方面进行优化。

①公共服务设施

村民们在公共空间活动时，经常自带座椅，村镇公共空间对休憩设施的要求较大，在村镇公共空间布置一些休憩座椅，能够提升村民在公共空间的活动时长，提升公共空间活力。现代人越来越关注身体健康，村民们也有很强的锻炼意识，可以考虑在公共空间配置体育活动设施，或将原有空间改造为村民运动广场。村镇面积较大，在村民活动频繁的公共空间处，需配置公共卫生间，为村民外出活动提供方便。

②公共环境卫生

村镇公共空间的垃圾乱扔现象严重，通常在聚集活动后留下满地狼藉，需要建立完善的卫生管理体系，在公共空间配置适量分类垃圾桶，且安排专人维护公共空间的环境卫生。只有加强对村镇居民的环境卫生意识的培养与教育，让居民意识到环境卫生的重要性，才能从本质上保证村镇公共空间的环境卫生质量。

③公共交通环境

村镇中的道路交通是村镇生产生活和经济发展的基础，目前村镇的交通环境存在路面宽度不够、路面质量较差等一系列问题。交通环境的提升可以从以下几个方面进行。

第一，施工时保证村镇道路的质量，定期对村镇道路进行检修；第二，加强村镇道路的可达性，路网的设置应均衡便利，方便村民到达公共空间；第三，村镇内部应设置专门的公共停车场，避免村镇内车辆随意停靠，侵占路面宽度。

（3）公共空间文化提升

公共空间是村镇文化的独特载体。公共空间内举办的文化活动，传承了村镇文化，是村民精神生活的体现。维护公共空间内的文化活动，能促进村民彼此间的交流，提升空间活力进而保护公共空间，提升空间文化。公共空间内的文化活动主要分为民俗活动和社会交往活动，村镇公共空间文化可从保护公共空间内的文化活动进行提升。

①民俗活动

民俗是社会群体在现实生活中逐渐形成的相对稳定的生活方式，反映着中华民族独特的精神传统和人文品格。村镇中的民俗活动主要包括祭祀活动和节日庆典活动等，多在固定的时间和场所内举办，村民们会自发地来到村镇公共空间参与集体性的民俗活动，丰富的民俗文化活动助力现代村镇治理。

针对民俗文化活动的保护，其一，要注重对村镇物质空间的维护和修缮，大量的民俗活动都依托于村镇的公共建筑，如二十四节气民俗体验活动依附于村镇的市集、祭祀活动依附于村镇的祠堂等；其二，对村镇传统民俗活动及其体验线路进行恢复，将非物质文化遗产还原到现实生活中去；其三，需要加大宣传力度，筹集资金保护现存的民俗活动，与发展地方旅游业相结合，吸引大量游客前来旅游，以展示村镇特有民俗活动。

②社会交往活动

村镇的社会交往活动主要包括日常生活的交流休闲活动、体育运动等，不受时间和场所的限制。可根据村镇居民的实际需求，从以下几个方面促进村镇社会交往活动。

首先，需要关注到村镇中特殊群体的需求，在规模较大的村镇设置专门供儿童和老年人活动的场所，规模较小的村镇设置综合性的活动场所；其次，随着村民们越来越关注锻炼，村镇中对体育运动空间的需求量越来越大，可将村镇中闲置废弃的建筑物改造为运动场馆、增加室外体育活动设施、室外运动场地等促进村民进行体育活动。

5.4.5　环境设施建设引导

村镇的环境设施建设一直是制约村镇经济发展与生活品质的短板，要实现村镇经济的可持续发展和人居环境的改善，环境基础设施的完善是村镇建设的基础。环境设施规划要基于村镇发展需求与风貌协调原则，结合便民服务与生态环保进行规划与设计。

1）防灾设施

由于村镇所处自然环境的脆弱性，村镇相对容易遭受滑坡、崩塌、地震等自然灾害的损害。村镇建筑由于其自身特性在应对突发性灾害时具有一定的缺陷，如木建筑在防火方面具有易燃性，砖混结构则抗震性差，其承载的艺术、科学和文化价值极易受到威胁。因此，村镇需要完善防灾体系及设施规划：一是疏散体系的优化，应完善道路基础，根据道路等级设置主要疏散道路和次要疏散道路，保证主要疏散通道宽度基本满足消防车的出入，在次要疏散道路配置微型消防设施，如迷你消防车或消防摩托；二是保障消防水源的供给，消防栓系统应结合村镇自然水源进行布置，完善村镇建筑供水管网；三是合理布置疏散避难场地，采用集中和分散的方式，利用村镇田块、广场地坪、山林等作为天然的避难场所；四是提升台塬护坡的安全性和稳定性，通过控制坡度、自然化坡面处理，降低滑坡、泥石流等自然灾害的安全风险；五是疏浚河道提升泄洪能力，建立起河道、沟渠、池塘以及水库联通的排水体系，增强调蓄雨水的功能。

2）卫生设施

卫生设施的改善是营造适宜村镇人居环境、美化村镇公共风貌的基础。村镇卫生设施包括公共卫生间、环卫建筑设备和配套性建筑空间，环卫建筑与设备包括垃圾集中处理站、垃圾智能回收柜、垃圾回收亭等，配套性建筑空间包括环卫工人管理工作用房以及休憩场所等。卫生设施的完善包括四个方面：一是设施布局方面，需布置在主要经过性场所，又与民居保持一定的卫生距离，不影响周边环境和居民的日常生活；二是建筑设施风貌特色方面，需与村镇建筑整体环境相协调，运用经济性本土材料，统一风格形式；三是功能完善方面，需考虑全龄人群的使用需求，如适老性、儿童友好、女性友好等设计；四是环境友好方面，卫生设施可以通过绿植美化，融入环境当中，又能降低异味感（图5-39）。

（a）智能垃圾分类站

（b）垃圾回收亭

（c）绿植美化

图5-39 垃圾回收设施

3）导视系统

村镇导视系统不仅在日常生活中起导向作用，还是村镇文化传递的直接媒介。导视系统是多元信息的综合体，视觉形象的提升可以美化村镇风貌，展现人文历史文化，其包括警示标识、引导性标识和说明性标识三类。根据导视系统的功能性和表现性特点，导视系统可以从设置、设计两个方面进行优化。设置方面，警示标识应设置在醒目的位置，通过色彩、灯光等方式突出标识；引导性标识在村镇重要节点、交叉路口进行设置；说明性标识应结合需说明的对象紧密设置。设计方面导视系统应结合村镇文化统一设计，亦可结合乡土材料，以反映村镇文化、原生态的村镇风貌为目标。同时，应树立环保可持续意识，可收集村镇废弃的木料、石材、砖瓦等材料和传统生活器具进行艺术创作，延续村镇集体记忆（图5-40）。

图5-40 导视标识

4）安全设施

传统村镇中大量建筑防火形势不容乐观，普通村镇居民在日常生产生活当中由于缺乏安全意识，极易触发火、电等安全隐患。首先，应保护和利用传统消防方式，如太平缸、马头墙等；其次，应整治建筑空间中易燃易爆物品堆放、私搭电线等危险行为；再次，对村镇消防设施和消防通道应进行合理的安排，保持消防通道畅通，并合理规划消防线路和消防栓布局；同时，应加强消防管理宣传，适当组织疏散演练强化安全意识（图5-41）。村内安全设施非常重要，是进行资源保护的前提。

（a）太平缸　　　　（b）消防设施布局平面图　　　　（c）消火栓

图5-41 消防设施

5）交通设施

在对村镇交通设施完善时，首先应完善道路，村镇内部通村路、通组路可实现车行通过，组内宅间巷道、弄道等宜就地取材，延续传统铺地形式。车行路应结合实际修建会车带，有条件的村镇可增设步行道和自行车道。车行路面一般为混凝土路面，有条件的村镇可采用沥青等路面形式。其次，应合理设置停车空间，停车场应选择较为平整的场地，结合村镇入口、公共建筑、活动场地、乡村客运站等进行设置。并且停车场应避免大面积的水泥硬化，宜采用透水砖、植草砖等铺装，结合场地绿化建设林荫停车场、生态停车场。一些旅游特色村镇由于旅游发展的需求，可设置规范化、标准化现代停车场，满足大巴车、小轿车、摩托车等多种停车需求，并设置消防设施设备满足消防需求。停车场整体风貌也要与村镇风貌和谐统一，延续村镇整体风貌（图5-42）。

（a）村镇内部联通道路　　　　　　　　（b）村镇停车空间

图 5-42　村镇交通空间

小结

村镇人工物质空间形态是村镇风貌呈现的主要方面，本节通过对人工构筑形态逐级划分，确立导控原则实行分类治理，从街巷环境、建筑风貌、点状公共空间、环境设施四类人工构筑要素引导村镇人工形态风貌的延续与更新，形成具有普适性的通用导则，实现村镇面貌的普遍改善、环境品质的有效提升，构建生态宜居的生产生活空间。

5.5　产业风貌特色化发展

村镇产业风貌往前追溯是乡村工业，工业化对村镇的生态环境影响巨大，绿水青山就是金山银山，环境就是生产力。随着近几年乡村生态文明建设的重要契机，乡村产业发展政策的推进，进一步促进了村镇产业结构调整。

《关于开展特色小镇培育工作的通知》（2016）要求特色小镇要形成特色鲜明的产业形态、和谐宜居的美丽环境、彰显特色的传统文化、便捷完善的设施服务和充满活力的体制机制。文件重点提到了产业和文化，两者对于小镇特色风貌的塑造十分关键。《中共中央国务院关于做好2023年全面推进乡村振兴重点工作的意见》明确提出要"推动乡村产业高质量发展"，要做大做强农产品加工流通业、加快发展现代乡村服务业、培育乡村新立业新业态、培育壮大县域富民产业。

农业农村部印发的《全国乡村产业发展规划（2020—2025年）》聚焦农产品加工业乡村特色产业、乡村休闲旅游业、乡村新型服务业等二、三产业进行重点布局，支持发展一批"一村一品"农产品加工园，农业产业强镇，构建乡村产业圈状发展格局。这是我国首次将乡村产业规划提到重要位置，把产业特色作为村镇发展特色的切入口，助力乡村振兴。

5.5.1 产业特征与村镇风貌

1）主导产业决定村镇风貌基调

主导产业是根据市场份额占比确定，主导村镇经济的产业。村镇产业根据资源类型可划分为生产景观资源型村镇、历史景观资源型村镇、生态景观资源型村镇和工业商贸型村镇。不同资源型村镇产业发展各有侧重点，结合资源因地制宜发展特色产业，形成不同的村镇风貌特征。生产景观资源型村镇注重农业生产发展建设，呈现农业景观风貌（图5-43）；历史景观资源旅游村镇重点建设村镇历史景观资源风貌体系，呈现历史景观风貌（图5-44）；生态景观资源型村镇重点挖掘自然景观资源，发展旅游观光产业，呈现地域特色的田园风貌（图5-45）；工业商贸型村镇重点发展物流、生产制造业，

图5-43 生产景观资源型村镇——浙江省安吉县鲁家村农业产业园

图5-44 历史景观资源型村镇——浙江省建德市新叶古村

图 5-45 生态景观资源型村镇——丽水松阳县云和梯田

图 5-46 工业商贸型村镇——安徽潜山县源潭镇

产业集聚（图 5-46）；不同类型村镇，其产业特点与发展方向各不相同，具体见表 5-7。

村镇产业类型及特点　　　　　　　　表 5-7

类别	特点	具体内容
农业生产型村镇	科技农业景观	机械化大农业、温室大棚农业
历史景观资源型村镇	建筑艺术	特色民居、书院、祠堂、会馆、牌楼等
	人文艺术	节庆习俗、民俗活动、饮食、服饰、语言文化等
田园观光型村镇	田园风光	花海、茶园、稻田、果园等
工业商贸型村镇	集市风貌	物流业，产业园、现代商业、集市

2）产业布局影响村镇空间格局

通过产业集聚，促进村镇生活空间格局的转变，形成特定功能区，进一步形成风貌分区[78]。例如获得 2019 中国最美村镇"产业兴旺成就奖"的广东省顺德区乐从镇上华村，是一个具有七百多年历史的传统村落（图 5-47），在 10 年前对原有 282 亩的村级工业园展开改造，引入社会资源参与产业园共建，从制造转型智造，升级成为智能智造产业园（图 5-48）。

图 5-47 上华村村级工业园改造前

图 5-48 上华村村级工业园改造中

2018年佛山市提出上华村要整合村级工业园区和自然生态元素，加快提升水环境、自然环境和居住环境质量，努力把上华村打造成为既有都市生活又有田园风光，充满生机、令人向往的美丽乡村。因此，在2019年5月，上华村进行高质量发展示范村整村规划，并以创新的方式启动上华美丽田园项目。打造现代养殖业景观、共享田园、创意庄园、文创园等具有地域特色的产业风貌（图5-49）。

图5-49　上华村产业风貌规划

3）产业延展催发特色衍生空间

产业发展具有集聚和延展效应，通常围绕主导产业衍生上下游产业链，形成主导产业空间和配套设施空间，丰富村镇风貌。例如浙江省湖州市安吉县"田园鲁家"田园综合体的项目，以鲁家村为核心，联动周边三个村，综合利用四个行政村的自然资源优势，构筑"1+3"格局，充分利用和保护山林田园和乡村民居的资源优势，发展家庭农场，通过生态走廊进行串联，形成以家庭农场为点、生态走廊为线的组织网络，辐射带动周边村镇的产业发展，建设集"产学研、康养休闲"为一体化的乡村旅游产业。通过村镇协调联动，形成依托基础农业的绿色生态示范区、依托创意农产品开发形成的创意农业休闲度假区、依托优美生态环境形成的生态农林乡居体验区。多个行政村创意联动形成基础农业、延伸产业和生态康养产业链，衍生出不同功能和空间形式的配套设施和建筑（图5-50）。

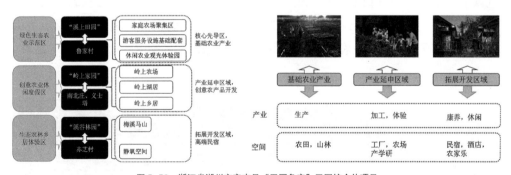

图5-50　浙江省湖州市安吉县"田园鲁家"田园综合体项目

4）产业业态潜化村镇空间形态

村镇产业对空间风貌的影响主要体现在产业建筑形态、空间肌理、街道形态三个方面。对应不同的生产经营需求,衍生出特定的建筑空间形态,如机械式工厂作业催生出简洁、大体量的单体建筑形式;蔬菜瓜果温室培养生产空间需要多个单体大棚集聚,形式为塑料大棚或者玻璃温室,形成规模化的培育园区;而小规模的家庭手工业生产,其生产空间相对分散,融入日常的生活空间当中,契合村镇空间肌理,与村镇整体风貌相协调。街道形态为了适应不同的生产交通需求和商业氛围而具有不同的形态特征,具体体现在交通路网系统和街道建筑形态两个方面。不同产业形态对村镇环境风貌产生潜移默化的影响,是形成村镇特色风貌的重要影响因素[78]。

5.5.2 自然资源丰富村镇风貌底色

1)环境特色

自然环境是村镇景观风貌的基础,自然环境特色受当地的地理条件、自然资源、气候水文等因素共同影响,由各种自然要素与环境相互作用,构成村镇风貌底色。村镇自然景观特色主要包括地形、土壤、水体和植物等,具有明显的地域性特征,如我国风景"北雄南秀"的特征反映出南北自然景观总的差异。

乡村自然景观是以自然生态环境为基底,农耕生产景观为补充,人工绿化环境做点缀的生态综合体。乡村广阔田野上斑斓的色彩、美丽的农田、起伏的山冈、蜿蜒的溪流、葱郁的林木和隐约显现的村镇,体现村镇独特的环境特色,也符合海德格尔对理想的人类生存环境所下的定义——"诗意地栖居"(图5-51)。保护乡村自然景观对人类生存发展具有重要意义,为居民塑造宜居宜业的美好生活环境。同时,自然景观资源可以作为产业发展的基础,形成特色产业风貌。地域性地理、气候条件催生地域性自然景观风貌,如特殊的山区气候通过形成对应的茶园种植等景观环境,从而发展出特色产业类型。因此,要做到突出环境特色,绿水青山可以通过发展有机、绿色农产品以实现向"金山银山"的转变。

(a)浙江省安吉县鲁家村

(b)湘西村寨

(c)佛山水乡

图5-51 环境特色风貌

2）物种资源特色

地理气候条件的差异性有利于形成特色鲜明、物种丰富的物种资源，这些资源是发展特色农业的基础。独特的物种资源会形成地域特色鲜明的农产品，例如贵州发展了从江香猪、从江香禾以及从江椪柑，如从江山油茶也因其独有的禀赋成为山区农民的致富产品。随着工业化、城镇化的加快，以及农业种养方式的转变、气候生态环境的变化，农业物种资源种类、数量持续下降，部分品种处于濒危状态。因此，物种资源的保护要以原产地保护与异地保护相结合、资源保护与资源利用相促进，形成资源优势和产业优势相融合的保护格局。

3）气候特色

气候是景观分异的重要因素，气候条件直接影响村镇自然景观的其他要素，不同的气候区会形成不同的区域景观类型。我国国土辽阔，东西跨经度广、南北跨纬度大，再加上地形类型复杂多样，海陆差异和垂直差异显著，所以气候类型复杂多样。东部地区有广阔的季风气候区，西北广大内陆为温带大陆性气候，青藏高原及一些高山地区为高原山地气候。复杂多样的地形和气候，使我国自然景观丰富多彩，野生动植物资源丰富，民俗风情各异、社会生活丰富多彩，也非常有利于发展多种经营模式。漠河气候寒冷，可以利用优势发展滑雪大赛、冰雕艺术展等冬季旅游项目；青藏高原复杂的地质环境形成了特有的高原特征和丰富的特色资源。高原地区有丰富的光照，可利用生态优势发展高原特色农业；海南气候炎热，降雨充足，适合开发越冬旅游、海上乐园等项目（图5-52）。

（a）漠河冬雪风貌

（b）青藏高原风貌

（c）三亚热带风貌

图5-52 气候特色风貌

5.5.3 文化特色丰富村镇风貌内涵

文化特色是村镇最具差异性的风貌特点，体现在物质文化和非物质文化两个方面，是村镇风貌特色化的核心。产业风貌的特色化发展离不开地域文化的创新传承。塑造特色产业风貌并用来充当文化传播的媒介，应在文化保护和传承两个视角展开，让文化在产业发展中展现价值。

1）农业文化

农业生产是乡村的基本职能，各乡村依托自身的自然资源，发展了包括农业种植、林业、畜牧业、副业（饲料等）、水产养殖业等为主的传统产业。发展特色农业要基于本身自然资源优势，如通过水塘、耕地、山林等村镇主导资源进行生态开发。此外，应结合自然资源创新生产经营模式，如桑基鱼塘、稻鱼共作、观光农业等生态循环农业。在乡村产业发展引导过程中，应有效利用现有的传统产业基础，转变农业生产方式、扩大农业种植规模、创新农业组织方式，进一步夯实乡村的传统农业基础，展现村镇特色农业风貌。

2）民俗文化

民俗文化是指民间民众的风俗生活文化的统称，其特色是复杂的环境特征、生活习惯、宗族礼仪等多重因素相互作用的结果。民俗文化是村镇非物质景观风貌的基本展示面，是居民结合节庆礼序、生产生活、思想信仰等多方面所形成的行为方式，直接关系到居民的精神生活品质[79]。民俗文化的产业化不仅是实现民生价值的可靠途径，还能重构传统产业结构，创造巨大的经济价值。发展民俗文化产业不仅是为了发展地区经济，更重要的意义在于找到合适的载体进行动态延续。例如江西省鄱阳湖畔的上饶和九江，因地制宜发展渔业产业，创新渔俗文化生态旅游，从而丰富了村镇民俗文化风貌。

5.5.4 传统产业丰富村镇风貌特征

1）生态农业夯实基础

目前，我国乡村地区仍然以传统农业产业为主，随着我国产业转型的步伐逐渐加快，同时基于生态保护和可持续发展需求，生态农业逐渐成为乡村产业的典范。

生态农业强调发挥农业生态系统的整体功能，以大农业为出发点，按"整体、协调、循环、再生"的原则，全面规划，发展多种经济作物，创造更高的社会、经济、生态效益。生态农业吸收地区农业优势，将传统农业的生态特点与现代科技成果进行结合，探索适宜当地的生态农业模式，具有多样化的特征。同时，生态农业能实现能量循环利用，打通物质传递的各个环节，最大化节约生产成本，具有经济性特征。另外,发展生态农业可以保护生态环境不受破坏,进一步改善村镇人居环境,维持生态平衡,具有生态性特征。总的来讲,生态农业是一项复杂的系统工程,生态农业的可持续发展依赖于多学科的支持,同时需要技术、政策还有其他方面的不断完善。

日本循环农业是生态农业的典型模式,具有可持续、生态环保、精细化等一系列优点。日本菱镇是发展生态农业较早且较成功的地区,该镇通过法规约束非有机肥料的使用,并规定只生产纯天然、无污染的有机农产品。该镇生态农业通过分解发酵机器设备的利用,进行废物的回收和降解,实现物质能量的循环(图5-53)。

图5-53 日本循环农业

2)传统手工业突出特色

中国传统手工艺是传统文化的重要载体和文化产业资源,它承载着人民生活的经济和文化需求,是传统产业的精髓。而村镇特色产业表现为以民族文化为代表的传统手工艺,包括民族纺织、印染、特色手工艺等。因其具有鲜明的地方性和民族性,且与原住民有着紧密的联系而不容易复制,形成了一种地方特色风貌。随着民俗文化、手艺文化等乡土文化悄然复兴,为了发展和弘扬传统手工艺,应当鼓励建立民族手工艺企业、合作社等,这样既能为当地民众提供就业创业机会,又保护和发展了民族传统手工艺制作文化。

3)休闲康养旅居助力复兴

"三千年读史,不外功名利禄;九万里悟道,终归诗酒田园",重点讲的就是乡村田园牧歌生活。乡村拥有丰富的景观资源,具有历史文化资源、自然景观资源的村镇可以在保护的同时加以利用,开展民宿、旅游、康养、度假、休闲、"互联网+"等新产业模式,吸引城市人群的回归。例如黄山市徽州区西溪南村传承古徽州文化，以休闲旅游为发展核心，依托特色精品民宿，发展历史文化的观光旅游，创造与大城市不同的生活方式。还可以结合地方特色如宗教文化、温泉资源、长寿文化等形成具有特色的乡村康养社区，通过发展生态体验、森林养生、避暑养生、温泉养生等多种业态，打造乡村养生产业体系。

4）"互联网+"引领未来

近几年来，农村电子商务产业迅速发展，全国范围内形成了淘宝村和淘宝镇（拥有3个及以上淘宝村的乡镇街道）。电子商务如直播平台、社区团购等多种电商渠道搭建了村镇农业、手工业和消费者、投资者之间直接沟通的桥梁，直接面对消费市场[80]。2015年，商务部发布了《"互联网+流通"行动计划》，指导互联网销售体系进入农村终端市场。阿里巴巴提出的"千村万县"计划也致力于改善农村的基本商贸服务网络。

农村"互联网+"或许能在一定程度上缓解过度城市化，而乡村振兴也有赖于互联网的进驻，互联网基础设施的完善、互联网与农业产业的结合正在引导城市人口回流。传统的村镇线下商业集聚空间也因此发生变化，随着互联网的深入，而具有更多的可能性。

在这个万物互联的时代，未来的乡村与"互联网+"紧密相连，"互联网+"能帮助一些传统村镇突破原有村镇格局，强化特色产业，形成新格局、新风貌的村镇。

小结

传统产业是村镇发展的内核，创新传统产业的发展是村镇产业特色化的重要手段。同时，村镇产业风貌的形成也将成为村镇整体风貌的空间特色。随着村镇产业转型的加快，提炼村镇资源特色、文化特色逐步成为产业发展的新要求，未来的村镇产业风貌需要从功能、风貌、产业等方面重新定位，以镇为核心，依托村镇自然资源、挖掘村镇文化特色、利用"互联网+"优势，打造"一村一品"的村镇产业链群。随着国家对乡村产业的逐步重视，产业风貌逐渐成为村镇整体风貌不可或缺的重要组成部分。

5.6 湖南张谷英村的保护与更新

5.6.1 概述

张谷英村位于湖南省岳阳市岳阳县张谷英镇，村镇由张氏始祖张谷英始建于明代万历年间，形成于清代嘉庆时期，村民族居于此已有600余年（图5-54），该民居群成为中国保存最为完整的南方民居古建筑群落。张谷英村建筑布局较为独特，村镇整体形成紧密有序的"连屋"住房形式，屋宇绵亘，檐廊衔接，古民居群由多个"丰"字形建筑组群构成，"丰"字的中轴建筑与两侧横轴建筑皆以天井为构成单元，分则自成庭院，合则浑然一体。张谷英的天井堪称一绝，全村共有天井206个，这些天井大小不一，都承担了采光、通风、排水等功能，因而全村历经数百年，从未因积水受灾。

图5-54 张谷英村整体风貌

按照"整体保护、协调发展，惠及民生、尊重民意，因地制宜、突出特色"的原则，岳阳县制定了《张谷英村文物保护规划》《张谷英村历史文化名村保护规划》《张谷英村古建筑群周边民居改造及环境整治方案》《张谷英村古建筑群维修方案》《中国传统村落张谷英村保护整体实施方案》，并对古建筑群摸底实测，逐一登记造册，建立档案，设立标识[81]；逐步丰富保护层次，保护范围涵盖文物建筑保护、遗产建筑以及周边民宅整治、基础设施、公共和旅游服务设施的配套完善等方面。

5.6.2 整体风貌分区

根据《岳阳县张谷英村传统村落保护发展规划》（2014-2030），划定保护与建设控制区，提出保护与控制要求。规划将保护范围划分为3个等级来控制（图5-55）。

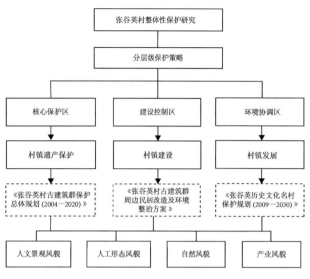

图 5-55 张古英村分级保护策略

（1）核心保护区：按照历史原貌控制，尽量保持其古村风貌。北起皇帝冲，沿龙形山东北，坡向东南，经东头岸、何风塅至与渭溪河汇合的拱桥处，南由拱桥沿渭溪河西岸向西北，经当大门、西头岸、聚龙湾、王家塅、上新屋、长沙塅、庙里至皇帝冲，总面积 25.46hm²。

（2）建设控制区：充分利用保留下来的历史建筑和传统街巷组织街区风貌，新形成的正街应符合传统肌理，建筑布局应以院落为单位，建筑形式以当地清代传统民居形象为参考依据，灰瓦、坡顶、白灰或土黄色墙，整体形象应与传统村镇历史文化气氛和谐。北以皇帝冲为界，南以独沙尖山脊沿线为界，东北及东面以后峦水库西岸山脊沿线为界，东南以雨头咀、螺

图 5-56 "核心保护区—建设控制区—环境协调区"三级控制分区

丝吐眼东南坡为界，西面及西南以梅城线西扩 250m 为界，总面积 154.4hm²。

（3）环境协调区：主要以景观控制和风貌协调为主要目的，维护该区域内山体和水系等自然地貌，使得历史与现代、人文与自然有机融合。北至凤形水库—曾家湾—杨嘉岭沿线山谷，西至笔架山山脊，南至旭峰尖山脊，东至丁家冲—新塘年—油铺—杨嘉岭沿线山谷，总面积 705.5hm²，其中村域内 324.54hm²，村域外围 380.96hm²（图 5-56）。

5.6.3 人工形态风貌保护

1）建筑风貌分区控制

核心保护区应按照历史原貌控制，尽量恢复其古村风貌。建筑风貌控制区充分利用保留下来的历史建筑和传统街巷组织街区风貌，新形成的正街符合传统肌理，建筑布局以院落为单位，参考当地传统民居，使整体村镇格局风貌与历史文化氛围相和谐。建筑风貌协调区主要以景观控制和风貌协调为目的，应在建筑色彩、墙面材料、立面及屋顶形式等方面与传统古村风貌协调，同时维护该区域内山体和水系等自然地貌，使得历史与现代，人文与自然有机融合。严格建筑高度控制，规划按层高3m，坡屋顶屋脊高2m的计算标准，将规划区建筑高度划分为3个等级来控制：第一级（核心保护区）为建筑高度5m以下；第二级（建筑控制区）为建筑高度8m以下；第三级（环境协调区）建筑高度11m至14m以下（图5-57）。

2）建筑风貌分类整治

根据对村内建筑分类摸底，其具有较高历史价值需要修缮的建筑可以划分到保留类建筑，需要提升改善人居环境的普通民居可以划定到提升类建筑，而处于发展建设的新建筑对应本文建筑分类保护中的新建类建筑（图5-58）。

保留类建筑：《张谷英村古建筑保护总体规划（2004—2020）》作为张谷英村管理机构组织编制的第一部规划，通过对文物建筑自然病害程度、自然病害稳定性和人为干预程度三方面的综合评估，提出了对其进行分级分批保护的措施。对古村7大文物片区进行了详细的现状评估，确定了5个保护等级，据此采取不同的保护对策和保护分期。

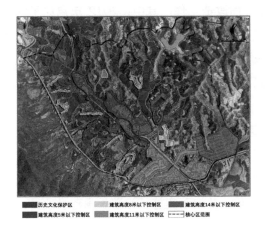

图5-57 建筑高度控制图

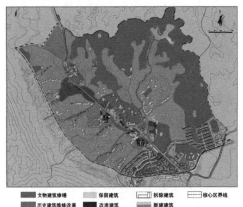

图5-58 建筑分类保护规划图

提升类建筑：2010 年编制的《张谷英村古建筑群周边民居及环境整治方案》全面普查了张谷英村建成区内的一般建筑。对古村建成区内的 312 栋一般建筑提出了保留、整饰、拆除三种整治模式，对历史年代较为久远、保存部分传统外观的传统类一般建筑，允许保存外观、改善内部，以适应现代生活的需要；外观按照传统样式、传统材料、传统工艺进行维修整饰。对于建筑风格与环境基本协调、质量尚可的一般建筑，应对建筑外表的材质、色彩、门窗式样及屋顶形式进行整饰，必要时可加大外形改造力度；清理和整修内部居住空间。对于质量较差的建筑，予以拆除，保持村镇传统风貌协调。

新建类建筑：在文物保护单位建设控制地带内新建、扩建、改建建筑物、构筑物的，应当在使用性质、高度、体量、结构、立面、材料、色彩等方面与文物保护单位相协调，并且不得影响文物保护单位的正常使用。《岳阳县张谷英村传统村落保护发展规划》（2014—2030）规定在历史村域保护范围内的新建建筑的面积不得大于 500m²；层数为 1 至 2 层，檐口高度小于 8m；建筑形式为张谷英地方民居体系，应以院落为中心组织平面，各处院落之间应以回廊或者通道相互联系；庭院式民居建筑山墙必须采用原色土石墙体及抹灰粉白的砖墙体、木或仿木结构。带有弧线的坡屋面，并以小青瓦铺砌；庭院式民居可采用传统式样门楼作为主要入口，院落赤砂石铺地、门窗、格扇及梁架等应采用传统样式，不允许使用现代材料；历史村域内商业街立面为仿木板，木门窗装修，开设铺面位置应严格按照整治规划实施。

3）公共服务设施改善

2009 年编制的《张谷英历史文化名村保护规划》提出了《张谷英近期建设项目表》，对基础设施的近期（2010—2015 年）建设提出了明确计划，基于此，古村进行了较为全面的基础设施配套完善和提质改造工作。其中，2012 年启动了水环境综合治理项目；2013 年启动了旅游公路梅城线升级改造工程，按照"室内线套管、室外线地埋、强弱电分离"的要求，对核心保护区古建筑群进行了电路网线改造；此外，还陆续进行了古村内道路改造、烟火塘整治、渭溪河清淤、室内室外消防水管铺设和消火栓安装等工程。

同时，旅游服务设施的配套进一步完善，其中包括游客服务中心改建、陈列设备、展示标识等内容。截至 2018 年，完成了生态停车场、景区道路、仿古商业街、路灯、景区门禁系统、游客服务中心和售票中心等旅游服务配套设施的建设。此外，还相继完成了旅游标识牌与指示牌的安装工作，并启动实施了旅游长廊建设项目，以集中安置旅游商品摊位。

5.6.4 人文风貌保护

张谷英村的非物质文化资源类型丰富，如民间礼仪、民间风俗、民间演艺、雕刻艺术、陶瓷艺术、传统民间节庆活动和民间信仰等（表5-8）。依托各种文化活动和传统节日，张谷英村管理处定期组织村中民望高、有学识、懂技艺的老人举办传统民俗文化培训班，让古村传统民俗和民间工艺能世代相传。每到春节、清明节、中元节等重大节日，张氏家族都要举行祭祖活动。每到传统节日或旅游旺季，古村艺人或老人在大屋、厅堂或天井旁展示皮影戏、纺纱织布、绣花、打铁、传统豆制品制作、竹制品加工制作等特色表演。这既能让游客感受到传统村镇的魅力，领略古村传统的民俗文化，又能丰富村民的文化活动。

张谷英村非物质环境　　　　　　　　　表5-8

人文环境	相关人物	张谷英、张公点、张公泰、张瑶、张湟、张仁、张大鹏、张云衢、张晦之、张渥潜、冯子愚、王震
	民俗节庆	儒家礼仪下的过年、祭祖活动如清明、十月十日谷英公生日和九月九日良甫公生日纪念及其礼仪
	民俗活动	婚礼由"启椟礼、存诚礼（匙箸礼）、燎脂礼、丽洒礼"等21项，丧礼由"通礼"和"礼生"（主持仪式的长老们）吟唱几十首颂歌和悼歌、祭祖活动如清明、十月十日谷英公生日和九月九日良甫公生日纪念及其礼仪、元宵扎火龙、与儒家文化紧密相连的礼仪歌
	民间工艺	雕花木床、雕花窗棂、雕花木门
	风味小吃	张谷英村油豆腐、腊肉、烟竹笋、茄茴丝、野菜山味，如马齿苋、蕨菜、斑鸠。张谷英村年夜饭饭俗、张谷英村茶俗

5.6.5 自然风貌保护

对自然风貌的保护对象包括山体、水系、植被，同时，基于自然风貌进行村镇生态环境保护，保护对象包括水体、山林、水源涵养、水土保持和生态建设，应在保护的基础上进行绿地系统及空间景观规划。

1）自然环境保护

保护山体形貌，包括禁止破坏山体形貌的行为；拆迁山上突出的建筑物和构筑物，取消建设用地，修复山形和植被；部分因修建过境乡镇公路而破坏的山丘和植被，要求维护现状山体形态，防治水尘土流失，进行修补性的植被恢复和培护，植被选用当地生长周期较短的品种，要求水系不得随意变更原岸线。对于植物，村内历史性植被均属保护对象，不得随意砍伐；植被品种形象和种植方式保持地方性、传统性、自然性要求。

2）生态环境保护

水体要求保持现有河流、水渠、水塘等水体规模，不得随意缩小。山林应妥善养护和管理保护区域内的山林绿地；涵养水源，禁止可能污染水源的建设活动；根据可持续发展要求，保护范围内的各类建筑应提倡引入生态建设设计。

3）绿地系统及空间景观规划

规划将绿化划分为自然绿化区、人工绿化区与庭院绿化。通过植物景观规划将保护与利用相结合，保护为主，适地适树，突出基调树种，多样性和统一性相结合，自然式布局，以点带线，点、线、面相结合，营造空间特色各异的景观区域。规划绿化景观轴线与绿化节点，建立文物景观点和自然景观点之间的呼应关系，保持视觉走廊通透。

5.6.6 产业风貌塑造

张谷英村生产功能转型经历了3个阶段，即从单一农业功能、农旅混合功能向旅游业功能转型[82]。张谷英村丰富的民俗文化活动、历史悠久的古建筑文化，使其成为湘北地区著名的旅游景点之一。在政府引导和市场运作的推动下，张谷英村旅游资源得到了有效的开发与利用，根据其旅游发展定位，开展自然风光游览、人文景观游览、民俗文化游览。在旅游业发展的带动下，原有村镇空间已不能满足村民日益增长的空间需求。于是，在张谷英村外围逐渐形成旅游商业中心和新的人口聚居中心，张谷英镇也不断发展壮大，逐渐形成了村镇居住区和商业中心区。从空间结构来看，形成了村域旅游核心和镇域商业核心，产业的发展影响着村镇空间格局的形成。产业风貌塑造具体可从以下几个方面展开：

结合自然景观：为游人提供自然山地地形及良好的树木丛生的生态环境，将该区打造成为游客提供丰富有趣的户外活动场所，让游客有多重旅游体验。

展示古建筑风貌：以古建筑群为核心，为游人提供集展示、体验、参与为一体全方位的游览服务。其设施包括展示类的文物保护单位、古老院落、会馆、博物馆、传统商铺、古街巷，传统游乐设施、参与类的加工展示作坊，集会广场等。

民俗文化展示：充分利用张谷英村丰富的民俗活动、传统手工艺与民间礼仪等进行展示。提供当地特色饮食、手工艺体验等。

对张谷英村进行保护与规划是保护历史遗存、延续文化地域特色、重现历史风貌的重要举措。张谷英村的产生、发展、演变与各阶段历史时期的自然环境、民俗生活、宗教信仰、政治经济、文化政策等要素之间相互影响、相互渗透。因此张谷英村的保护和发展，需要与各个要素相联系，从全局考虑各要素与村镇风貌和格局的关系。

◆ 思考题

1. 简要概括村镇风貌的保护策略。
2. 村镇风貌整体性保护研究包括哪几个方面？简述其保护内容。
3. 简述村镇人工形态风貌的导控原则。
4. 人文景观风貌保护的内涵与保护措施？
5. 村镇产业风貌如何特色化发展？请结合实例解析。

第6章 村镇风貌保护与更新策略研究——微观性研究

6.1 建筑结构的完善

6.1.1 传统木结构建筑的保护与修缮

村镇风貌微观层级的保护依托于建筑本体，建筑结构是保护与传承的重要部分，我国古建筑以木结构体系为主，传统木结构的保存与修缮方法可以分为整体结构构架的保护与结构构件的保护与修复，通过对主体结构与部件的维护，达到保护建筑风貌的目的。

1）整体结构构架的保护

我国传统村镇中长期使用的建筑结构主要为木结构，木构建筑的承重结构与围护结构分离，抗震性能好，故有"墙倒屋不塌"之说。木构建筑取材方便，施工速度快，便于修缮与搬迁。

对木结构的保护首先要勘察木结构自身的损坏情况，观察木结构的结构尺寸和检查结构是否能够继续承载荷载、是否出现偏移及具体的移位情况，观察木材目前的腐朽程度等[83]。要根据木构架现存的具体情况，采用不同的保护方法（表6-1）。

木构架的保护修缮方法① 表6-1

修缮方法	落架大修	打牮拨正	修整加固
具体做法	全部或局部拆落木构架，对残损构件或残损点逐个进行修整，更换残损严重的构件，再重新安装，并在安装时进行整体加固	在不拆落木构架的情况下，使倾斜、扭转、拔榫的构件复位，再进行整体加固。对个别残损严重的梁枋、斗栱、柱等应同时进行更换或采取其他修补加固措施	在不揭除瓦顶和不拆动构架的前提下，直接对木构架进行整体加固
适用情况	主体结构、建筑构件损坏较为严重的维修工程	主体结构没有较大的损坏，但构件位移较大的维修工程	构件位移不大，木构架变形较小的维修工程

---

① 参考《古建筑木结构维护与加固技术规范》总结编制。

2）结构构件的保护与修复

村镇建筑构件受木材的材料性能的限制，在承重、虫蛀、潮湿等外界环境的影响下，木材较易变形、开裂和腐朽，木构架中不同的建筑构件受力情况不同，应根据实际情况采取不同的修缮方法（表6-2）。

木构架建筑构件保护修缮方法[①]   表6-2

构件		破坏状况	修缮对策
木柱	开裂	木柱的裂缝，深度不超过柱径的1/3时	裂缝宽度<3mm	在柱的油饰或断白过程中，采用腻子勾抹严实
			裂缝宽度在3～30mm时	用木条嵌补，并采用改性结构胶粘剂粘牢
			裂缝宽度>30mm	除采用木条粘牢外，还应在柱的开裂段内加箍2～3道。若柱开裂段较长，适当增加箍的数量
		木柱的裂缝，深度超过柱径的1/3时	裂缝位于柱的关键受力部位	更换新柱
			裂缝不处于柱的关键受力部位	除采用木条粘牢外，还应在柱的开裂段内加箍2～3道。若柱开裂段较长，适当增加箍的数量
	腐朽	柱心完好，表层腐朽，剩余截面能够满足受力要求		将腐朽部分剔除，其余部分防腐处理后，将干燥木材用耐水胶依原样修补整齐
		柱脚腐朽严重，但自柱底面向上未超过柱高的1/4时		采用墩接柱脚的方法
		柱子内部腐朽	表层的完好厚度不小于50mm	采用同种或材性相近的木材嵌补柱心，并用结构胶粘接密实
			无法采用木材嵌补时	采用高分子材料灌浆加固
		严重腐朽无法修补、加固时		更换新柱
梁枋	开裂	水平裂缝的深度小于梁宽的1/3时		采用嵌补的方法进行修整，先用木条和耐水性胶剂填缝，再用两道以上的箍箍紧
		水平裂缝的深度大于梁宽的1/3时	梁枋的承载能力满足受力要求	采用嵌补的方法进行修整，先用木条和耐水性胶剂填缝，再用两道以上的箍箍紧
			梁枋的承载能力不满足受力要求	在梁下面支立柱
				在梁枋内埋设碳纤维板、型钢或采用其他的补强方法
				更换构件
	腐朽	当梁枋构件腐朽时		采用粘贴木块修补再用铁箍或螺栓紧固

[①] 参考《古建筑木结构维护与加固技术规范》总结编制。

续表

构件	破坏状况	修缮对策
檩条	有细小裂缝	刷桐油处理
	檩条出现弯曲	旧有檩条下再设一根檩条，或用斜撑加固
	裂缝较大或檩条弯曲现象严重	应用旧料或新的材料按原来的样式和尺寸进行替换
椽子	有细小裂缝	刷桐油处理
	破损较严重	应用旧料或新的材料按原来的样式和尺寸进行替换

6.1.2 其他结构的保存与修缮

我国村镇建筑除了传统木结构，还有砖石结构、生土结构与竹结构等其他类型，通过对不同结构类型建筑的研究能够较全面地保护与更新多元化的传统建筑风貌。

1) 砖石结构

由于砖石材料的加工运输不便，在我国村镇中，以砖石材料作为承重结构的建筑多见于对材料取材方便的山区以及部分有山的平原地区。相较于木构建筑，砖石建筑整体风格硬朗厚重，雕塑感强烈。

砖石结构破坏的主要原因为自然风化和盐分侵蚀。因砖石建筑的自然风化不可避免，所以只能通过后期定期维护修复减轻自然风化对砖石结构的影响。砖石结构的盐分侵蚀是由于水汽侵入材料内部，溶解了材料中含有的盐分，盐分风干后会加速材料的腐蚀最终影响结构的整体性能。为了避免盐分侵蚀带来的影响，最重要的保护措施就是阻断水汽的渗入，做好屋面的防水处理，加强排水疏导，避免墙身接触积水，同时应设置墙身防潮层，阻断水汽向内渗透。

对于结构性能相对稳定的砖石建筑，可通过对破损材料的简单修复维持结构的承载能力，详见下文 6.2 建筑材料的保护。针对结构性能不稳定的墙体，需采取整体加固的方法。其一，可在墙身的侧面浇筑 5 ~ 10cm 的钢筋混凝土加固层。进行配筋加固后的墙面平整，整体的承载能力会显著提高，但对传统建筑的干预较大、可逆性差。其二，可紧贴砖石承重墙或承重柱设置由立柱、横梁和斜撑构成的型钢框架，钢框架与原有砖石结构体系共同承担建筑荷载，型钢加固法对传统建筑的干预小，可逆性强，且适用于多数砖石结构的保护修缮。

2）生土结构

生土结构建筑主要用未焙烧而仅做简单加工的土作为营造建筑主体结构的材料，主要有以夯土墙为主要支撑结构的夯土建筑、以手工制作的土坯砖形成承重墙体的土坯建筑，以及利用高原有利的地形、就土山的山崖向内挖成住屋的窑洞。生土结构建筑历史悠久，可以追溯到数千年前，且沿用至今，生土建筑节能环保，是我国劳动人民认识自然改造自然的杰作。

村镇中的生土建筑在雨水的侵蚀下，生土墙面常出现风化剥落现象，且生土材料抗拉强度较低，墙面常出现倾斜开裂等现象。针对生土结构的保护，可采取对材料的化学加固和对墙身的物理加固两种方式。

化学加固法是在生土中添加化学试剂，通过化学试剂与生土材料发生化学反应，从而加固裂缝，提高墙体的结构稳定性，同时通过化学加固起到一定的防水作用，防止墙面风化剥落。物理加固法可有效地改善墙面开裂和倾斜，对于开裂的土墙，在墙体的开裂部分，填补新土，必要时通过连接件加强新土与旧土间的连接。对于倾斜的墙体，可采用木柱斜撑来防止倾斜加剧，但木柱斜撑占用的空间面积较大，容易影响空间通畅度，有多种弊端；对于倾斜的墙体，也可采用设置扶壁柱的方式来加固墙体，防止墙体继续倾斜，在扶壁柱和墙体间可采用锚固构件加固连接。

3）竹结构

我国西南地区竹木资源丰富，由此产生了以原竹为主要结构的竹楼。竹构建筑构造简单、施工简易、造价低廉、方便维护且适用性强。但竹楼也存在不足，如防火性能较差、易受虫蛀影响、结构刚度较差。

竹构建筑的保护，首先可以在竹材表面喷刷防火涂料，预防竹材的着火问题，也要注重竹材的防蛀。其次在竹材的结构性能改善上，针对传统竹构件可采用绑扎的方式连接，但结构性能较差，柏文峰等人发明的专利"用于傣家竹楼的原竹结构节点"，通过现代化的构造技术对于传统的捆绑式节点进行优化改善，经过改善后的结构节点能够提升整体结构的承载力、抗震水平、建筑的使用年限等，弥补了传统结构的不足，进一步扩大了竹结构的使用张力[84]。

6.1.3 新结构形式的置入

结构的稳定性和安全性是村镇传统建筑再利用的前提条件，村镇中保留有大量结构存在一定危险性的建筑物，对它们的再利用可在保护原有建筑风貌的前提下，置入新的结构体系，对原有结构体系进行调整修复。下面介绍几种在传统建筑再利用过程中的几种新型结构形式。

1）轻钢结构

轻钢结构因荷载轻、结构强度高、便于加工、施工速度快、可重复利用等一系列优点，广泛地应用于传统建筑的结构更新中。钢结构布置灵活，多采用装配式，对传统建筑的破坏性较小。钢结构代表了现代建筑的结构美感，应用于传统建筑中，与传统建筑的古朴氛围形成了鲜明的对比，有很强的视觉冲击力。

贵州省桐梓县中关村的烤烟房民宿项目，采用的就是轻钢结构置入更新的方法。原烤烟房建筑底层为碎石砌筑墙体，墙体中部为水泥空心砖墙体（图6-1）。墙体的结构承载力低下，在不破坏原有建筑形态下。为了附加新的功能，在原有建筑内部，置入轻钢结构骨架，使得旧墙体与承重结构分离（图6-2）。

图6-1 烤烟房原貌

图6-2 置入轻钢结构

2）木结构

木结构的结构构件与连接件在工厂标准化生产后，易于加工安装，施工速度快，设计布置灵活。木结构的结构承载力虽然低于钢结构，但其自重较轻，且与村镇传统建筑的建筑风貌相协调，作为后置入的结构体系，相比于钢结构与原建筑物的鲜明对比，木结构呈现融合的姿态。

位于安徽省祁门县桃源村的亽屋，采用的是木结构置入更新。亽屋原建筑为两层，墙体为空斗墙，屋顶为穿斗式木构架，受损情况严重。为了保持村镇的传统风貌，

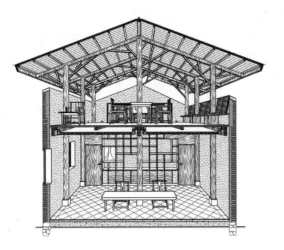
图 6-3 宀屋剖面图

图 6-4 木构架屋顶

对原有建筑的四个立面进行保护,以木结构的置入来修缮建筑已遭损坏的屋顶和结构体系。置入的木结构体系与原有墙体彼此独立承重,互不干扰(图 6-3)。建筑一层采用传统的穿斗式承接楼板,内部结构以树冠的造型将屋顶向外悬挑,以此来覆盖和保护老墙。以冠补履,老墙覆以冠顶,谓之"宀屋"(图 6-4)。

3)砖混结构

砖混结构的造价较低,施工难度不高,但自身抗震能力较差,不适用于建造高层建筑,村镇中的传统建筑一般建筑高度较低,砖混结构常常作为新的结构形式置入其中,多见于传统建筑的结构更新。在浙江省桐庐县先锋云夕图书馆的老建筑更新项目中,设计保留了老建筑的夯土外墙与木质结构,对于建筑内局部空间如咖啡厅、楼梯、卫生间等采用了独立基础的砖混结构,新置入的功能既能满足现代化的使用需求,也能够对原有的结构起到加固作用,保障结构的稳定性(图 6-5、图 6-6)。

1. 图书馆门厅
2. 阅览室
3. 卫生间
4. 咖啡厅门厅
5. 咖啡厅
6. 室外露台

图 6-5 先锋云夕图书馆平面图

图 6-6 砖混墙面加强老建筑主体结构

4）膜结构

膜结构是采用高强度柔性薄膜材料与结构支撑体系结合而成的空间结构，其自重轻、空间跨度大、透光性强、自洁性能好、对原有结构的不利影响小。膜结构柔软轻巧，可塑性强，因而易于形成各种可变的空间，适应性强。膜结构之前多应用于开敞空间，近年来也被广泛地用于历史建筑的更新中。

瑞士赫尔佐格和德梅隆设计（Herzog & de Meuron）的戴克豪仓库改造设计，创造性地应用了膜结构，该仓库原由钢结构和玻璃构成，保留原有建筑的所有外立面，将旧仓库改造为满足60人办公的办公场所。原有仓库的环境热舒适性较差，在保留所有外立面的情况下室内通风采光均不好。设计师在仓库上开设了天窗和高窗，同时运用膜结构将仓库从墙体到屋顶全部包裹起来，同时留出一定的间隙用作空气过渡，这种设计手法很好地改善了仓库内部的热舒适性。同时，透明的膜结构在室内形成了大面积的曲面空间，打破了原有仓库沉闷的空间氛围。赫尔佐格对戴克豪仓库的改造设计为传统建筑改造提供了全新的思路（图6-7）。

图 6-7 戴克豪仓库室内膜结构

6.2 建筑材料的保护

6.2.1 材料的保护原则

（1）要保护传统建筑材料的原真性，以原真性的表现为重点内容，对建筑材料的修缮以原材料和原工艺为主。

（2）在传统工艺及传统材料不存在、达不到对传统建筑的保护目的或是对环境有不良影响的情况下，方可使用替换材料进行保护与修复。

（3）应控制替换材料的使用面积和使用方法，避免影响整体风貌。

（4）替换材料的使用不应对旧有材料造成损害与破坏。

6.2.2 材料的防害措施

自然风化、虫害和人为破坏等一系列外界因素都在侵蚀着村镇中的传统建筑材料，影响了材料的自身性能和村镇中建筑的整体形象，应该科学地保护村镇中的传统建筑材料，从根源上消除材料的破坏诱因，恢复对应性能，修复对应外观。

1）木材

木材是村镇中最为常见的材料，在干燥环境下易出现开裂、变形、翘曲等现象，在潮湿的环境下，木材易腐朽、生虫。此外在受力集中处沿木材顺纹处也容易出现裂缝，因木材的损害状况不同，其修复保护重点也不同（表6-3）。

木材修复保护方法　　　　　　　　　　　表6-3

破损程度	修复方法	技术手段
表面裂缝	对裂缝进行修复抹平	在水性胶、环氧树脂等化学材料内加入木屑拌匀后填充裂缝处
内部腐朽	依照损毁程度的不同对裂缝进行修复抹平或采用新的木料替换	将局部腐朽的地方清理干净，剔除成容易镶补的几何形状后尽量采用相同的木料补洞，新旧木料间采用环氧树脂胶结，表面打磨后，表面油饰加固。对于内部腐朽严重的木材，将内部清理干净，采用不饱和聚酯树脂分段浇筑加固
木材断裂	采用新的木料替换	在新木料的选择上，尽量采用于原木料材质、颜色和纹理等相同的木材。控制新木料的含水率，待木料干透后才进行油饰封护

2）砖材

村镇建筑中的砖墙损坏原因既有自然因素又有人为破坏的因素。风化是造成砖块破损最主要的原因，常造成砖材粉化、起壳、剥落等。对于轻度风化的砖墙，可采用砖粉修补材料在砖块破损处进行修补；对于风化情况严重的砖块，应将风化层清除干净后，选用与原砖块相同或相近的材料进行替补修复。

泛碱也是造成砖材破坏的一大要素，泛碱是由于砖材内的碱因为空气湿度的原因向外渗透，渗透的物质粘结在砖材的表面。砖材的泛碱会引发多种继发性破坏，砖材泛碱通常大面积出现，需要对砖面进行清洁、排盐。在砖墙面的清洁中，首先应用刷子清扫掉砖材表面灰尘与脱落物，采用淋涂的方法清理施工，保证材料表面连续涂淋，之后采用憎水型保护液对砖材进行全面保护。

3）石材

对于石材的保护，首先需要清除石材表面积累的有害物质，然后采用高分子材料渗透性树脂修复石材表面裂缝，高分子材料渗透性树脂还可以强化疏松的石材，增强石材的强度。对于石材的日常维护，大多采用硅酮树脂和氟化物树脂等养护剂，保护石材抵抗污染侵蚀、风化损害等一系列损害因素。

6.2.3 材料的现代更新

1）传统材料性能的提升和重塑

传统建筑材料一般经微加工后可以直接投入使用，在村镇中，传统材料因取材方便、造价低廉受到了广泛的使用，但传统材料的性能在很大程度上已经不能满足新时代的要求，可以在传统材料的原有性能基础上结合新的材料与技术对其整体性能进行相应的提升，克服原有材料的短板，适应时代的发展要求。

（1）木材的性能提升

村镇中常见的建筑材料为木材，木材建筑最畏惧的就是火灾隐患，一大原因就是木材遇明火易燃。针对木材的性能提升，可对其进行防火和防腐处理，日本建筑师隈研吾（Kengo Kuma）设计的马头町广重美术馆采用日本的本地传统木料（图6-8），对其采用远红外线处理，使得防腐剂和防火剂渗入木材内部的孔隙，进行防火处理后的木材，耐火性得到了很大的提升。

（2）石材的功能重塑

石材也是村镇中常用的材料，根据砌筑墙体的块材形状大小将石材墙体分为块石墙体、卵石墙体、料石墙体。块石墙体表面平整，墙角用料大，墙体稳定，适

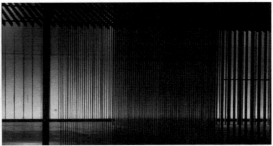

图6-8 马头町广重美术馆经过防火处理的木材

图6-9 鹅卵石砌块　　　　　　　　　图6-10 墙面与场地

用于墙体的砌筑。卵石表面光滑，形体圆润，对砌筑工艺要求较高，多用于院墙的砌筑。料石是人为加工后的形状规则的石材。料石对砌筑工艺的要求较低，墙体稳定性好，常用于砌筑建筑物的勒脚。

在西藏的高原上，由于交通阻碍，当地建筑大多使用本土的建筑材料来节省人力和物力。位于西藏塔尔庆乡的阿里苹果小学创造性地使用了地方传统材料——鹅卵石，将鹅卵石制成混凝土砌块（图6-9），同时鹅卵石也作为混凝土的骨料得到了大规模的使用，建筑的新建体量和原有的基地由于使用了相同的材料，紧密地结合在了一起（图6-10）。该小学通过对传统材料的重塑，极大地节省了经济成本，同时也实现了建筑的地域性表达。

（3）生土的性能优化

生土材料以黏土和水为主要原料，可就地取材，造价低廉，热工性能优良，生态环保，在传统村镇中得到了大量的使用。随着生态环保得到了建筑界的广泛关注，生土材料在现代建筑实践中也开始普遍出现，但传统生土材料，存在着耐久性差、防水性能低、力学性能较差等一系列问题。需要在生土的材料配比和加工工艺上进行适当的改良。

毛寺生态实验小学（图6-11）位于甘肃省庆阳市毛寺村，当地冬季气候条件恶劣，夏季相对温和。当地传统建筑主要以生土建筑为代表，毛寺生态实验小学的墙体借鉴了当地传统建筑的生态元素，运用当地生土所制的土坯砖砌筑（图6-12），

图6-11 生态小学墙体　　　　　　图6-12 生态小学砌筑过程

土坯是由地基挖掘出的黄土压制而成，经过砂石配比改良优化，弥补了传统生土材料的不足。对于传统材料的优化能够极大地提升传统材料的建筑表现性能，并抵御恶劣的气候环境，保持建筑的内空间在一个舒适的环境内[85]。

2）传统材料的创新性利用

（1）传统材料的多元化运用

传统材料一般被认为只能使用在特定的位置上，如瓦一般位于屋顶、砖一般位于墙身等处，在传统材料的创新使用中，可将材料使用位置进行调整，打破材料使用位置的刻板印象，由此将获得新的建筑形象。

李兴钢设计的安徽省宣城市绩溪县的绩溪博物馆创造性地利用了传统的瓦材，原本仅位于屋面的瓦材，在该项目中从屋面延伸到了墙体上，是对传统青瓦材料的现代化诠释（图6-13）。隈研吾设计的中国美院民艺博物馆，巧妙地运用了瓦这一传统材料，该建筑除了屋顶，外墙也由瓦构成，制造整体的视觉印象。外墙瓦片由不锈钢丝以一定规则串联起来，当阳光洒入室内，形成特殊的光影视觉效果（图6-14）。

图6-13 绩溪博物馆立面瓦材　　　　图6-14 中国美院民艺博物馆的瓦墙立面

（2）传统材料新的建造方式

村镇传统建筑的建造受到技术手段和经济条件的约束，往往有其加工最为方便的建造逻辑，然而建筑师可以打破常规，通过改变建筑材料的表现方式，赋予材料全新的建造逻辑。如赫尔佐格和德梅隆设计的多米纳斯酿酒厂，创造性地利用了当地的石材。项目位于加利福尼亚纳帕山谷，谷内昼夜温差大十分利于葡萄的种植，但却不利于葡萄酒的储存和酿造，为了应对昼夜温差，设计师将设计的重点放在了建筑的立面材料上，他们利用当地特有的石材作为立面材料，白天蓄热，夜晚则释放热量来平衡昼夜温差，但当地的石材尺寸很小，无法直接砌筑，设计师巧妙地将碎石置入金属丝编制的"笼"中，形成尺寸规模相同的"碎石砌块"，再将"碎石砌块"挂在钢构架上，以此形成墙体（图6-15）。

"碎石砌块"采用的当地石材以绿色和黑色为主，很好地与当地的景观相融合，建筑师巧妙地控制金属笼的网眼大小来应对不同的功能用途。大尺寸的石块置于上层，其产生的缝隙较大，可以满足办公区的采光需求。小尺度的石块位于建筑物底层，形成密实的遮蔽效果，利于葡萄酒的酿造和储存（图6-16）。

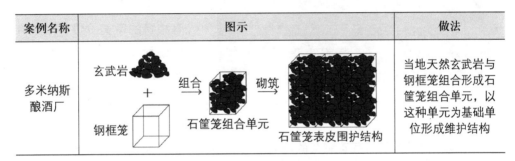

图6-15 石笼笼表皮围护结构

图6-16 多米纳斯酿酒厂

（3）传统材料与新材料的结合运用

传统材料与新材料的结合运用是传统材料在当代建筑创作中重生的重要手段，能够使得传统材料焕发出新的生机，获得新的活力，新旧材料的碰撞能够产生全新的艺术效果，弥补传统材料性能上的不足，为传统材料的运用拓展更多的方式，同时也是对中国传统建筑文化的现代传承。

位于重庆市武隆区归原小镇的荆竹村天空餐厅，设计采用了大量的石材、夯土、木材等传统建筑材料，同时也采用了钢材玻璃等新型材料，新老建筑材料进行交融对话，用现代设计手法延续了材料的记忆（图6-17、图6-18）。

（4）传统材料的回收利用

传统材料的质朴美感在当代有独特的审美价值，对废弃的传统材料如砖、瓦、木、石等的再利用，既满足了建筑在地性的要求，也体现了建筑师对于生态可持续发展的思考。

图6-17 天空餐厅室外

图6-18 天空餐厅室内

废旧材料的利用在我国有着悠久的历史，《园冶》中的"废瓦片也有行时，当湖石削铺，波纹汹涌，破方砖，可留大用，绕梅花磨斗，冰裂纷纭"指的就是利用废弃的砖瓦铺地这一常用的园林设计手法。

村镇中的拆建活动产生了大量的建筑废弃材料，大多可以进行二次回收利用。王澍在其设计作品中国美术学院象山校区和威尼斯"瓦园"中，都使用了大量的废弃建筑材料，在象山校区使用的废弃材料超过了七百万件，这些废旧的材料都是从浙江省内的村镇中收集而来。对于废旧材料的使用，赋予了建筑更多岁月的记忆（图6-19）。Joshua Bolchover 和林君翰设计的江西桐江小学利用了大量的废旧建筑材料，将废旧砖块用作屋顶的育苗基质和隔断材料，能够提高屋面的热工性能，同时回收本地停产的绿砖铺设校园地面、砌筑建筑外墙。该项目为扩建工程，对废旧材料的运用，使得新建筑在场地中获得了天然的连续性（图6-20）。

图 6-19　用废旧材料砌筑的立面　　　　　　　　图 6-20　桐江小学

6.2.4　材料的数字建构

1）数字化建构的内涵

　　数字建构下的建筑形体呈现独特的美感，重点表现了建筑材料的构造、建筑的生成和结构构造之间的组合逻辑，数字建构对于计算机技术和数控设备的依赖性更强，其施工精度之高，人工制造水平很难达到[86]。

　　传统建构方式精确性较低，建筑的构造过程更像是制作手工艺制品，充满了即时性和不确定性。而数字建构源自计算机科学，建构过程能够精确控制建筑材料的布局，使得材料脱离传统横平竖直的布局方式，获得流线型的塑性表皮或是排布规律的立面表皮。

2）数字化的发展趋势

　　在信息时代，数字化技术渗透到我们生活中的方方面面，在建筑设计领域，数字化技术从最早应用于计算机辅助设计，并随着现代计算机的发展在建筑专业得到极大的推广，如 AutoCAD、SketchUp 等设计绘图软件在建筑设计领域已经得到了普遍的运用。如今基于算法的参数化设计是数字化发展的一大趋势。三维建模软件能够帮助建筑师打破传统方盒子的建筑印象，满足更为多元的建筑形态表现，而这背后对建筑材料提出了更高的要求。为了实现自由的曲面形态，数控加工技术开始进入制造材料和数控施工的过程，建筑材料获得了更多的可能性，呈现了全新的面貌。

　　瑞士建筑师 Gramazio 和 Kohler 设计的瑞士馆的室内展览由一面环绕室内的曲面砖墙来分隔室内空间，砖墙的形态为连续的三维曲面，具有很强的流动感，曲面

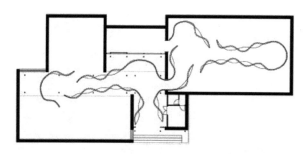

图 6-21 瑞士馆平面图

图 6-22 砖墙整体效果

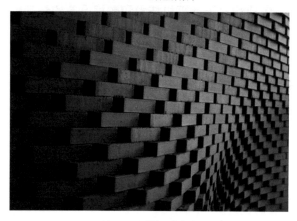

图 6-23 砖墙细节表达

墙体虽由单一材料建造而成,但其多变的形态带来了丰富独特的空间效果(图6-21、图6-22)。

砖墙的流线型空间效果离不开高精度施工,首先要在计算机中确定每块砖的位置与摆放角度,然后将三维模型转化为编程语言,由数控设备完成精确施工(图6-23)。瑞士馆的曲面砖墙,是传统砌块的突破性表达方式,体现了建筑师的精心设计。墙体的曲折变化凸显了严密的三维建模和精细的施工技术,突破了材料的传统表现,大大提升了传统材料应用的可能性。

3)**实例分析**

数字设计在中国超前于数字建造,往往建筑师能够利用Rhino、Maya等三维建模软件设计出复杂的模型,然而却存在设计与施工脱节的情况,施工团队往往无法完美呈现设计师的想法,很多方案只能停留在纸上谈兵的阶段。因此数字化建构应该注重于将参数化工艺融入传统材料和施工建造中去,注重项目的可建造性。以下介绍的案例均创造性地探索了传统材料的运用,让我们重新认识了传统材料。

(1)竹里

竹里位于四川省崇州市道明镇的乡村社区服务中心。建筑坐落于田野间的乡村公路旁,周边自然环境优美,背靠山体,紧邻树木,竹里在竹林间若隐若现,与自然保持着良好的对话。

竹里由70%轻型预制的钢木构架支撑起了一个内向重叠的环形青瓦屋面,盘旋的屋面形态呈现数学符号无限（∞）形，这一形态下形成了两个内向闭合的院落空间，丰富了建筑的空间层次（图6-24）。

设计师系统运用数字化设计的手段达到建筑形体的确定、非线性建构的目的，为复杂的几何形体赋予了合理的建构逻辑。通过参数化定义的结构体系其每一排屋架的梁柱结构的尺寸均有所差异，项目屋面为扭转的"∞"形，屋面下的连接节点也角度各异，结构难度较高，因此项目将数字化技术与工厂预制生产相结合，采用数控加工设备对非标准构件进行定制加工，以高效地完成非线性建构的建筑施工。

图6-24 竹里

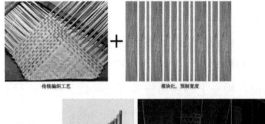

图6-25 数字模块化木构

当地的竹材以及独特的竹材编制工艺并不适用于建筑的主体结构，建筑师转变思路，将原用于小尺度器具的竹编工艺以模数化的生形控制和传统的纹理设计的方式用于建筑的围护结构中，形成了独特的空间体验效果（图6-25）。

（2）武隆归原小镇茶亭

武隆归原小镇茶亭位于重庆市武隆区荆竹村口，茶亭靠山面水，是村民聚会休闲的场所。茶亭的屋顶形式从当地的传统民居中提炼传统元素，进行抽象转化，形成的曲线屋面造型轻盈飘逸。同时茶亭内部利用当地常用的竹材，营造竹亭内丰富的内部空间。通过竹材搭建营造的三维内部空间与弧形屋面融为一体，呈现独特的动态曲线之美（图6-26）。

茶亭占地120m²，建筑高度约5m，开间约22m，进深约8m。建筑物主体支撑结构为钢构架，建筑内部运用竹材搭建出立体的空间效果。在村镇中，运用单一竹材表达流线型的效果有一定的难度。该设计运用数字化的设计手段，在计算机中将所有的三维曲面简化为可控的每一个点位及高度。在所有位置点可控的条件下，确

图6-26 竹亭

图6-27 竹亭结构

定建筑的主体形态。在现场施工建造时，凭借最简单的仪器和最基础的技艺，通过预先设计的控制点，把控110根竹竿根据参数变化由底部向上均匀扩散，渐变出的伞状结构在视觉上与曲面屋顶浑然一体，仿似由竹材支撑起整个屋面结构，体现"万竹之林"的设计理念。竹子自身的结构，也化解成亭子的形态之美（图6-27）。

6.3 建筑装饰的表达

6.3.1 建筑装饰色彩艺术

《周礼·考工记》曰："五色，东方谓之青，南方谓之赤，西方谓之白，北方谓之黑。天谓之玄，地谓之黄。"五种色彩对应着不同的物质元素，青色对应着木、红色对应着火、白色对应着金、黑色对应着水、黄色对应着土。不同色彩的运用寄托了村民的不同愿景。如村镇民居的屋面多为黑色，因"黑"代表着水，以水克火，寄托了避免火灾的希望。

建筑色彩是封建社会建筑等级的重要体现，黄色是建筑色彩的最高等级，其次为红色、再次为绿色、最后为蓝色。受建筑等级制度及经济条件的限制，村镇中建筑装饰较少使用艳丽的颜色，主要依靠地方材料的自身色彩，以素色为主，如黛瓦白墙是徽州建筑的特色，基本都是大片白灰粉刷的墙、青灰色的瓦、灰色的砖。黑白灰是徽州建筑的主色调，好似一幅水墨画（图6-28）。新疆吐鲁番地区的建筑，用材取自当地黄土，形成了黄色的基调。但在建筑沉稳的基调下，某些细节部位也用鲜艳的色彩进行装饰，如青灰的屋面上的鲜艳脊饰、四合院中色彩丰富的垂花门（图6-29）、梁枋上色彩鲜艳的彩画（图6-30）等。

图 6-28 宏村

图 6-29 垂花门

图 6-30 彩画装饰

6.3.2 建筑装饰纹样艺术

村镇建筑装饰的纹样反映了我国劳动人民古朴的审美取向，装饰的纹样运用了象征、比喻、谐音等手法表达伦理色彩和吉祥瑞庆的内容。借助建筑装饰纹样，表达吉祥如意的内涵，既起到装饰的作用，也寄托了村民对美满生活的期望。

建筑装饰纹样的题材的主要来源有以下三类。一是本土宗教道教的阴阳五行学说、太极八卦以及衍生出的神话故事，为装饰纹样提供了丰富的素材，如八仙祝寿等神话故事元素（图6-31）；二是民间故事如水浒传中的桃园三结义、将相和等；三是植物花卉如梅、兰、竹、菊等（图6-32）。此外，中国装饰纹样还经

图 6-31 神话故事纹样　　　图 6-32 植物纹样　　　图 6-33 龙纹样

常采用动物形象如鱼、鹿、蝙蝠等，其并非全是具象的动物，还有想象的生物，如龙、凤、麒麟等（图 6-33）。

建筑装饰的纹样表达主要有以下两种方式。第一种为谐音：通过谐音，用实物形象来寄托吉祥美好的愿景，如鱼的发音同余，以鱼的形象来表达年年有余的期望；蝠的发音与福的发音相同，鹿的发音与禄相同，以蝙蝠和鹿的图案表达对福禄的追求；瓶的发音与平相同，以瓶的形象表示平安。第二种为写意：写意则是用事物直观的形象表达美好的内容。如用梅兰竹菊表达高雅的情操、用牡丹的形象表达富贵，用松鹤的形象表示长寿等。

6.3.3 建筑装饰雕刻艺术

在中国传统建筑的装饰艺术中，建筑雕刻艺术有着非常高的地位，在村镇中，大部分民居的建筑造型区别不大，为了体现身份地位及满足自身的审美，建筑雕刻便成了争相装饰的重点。根据使用材料的不同，可将建筑雕刻分为木雕、石雕、砖雕这三类。

1）木雕

建筑木雕艺术无论从数量上还是雕刻质量上来说都居于"三雕"之首。传统建筑木雕的起源很久，安阳殷墟出土的雕花木板说明中国在2000年前就有了木雕艺术[87]。建筑木雕工艺最早离不开对木料的选择及雕刻技法的运用。在木料的选择上，木质要细腻且拥有一定的强度，这样的木料便于用刀且雕刻完的作品不易变形。根据木雕技法的不同可分为圆雕、透雕、浮雕等几类。圆雕是一种具有立体效果的雕刻方式，体积感和空间感较强，适合运用于大型的建筑构件上如柱子、梁枋等处（图6-34）。透雕是将图案外的部分全部剔除，有镂空半透明之感，正反两面都有良好的视觉效果，常用于分隔空间的花罩、挂落中，除了

图6-34 圆雕

图6-35 透雕

图6-36 浮雕

装饰工艺外，透雕的做法同样适用于窗户（图6-35）。浮雕是木雕中最常见的技法，在木料上削去除图案以外的木材，使得需要表现的图案突出平面，具有一定的层次感和立体感（图6-36）。

建筑中的木雕可分为大木雕刻和小木雕刻两大类。大木雕刻主要指的是梁、枋、柱等结构构件上的雕刻，在不破坏其结构性能的同时还能起到装饰作用。小木雕刻主要指的是建筑木工花纹的雕刻，根据建筑构件的形式不同采用不同的雕刻技法，形成了各具特色的木雕作品，是我国传统文化的瑰宝。

2）石雕

石雕具有坚固、耐久、不褪色、不变形、耐腐蚀等优点。是我国古代建筑装饰"三雕"的重要组成部分。在传统村镇中，石雕主要有以下两种：一是建筑石雕，

图6-37 石柱础

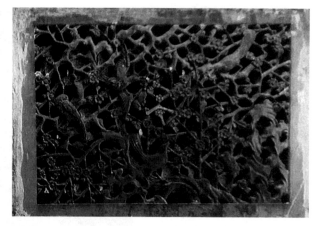
图6-38 石漏窗

相较于木雕往往位于不易碰撞的高处，石雕则往往位于底部，常用于门槛、台阶、柱础、栏杆、窗棂等处（图6-37）。二是纪念性构筑物，如牌坊、石塔、经幢等，为了彰显纪念表彰等功能，通常选用石材。在石料的选择上，主要分为青石和沙石两种质地。青石的质地较为细腻，沙石的质地较为粗糙。

受材料质地的限制，石雕的雕刻图案较木雕简单，浮雕以浅层雕刻为主，圆雕的整合趋势明显，雕刻图案古朴大方，不及木雕细腻繁琐，拥有质朴的美感。透雕的技艺主要用于雕刻漏窗，两面都可以观赏（图6-38）。石漏窗的形态常常采取方形、圆形、扇形等形式。透雕石窗隔而不塞，既分隔了空间又方便采光通风。

3）砖雕

砖雕最初是因模仿石雕而出现，其经济实用因而广泛运用于传统村镇中的民居建筑。相较于木雕和石雕，砖雕最大的特点是需要制材加工，砖雕工艺对砖材的要求较高，烧制的成品需要软硬适中，过硬的砖材无法下刀雕刻，材料过脆易开裂，过软的砖易碎，因此雕刻用的砖材最后都烧成青灰色，青砖软硬适中，可以雕刻出精品（图6-39）。

砖雕结合了雕刻工艺与雕塑的特点，发展出了烧活、搕活、凿活和堆活四大工艺。烧活是在烧制前对砖材进行加工，通常是在泥坯上压制出图案后烧制，烧活能够大规模制作相同的砖雕成品，但图案较为粗糙；搕活是对烧活的成品进行二次加工雕刻，是在烧制完成的砖块上，由工匠进行精细的加工创造，成品往往非常精美，适用于关键部位的装饰；凿活是直接在做完的样品上打凿和雕刻的工艺，分为阴线、平活、线活、透窟窿、透活、圆身等工艺；堆活，是先对小块砖进行加工处理，然后再拼贴成大块图案（图6-40）。

图 6-39　徽州青砖砖雕

图 6-40 搕活砖雕

6.4 建筑防护性措施

6.4.1 防火

1）火灾隐患

我国传统村镇大多较为偏远，远离城镇，村镇中一旦发生火灾，受到地理因素的限制，消防救援不便，难以及时扑救。我国村镇中传统建筑以木构架为主，且经过多年的时间沉淀，木材中的水分蒸发，成为全干材，极易燃烧，且古建筑的木柱、木梁枋等组成的建筑构架好似堆积的木堆垛，建筑的耐火等级低，火灾的危险性较大。同时村镇中的传统建筑布局缺乏合理的防火间距，若某一建筑起火，会很快蔓延到毗邻的建筑。因此传统村镇的选址、建筑的用材和布局等特点，使传统村镇建筑具有较大的火灾隐患。

2）建筑单体的防护措施

大量的现实证明，火灾是古建筑的天敌，火灾带来的破坏是毁灭性且不可逆转的，近年古建筑防火工作得到了越来越多的重视，但现阶段木建筑防火保护情况不容乐观。如 2019 年 1 月四川省绵阳市云岩寺东岳寺发生火灾，大殿主体建筑被烧毁。2019 年 1 月福建省南平市步月桥起火，整座桥梁均被烧毁。2020 年 5 月浙江省温州市司马第大屋突发火灾，古建筑被烧毁了三分之一。

对于建筑单体的防护措施，内部可利用防火分隔带、防火隔墙等防火分隔，划分其防火分区，控制火灾在同一建筑内的蔓延，将火势有效地控制在一定范围内。同时应对木构架进行防火处理，在传统建筑构件的表面喷涂防火涂料，可使构件具备一定的耐火能力，有效阻止火焰传播、蔓延，保护建筑构件，同时防火涂料还具备一定的防腐、防潮、耐候等功能。对于电缆、风管等穿过古建筑墙壁、楼板等形成的开口，应采用防火封堵材料封堵，可阻止火焰和烟雾蔓延。其次，村镇内很多传统建筑临时添加了很多电气设备，有很大的安全隐患，需要控制大功率电器的使用，应尽量使用弱电设备，避免电路短路和电器荷载过大引发火灾。

3）建筑群体的防护措施

2014 年云南香格里拉独克宗古城发生火灾，过火面积近百亩，烧毁建筑 200 余栋；2014 年 1 月 25 日贵州黔东南州报京大寨火灾，烧毁房屋 148 栋，1000 余间房屋烧毁、损坏，受灾直接经济损失达 970 万元人民币。

对于传统村镇建筑群的防火，首先应完善防火规划，开辟消防车道。通常建筑群内建筑间距较小，没有合适的消防车道，消防车难以驶入。在进行消防规划时，应在村镇内设置一条宽度不小于 4m 的消防车道，确保消防车道的扑救范围能够覆盖古建筑群。其次应确保村镇建筑群拥有完善的火灾预警系统和充足的消防水源。南方地区的村镇建筑群多傍水而建，在进行消防规划时，要充分利用天然水源，设置消防车取水口。对于缺乏水源的村镇，应在建筑群内配置消防水池和消防泵，保证消防用水。在建筑单体内划分防火分区能有效地阻止火势蔓延，建筑群的防火也同样可以划分相应的防火分区。可利用现有的街道、巷道、河道等形成防火隔离带，实现空间隔离有效防火。同时防火分区内部可以利用传统建筑的山墙在防火单元内进一步划分防火分区[88]。在村镇建筑群中划分防火分区后，在古镇内部可设置相应的消防执勤点或微型消防站，对于水系发达的建筑群，还可相应地配备消防巡逻船只。通过以上防护措施，可实现对村镇建筑群的有效保护。

6.4.2 防潮

通过建筑的防潮处理，既可以延长建筑的使用寿命又可以提升建筑的室内舒适度。对于村镇中的建筑防潮，主要分为以下三个方面。一是建筑外围的排水处理：村镇中的传统建筑多采用无组织的排水方式，雨水对墙角的影响较大，利用散水明沟等有组织的排水模式，避免雨水排除不畅侵蚀墙脚。二是墙体防潮：雨水和地面水汽会对墙体产生破坏，影响居住环境。在墙面勒脚处采用石材，增大屋檐的出挑面积、在墙面上涂抹防水材料，都可以达到防水的目的。三是地面防潮：村镇中的建筑物多为木构架，地面潮湿会直接影响建筑物的安全性能。对于村镇中的地面防潮，可以采取增设防水层或架空地板、抬高室内地坪等措施，阻止水蔓延到地面。

6.4.3 防虫

建筑物的木质构件被虫蛀的现象在村镇中时常发生，防虫处理可以确保建筑质量，延长建筑物的使用时间。为了防止虫害，建筑物内应保持良好的采光通风，定期清理建筑物室内死角，如地板下、阁楼等。与地面相接的木质家具、木柱、木墙等木质构件，做好防潮处理，避免生虫。建筑构件需要重点刷涂防虫药剂进行保护。选用的防虫药剂需要不影响木材的原有色泽，且对人畜无害，不污染环境。

6.4.4 避雷

村镇传统建筑大多较为低矮，体量不大，而体量较大的避雷针会影响村镇的整体风貌，因此最好在满足避雷效果的前提下采用较短的避雷设施，避免影响传统风貌。其次，为减轻避雷设备的重量、减少对村镇中传统建筑的额外荷载，避雷的引线铺设应隐蔽，避免影响传统建筑的风貌。村镇内的避雷设备需要定期检查，保证其正常使用。同时应减少在村镇建筑屋顶上安装天线，避免引雷。

6.5 文化空间的传承

联合国教科文组织（UNESCO）在《人类口头和非物质遗产代表作申报书编写指南》中将文化空间定义为非物质文化遗产的一种具体表现形式。文化空间即具有文化意义或性质的物理空间，民间有关传统文化等方面的活动在文化空间内开展。

文化空间有其实质的物质载体，我们需要挖掘物质载体中蕴含的精神文化内容，传承空间的文化内涵。可以将文化空间简要分为移民文化空间、戏曲文化空间、信仰文化空间、水系文化空间、标识文化空间、耕读文化空间六类。

6.5.1 移民文化空间

1）移民文化空间与会馆

明末清初大规模的移民和繁荣的贸易往来，是会馆建筑形成的时代背景。该类建筑为在异地的同乡人提供居住、饮食、联谊等条件，能够让身处他乡的同乡人获得一定的便利[89]。会馆建筑，顾名思义，"会"是聚集的意思，"馆"是聚居的房屋，会馆就是聚会和聚居的场所。

外地移民初入陌生的城市，与当地居民的生活存在各方面的差异难以融合，于是来自各地的移民互相抱团，维护自身利益，会馆建筑应运而生。会馆是异乡人在客地的一种特殊建筑。最早的会馆是出现在北京的芜湖会馆，之后各省市纷纷效仿。会馆建筑的形制基本沿袭移民的本土风格，与建筑所在地的建筑风格有着较大差异，但在建造的过程中，也融入了所在地的独特建筑文化，是两地文化融合的产物。

会馆建筑的空间层次主要分为公共、半公共、私密三大部分，它们通常有各自独立的出口，通过院落或连廊相联系，各部分既明确分隔又互相关联。公共部分的功能主要是用于同乡聚会、观看戏剧表演、贸易往来、餐饮和茶馆等；半公共部分的功能主要是庙堂、厢房、书房等；私密部分的功能主要是生活起居。

移民会馆是地方身份的象征，会馆建筑的建造往往存在着"攀比"心理，大多建造得十分华丽壮观，在城镇中有较强的标识功能。移民会馆还有一个重要功能就是祭祀，由于我国各地的信仰不同，各地会馆信仰的对象往往也各有差异[90]。

2）山陕甘会馆

位于开封市的山陕甘会馆是由清代山西、陕西、甘肃三省居汴的商人集资兴建，山陕甘会馆建于清乾隆年间，距今已有两百多年。会馆采用传统的四合院布局，建筑坐北朝南，中轴对称。会馆内主要建筑均位于中轴线上，从北到南依次为大殿、牌楼、戏楼、照壁。会馆的左右两侧则布置东西厢房、钟鼓楼、堂戏楼、东西跨院、东西配殿等（图6-41）。

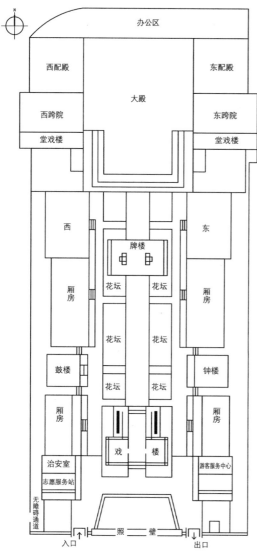

图 6-41 山陕甘会馆平面图

图 6-42 山陕甘会馆牌楼

中轴线的最南端为临街的照壁，照壁上书写的"忠义仁勇"是关帝一生的写照，其左右两侧分为形制相同的东西掖门。轴线上第二个主体建筑为会馆戏台，该戏台面阔三间，进深两间。戏楼分上下两层，下层的明间部分可供行人通行，二层部分为戏台。山陕甘会馆的戏台由南端表演区和北端准备区两部分构成。戏楼东西两侧有石制楼梯由一层直达二层戏台。轴线上第三个主体建筑为歌颂关羽品德的牌坊（图6-42）。

牌坊面阔三间，歇山顶，顶上覆绿琉璃瓦，采用了6根柱子，每根柱子以抱鼓石环绕，其中3根柱子为一组，因形似鸡爪，当地人也称其为鸡爪牌坊。这种面阔三间、两端为三柱的特殊布局方式，增强了结构的稳定性能。牌坊的走马板上，还绘制了多幅关羽英勇事迹的壁画。轴线的最北端为会馆中装饰艺术成就最高的大殿。大殿由三间建筑组成，中间以天沟相连，形成整体，总体建筑面积达540m^2。三间建筑由南到北依次为拜殿、卷棚和大殿，拜殿面阔三间，主要为祭祀关帝的场所，关帝的人生信条为义、信二字，拜殿两山的悬鱼上书"公平交易""义中求财"是"义"与"名"的结合。

移民文化对会馆的重要影响，着重体现在会馆功能复合化上，"山陕甘"移民合资筹建会馆的目的是敦亲谊、解乡情。在会馆中修建关帝庙，源于关羽乃山西解州人，与孔子并称"文武二圣"，也称武财神。关羽既是家乡之神，又为财神，多处山西会馆也称关帝庙，山陕甘会馆也不例外。人们通过祭祀关羽，以求关羽保佑降福，即酬财神，传信仰。山陕甘会馆内共有三处戏台，分别为主戏楼及东西跨院前的堂戏楼。每逢重要传统节日、关羽诞辰或是商贾们的红白喜事等，人们都要请戏班来会馆内演习。会馆内戏台原先建造是为了酬神，后逐步发展为娱民众、开商路。

6.5.2 戏曲文化空间

1）戏曲文化空间与戏台

我国戏曲种类众多，最具代表性的有：京剧、越剧、黄梅戏、评剧、豫剧、昆曲等。戏曲的表演形式通俗易懂，雅俗共赏，深受人民群众的喜爱，因而戏曲文化促成了戏台空间的诞生（图6-43）。

最早的戏台是在广场、厅堂等场所以临时搭建的方式呈现，进而出现固定的表演场所如祠庙戏台、会馆戏台、茶园戏台等。戏台的四种主要类型是亭式、集中式、分离式和依附式戏台。戏台只简单划分前台表演区和后台准备区，表演区出入口分别称为"出将""入相"（也有用其他名称的）[91]。村镇戏台空间面积一般较小，在50m²左右，受到物质空间的限制，我国戏曲文化表演重在意境而非实物，有"三五步走遍天下，一二人百万雄师"的戏曲想象之美，强调以形传神。我国戏台多以单调的建筑空间为主体，并不复杂，即使在经济落后之地也可以建造戏台，开展戏曲表演。明清时期，戏台建筑众多，几乎达到村村有戏台的程度，戏台的梁枋、雀替、短柱等构件处装饰众多且经常融入戏曲故事的元素。

2）乌镇修真观戏台

乌镇修真观始建于宋代咸平元年（998年），坐落于乌镇中市观前街西端北侧，山门前为一宽阔的广场，有一古戏台作为修真观的附属建筑矗立在广场的南侧。古戏台始建于乾隆十四年

图6-43 戏台外观

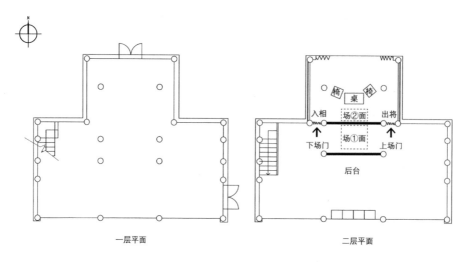

图 6-44 修真观戏台平面

（1749年），后经多次损毁重建，1986年，古戏台全面整修，现为桐乡市文物保护单位。

戏台为二层木构建筑，建筑平面呈"凸"字形布局，北侧屋顶采用歇山顶，南侧采用硬山屋顶，其封火山墙的形制为当地传统的"观音兜"，多种屋顶形式巧妙连接在一起，是古镇中的标志性建筑。修真观布局充分利用了广场和东市河，人们可以于船上听戏，且戏剧表演时可以利用水的回声增添音质效果。

戏台一层高3.3m，现做仓库使用，在一层北侧和东侧均有入口，东侧偏门紧邻东市河，方便旧时人们乘船出入，一层内西侧有一小楼梯通向二楼。二楼的北侧前端为戏台表演区，南侧后端为戏台准备区，表演区的前后梁上挂有匾额两块，分别写有"修真观戏台"和"以古为鉴"四字。表演区内柱上有木质楹联一副，上联为"锣鼓一场唤醒人间春梦"，下联为"宫商两音传来天上神仙"，充分体现了戏曲文化之美。楹联两侧为东西小门，东侧小门上为"出将"二字，西侧小门上为"入相"二字，演员由"出将"门入场，由"入相"门离场（图6-44）。戏曲表演区正对广场，广场尽头为修真观，修真观戏台保存良好，戏台内至今仍有戏剧演出。

6.5.3 信仰文化空间

1）信仰文化空间

信仰文化空间是指与民间传统信仰有关的空间场所，我国民间传统信仰众多，根据祭祀崇拜的对象不同，大致可分为以下三类：

一是祭祀神灵的宗教文化空间，如庙宇、道观等。我国民间宗教种类较多，主要有三大类：西汉末年传入我国的佛教、本土宗教道教和西方传入的基督教，三大宗教分别对应的宗教建筑为寺庙、道观和教堂。除了三大宗教外，村镇的民间信仰众多，有山神庙、土地庙、月老庙之类，这些民间祠庙反映了村民们淳朴的信仰崇拜。民间祠庙的功能具有复合化的特点：主体功能承担着拜神、祭祀、祈雨、祈福等，部分地区还依托祠庙举办教学活动。祠庙的另一大重要功能是开展民俗活动，民间祠庙内部多有戏台，精彩的舞台表演也会吸引大量的村民，祠庙空间成为村镇的活力所在。

二是对山川河流等自然事物崇拜的自然崇拜空间，如祭河神、山神等自然之神的空间。在封建社会，人们缺乏对自然科学的认识，在自然面前，人类显得十分渺小，对自身认知范围外的事物自然产生了崇拜心理，由此产生了对天地山川、水火、动植物等一系列的原始崇拜。自然崇拜是最原始的崇拜行为。古人认为，虔诚地祭祀和崇拜自然，能够避免自然灾害的发生，因此自然崇拜行为一直沿袭至今，但随着人们了解了大量的科学原理，对自然崇拜行为也持有更加理智的态度。当今的自然崇拜行为多是作为观赏性的民俗文化活动。

三是供奉、祭祀祖先的崇拜空间，如家庙、祠堂等。中国人的祖先崇拜意识强烈，认为祭祀祖先能够保佑后人。在浓厚的宗族观念下，祖先崇拜空间也成为聚落中最重要的公共空间。在祖先崇拜空间内，除了祭祀祖先外，也常依托该空间处理宗族事宜、教育宗族子弟、举办重大事务。祖先崇拜空间寄托了封建社会整个家族的精神需求，往往倾尽一个家族的财力、物力、人力去建设，常是一个地区规模最大、质量最高的建筑物。

2）南屏叶氏宗祠

叶氏宗祠又名叙秩堂，建于明成化年间，位于安徽省黄山市黟县南屏村，建筑占地面积约2000m^2，共有三进三开间，为叶氏家族提供祭祀活动空间。叙秩堂的平面布局呈现中轴对称、井然有序的姿态，轴线上第一进为门屋，门屋为奏乐吹鼓的场所，也可以临时搭建戏台表演戏剧，门屋两边设有厢房；第二进为享堂，享堂为承当宗族祭祀功能的祭祀大厅；第三进为安放祖宗牌位的寝殿（图6-45）。

叶氏宗祠为了突出承担祭祀功能的享堂建筑的空间地位，享堂建筑采用与门屋、寝殿不同的柱网尺寸，享堂的明间宽度远大于次间的宽度，其加宽的明间不仅获得了更为开阔的空间效果，也突出了享堂在建筑序列中的重要性。在竖向空间上，三进院落空间层层抬高递进。享堂和寝殿以明廊相连，均有比民居

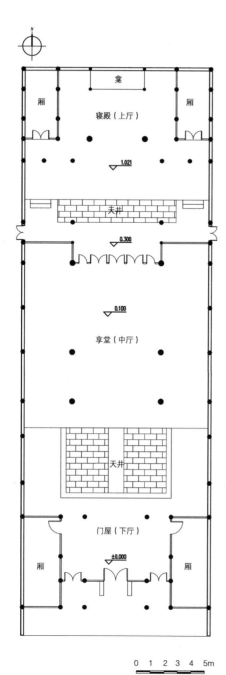

图 6-45 叙秩堂平面图

尺度大很多的天井，其下光线充足。叙秩堂的大门比其他的支祠的大门均高，这是叙秩堂作为叶氏总祠的地位，且其大门过去仅在重大节日才会打开，平时只可从边门出入。

叙秩堂入口门屋为重檐歇山顶，形式精美，其后屋顶为传统徽州建筑样式，采用硬山屋顶，向内坡成方形天井。叙秩堂两端的封火山墙采用的也是徽州特有的马头墙形式。大门两侧有一对由徽州本地石材黟县青雕刻的石鼓，灰黑色的石鼓端庄大气。传统建筑如果保存状况良好，建筑形式精美，可以为影视剧提供布景，令建筑形象永久地保留在影视作品中，也是传统建筑的现代传承方式之一。

6.5.4 水系文化空间

我国地貌复杂，河流众多，早在数千年前，人们为了便于出行开始修建桥梁，随着建造技艺的进步和对桥梁功能多元化的需求，能够遮风挡雨的廊桥逐渐出现[92]。廊桥又称风雨桥，不仅仅是能够遮风挡雨的交通空间，也供休憩和交流集会之用，承担村民们茶余饭后的民俗文化活动。在中国，水是财富的象征，堪舆术中的水口理论认为，在河流出水口，应架桥，以留住一方财源及福气。河水从村边流过，其势荡荡，一去不回，财源易受冲克，所进难以积贮，用桥拦住寨子，财源就不外流，收入便会日见殷实[93]。水口有两种，一种为水流入之处，一种为水流出之处。在水流入之处架桥，可将福运引入村镇，在水流出之处架桥，则是阻挡福气流失，有守福的意向。在风水学中，廊桥除了能在水口处"引导拦截福气"外，借助廊桥还可以改变村镇的风水运势。

廊桥连接着两岸，从此岸过渡到彼岸，在佛家有普度众生之意，因此也成为民间的重要信仰空间。许多地区，在廊桥的中间或者两端设神龛供奉神明，以桥代庙，桥庙合一。神龛中供奉的神明，没有固定的种类，村民们祭祀各自信仰的神明，实行多神混合崇拜。廊桥区域的民间信仰与一般的民间信仰一样，具有突出的功利性，所有的活动都是从民众的现实需要出发，反映了村民对于美好生活的向往，他们通过信奉多种神灵来获得精神上的寄托[94]。

6.5.5 标识文化空间

村镇中标识文化空间最鲜明的代表为村口，村口代表了村镇的整体形象。村口不仅是物质空间上进入村镇的标识，更是心理空间上的从外到内的一个转换，村民由此进入他们熟悉安全的生活场所。村口空间的标志性建筑有歌颂美德的牌坊等构筑物（图6-46），这些构筑物没有功能性的用途而仅仅作为标识。穿过牌坊等构筑物，即进入村镇的领域；村口还有桥廊、路亭等休憩性建筑；重视文化教育的村镇，村口会建造相应的文人建筑，如文昌阁、文笔塔之类（图6-47）；村

图6-46 村口标志性建筑物

图6-47 新叶村村口抟云塔

口是人流的密集处，常常依托村口举办相应的民俗文化活动，故村口空间也常以广场的形式出现。过去村民认为藏风聚气能够使得村镇发展旺盛，常在村口和村尾留下一株或多株大树，称之为"风水林"[95]，因此村口常有古树出现，与村镇建筑、水系、山体共同形成良好的村镇景观。在传统村镇中，村口的标志性特征往往通过以上几种形式表现。大多数普通村镇，村口可能没有上述标识，但就算是一条普通的路径，对于日日经过的村民来说也是他们生活村镇的标识，村口不仅仅是物质空间的入口，更是村民精神世界的"入口"。

6.5.6 耕读文化空间

1）耕读文化与文教建筑

中国人自古以来崇尚知识，有"万般皆下品，唯有读书高"的说法。耕读文化是受古代科举制度影响下产生的，耕读反映了我国劳动人民对知识的渴求，在繁重的体力劳动下也不忘对知识的寻求。中国古代的科举制度不设门槛，平民百姓可以通过"学而优则仕"改变自己的命运，光耀门楣。

我国村镇的文教建筑主要分三类：第一类是以教学功能为主，如书院、私塾等，村镇中一般都有几间私塾，有的是由夫子在家办学，有的是由大户人家聘请夫子居家教学，教学场所一般在院内。别厅明间为堂屋，供奉朱子像，两侧侧间一间为教室，另一间为夫子卧室兼书房[96]。村镇内另一种私塾是依托宗祠办学，从祠堂的族田中，划分出学田，用于办学、助学、奖励科举，供家族子弟学习读书。

第二类以表彰功能为主，如考中进士后表彰的进士牌坊（图6-48），村镇内的进士牌坊是学子们光耀门楣的象征，进士牌坊从明代开始流行，许多村镇可以看到宏伟的进士牌坊，牌坊建筑起表彰纪念功能，对耐久性的要求较高，故多是石材材质，但建筑形式多仿木制牌坊。除了为特定中举的个人建造的进士牌坊，地方大家族也会建造一座将历来中第的家族学子的科名都记载的"世科牌坊"[97]。

第三类是用于祭祀活动的文教建筑，如文昌阁、文峰塔、惜字亭等，文昌阁祭祀的神灵为文昌帝君，文昌帝君主持文运，村民们认为影响科举考试的结果，希望通过建造文昌阁来供奉文昌帝君以获得一个好的结果。文昌阁在门厅的上方设置楼阁，楼阁内供奉文昌帝君，学塾的讲坛设置在楼阁后侧的后厅内，楼阁为取鲤鱼跃龙门的吉祥寓意，在建筑装饰上下了很多巧思，屋顶采用歇山式的屋顶形式，翼脚呈现较大的弧度，正脊两端塑鲤鱼，故文昌阁整体的建筑形式相对普通民居较为高耸活泼。浙江省建德市新叶村和上吴方村的文昌阁就取这种典型的形制[97]（图6-49）。在文教建筑较多的村镇，旧时的科举成绩也较为突出。

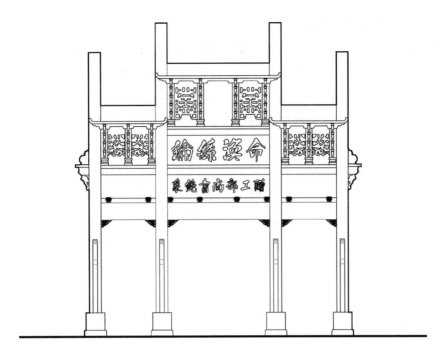

图 6-48 进士牌坊立面图

图 6-49 新叶村中的文昌阁和抟云塔

2)新叶村文昌阁与抟云塔

新叶村文昌阁位于浙江省杭州建德市大慈岩镇新叶村村东南水口处,建于清同治年间,意在"关拦"水口和培植文运。抟云塔是新叶村的地标,建于明隆庆年间(1567年),抟云塔、文昌阁和土地祠组合在一起,完整地反映了旧时叶氏家族的耕读追求,以文昌阁和抟云塔祈求文运、以土地祠祈求丰年,寄托了叶氏家族耕可致富、读可荣身的追求。

新叶村抟云塔高约30m,共七层,围长13.8m,砖砌楼阁式,下三层塔身上为真窗,上四层塔身上为假窗,塔身外设腰檐以示分层。抟云塔为筒套筒结构,内部中空,各层间铺木板,上下层间通过木质楼梯连通。新叶村之北为玉华山(又名砚山),新叶村之西为道峰山(又名卓笔峰)。新叶村东南方为洼地,地势较低,故在村东南方建抟云塔制衡玉华山和道峰山,以人造风水来弥补自然风水环境的不足以维系新叶村的文运。

新叶村文昌阁(图6-50)建于抟云塔建成后的300年,为了加强"关拦"水口,进一步提升全族科举成绩,叶氏族人集资在抟云塔脚下建造了配套建筑文昌阁。文昌阁在乡村中的地位相当于孔庙在城中的地位,新叶村文昌阁的建筑形制华丽,屋顶采用重檐歇山顶,檐角高高卷起,戗脊前端以鲤鱼装饰,象征"鲤鱼跳龙门",寄托科举成功的愿景。文昌阁仅有两进,每进仅有三开间,前一进的上方有楼阁,

图6-50 新叶村文昌阁

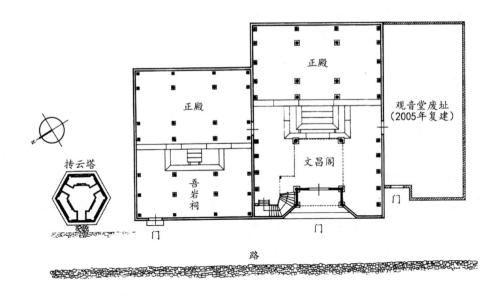

图 6-51　抟云塔和文昌阁平面图

内供文昌帝君，前一进的高度连鸱吻总高为 9.5m。阁楼在两个飞檐之中，在阁楼设置开敞的隔扇窗，四周设置回廊，学子可以在回廊上极目远眺欣赏美景。后一进空间用作私塾，或举行祭祀仪典（图 6-51）。

　　文昌阁与抟云塔之间为土地庙，这种文教建筑与土地庙的组合设置，反映了新叶村人的耕读理想。除此之外，文昌阁、土地祠和抟云塔的组合也达到了形式美上的和谐，抟云塔有七层，层层交叠，与文昌阁的重檐歇山顶相呼应。抟云塔的高耸入云，与文昌阁和土地祠的水平布置相中和，文昌阁的建筑群类似抟云塔的基座，使其在竖向上不至于过于突兀，达到了横与竖的对比统一。这组建筑的轮廓复杂多变，是新叶村的标志性建筑物。

小结

　　村镇风貌的微观性保护与更新着眼于建筑结构的完善、建筑材料的保护处理、建筑装饰的表达、建筑防护性措施及文化空间的传承等方面。

　　建筑结构的完善主要分为传统木结构建筑的保护与修缮其他结构的保存与修缮和新结构形式的置入，要通过分析不同结构的破坏原因，以及不同结构的破损状况而采用具体的保护修复策略。传统建筑的再利用可以通过置入新的结构形式使其焕发新的生命力。传统建筑材料的再利用是当下建筑学关注的热点方向。对材料的保护处理,不仅应关注传统材料的保护,还需对材料的更新利用和未来的利用发展方向进一步探索,这涉及性能的提升、创新利用、回收利用等。

建筑的雕刻艺术主要包含村镇中常见的木雕、石雕、砖雕,本节概述了雕刻的手法及各类雕刻具体的应用。而建筑的防护性措施是村镇风貌保护的重要组成部分,本章介绍了防火、防潮、防虫、避雷共四个方面的防护性措施,应利用相关技术手段和增加相应的防护性措施更好地对村镇建筑进行保护。

文化空间是承载着非物质文化内涵的重要空间载体,二者互为依托,能够反映村镇长久发展的文化内涵。村镇中人文风貌的表现,需要依托一些实质性存在的空间,村镇中存在的文化空间的产生都有其背后的文化渊源,分析廊桥、会馆、戏台等这些文化空间能够更好地了解和认识村镇的人文风貌。

◆ **思考题**

1. 村镇微观风貌包括哪些，如何进行微观风貌的保护？
2. 简述建筑结构如何进行保护。
3. 简述建筑材料如何进行保护与提升。
4. 建筑防护性措施有哪些？
5. 村镇文化空间如何进行传承？请结合实例解析。
6. 村镇传统风貌的现状问题主要表现在哪些方面？
7. 传统建筑修缮时可以置入哪些新型结构，不同的新型结构有什么特性及适用范围？

下篇

村镇建设新方向

国家政策的支持

2017年10月,在党的十九大报告中,习近平总书记首次提出乡村振兴战略。第二年9月,中共中央正式发布《乡村振兴战略规划(2018—2022年)》,为振兴乡村的第一个5年计划做出强有力的指导,并提出了村镇系统的战略规划,从产业、生态、乡风、生活和社会治理五个方面提出了总要求,强调要推进农村现代化和建设美丽乡村。2020年6月,全国人大常委会制定《中华人民共和国乡村振兴促进法(草案)》,全面贯彻落实中央提出的乡村振兴战略规划,为新时代村镇建设和治理给予了重要战略支持。2022年10月党的二十大报告专门提出,乡村振兴战略是高质量发展的"压舱石",要全面推进乡村振兴,坚持农业农村优先发展,加快建设农业强国。

功能更新的需求

在改革开放的政策下,我国村镇建设有了很大的发展。居民建房的数量、规模和速度激增,村镇居民生活必备的居住空间得到了基本满足。随着社会经济的发展,我国大部分村镇房屋的简单居住功能已不满足现代居民生产、生活的需求,建筑形式、建造技术落后,村镇居民外迁,"村镇衰退"现象屡见不鲜。作为特定自然条件下形成的聚落,我国许多村镇都蕴含着丰富的自然资源和地域文化特色,具有极高的价值。在乡村振兴战略的统筹安排下,村镇建设亟需关注满足居民物质和精神需求的相关设施的基础性建设,促进村镇宜居、宜业,甚至宜游的现代化建设与经济可持续发展。

建设主体的多元

近年来,村镇建设受到社会各界越来越多的关注,政府机构也对其高度支持,村镇建设进程加快。村镇建设可分为外部和内部两种力量,前者包含投资者、村镇理念实践者、相关领域的专业学者和人士以及提供公益力量的非政府组织和机构等,后者包含地方民间组织、村镇精英、村镇干部,甚至是村镇居民等。各方力量都在自己擅长的领域履行各自的职责,协力并进,共同探索村镇建筑营建的新方向,推动着我国村镇的发展。

第 7 章 村镇田园综合体

7.1 田园综合体的内涵

7.1.1 田园综合体的概念

1）田园综合体的定义

田园综合体是新田园主义在乡村实践的产物[98]，是乡村振兴战略下集现代农业、休闲旅游、田园社区于一体的特色小镇和乡村综合发展平台，是在城乡一体化的格局下，顺应农村供给侧结构改革、新型产业发展，结合农村产权制度改革，实现中国乡村现代化、新型城镇化、社会经济全面发展的一种可持续性模式[99]。

2）田园综合体的内涵

"田园综合体"概念最早来源于埃比尼泽·霍华德（Ebenezer Howard）在《明日的田园城市》著作中提出的"田园城市"理论。2017年我国在新型城镇化建设背景下围绕"以人为主体、城乡一体化、推行社会改革"的理论路径向下延展，由此开始了"田园综合体"的探索模式。纵观田园综合体的发展历程，从最初的理论研究到后来的试点探索，再到如今的纵深推进，呈现螺旋式上升以及不断向前发展的趋势（表7-1）。田园综合体的实质是以农业为依托、乡村旅游为引擎、文化为纽带、科技为支撑、互联网为平台，以原住民、新移民以及外来游客等受众为主的新型社区聚落。

田园综合体的发展　　　　　表 7-1

类别	背景	主要观点
田园城市	19世纪后半叶由霍华德在《明日的田园城市》中提出	提出"乡村磁铁"概念，认为"城乡一体化"是把城市生活活泼的特点与优美的乡村环境和谐地组合起来，既避免了城市过度拥挤、贫乏、污染等问题，又可享受到自然美景[100]
现代农业园区	我国社会经济的快速发展对农业体系提出了新要求	由政府引导、企业运作，以工业园区的理念构建以农业生产为基础同时具备参观、生态、科研等多种功能属性的综合性示范园区

续表

类别	背景	主要观点
新型农村社区	社会主义新农村推进时期	以缩小城乡差距为目的，打破村镇自然封闭的状态，由相邻的几个行政村组建而成，形成具有一定人口规模、基础设施相对完善、产业体系健全、治理模式升级的新型社会共同体[101]
农业综合体	城市化、工业化、农业现代化协同发展的关键时期	受到城市综合体建设理念的启发，通过三产联合与功能拓展的方式，提升农业附加值，构建现代农业发展的新载体[102]
特色小镇	新时期村镇转型升级的实践探索	充分挖掘当地资源禀赋，将旅游、文化、生活、科技等多方面要素融入发展规划之中，提供一种全新的产业空间组织路径[103]
田园综合体	城镇化推进过程中，村镇的发展需求发生的变化	乡村振兴战略背景下，以现代农业为依托，文化旅游为驱动，综合组织"生产、生活、生态"功能，实现村镇价值再造的一种创新模式[98]

7.1.2 田园综合体的构成

田园综合体业态复杂却不混乱，在于它的结构体系能够有序地协调控制各功能板块，促进田园综合体能够持续稳定地发展。田园综合体的功能组成概括为：田园景观区、文化体验区、产业融合区、生活拓展区、服务管理区。各区域在一定地域空间内有机组合，形成了田园综合体的结构网络，主导着田园综合体的发展（图7-1）。

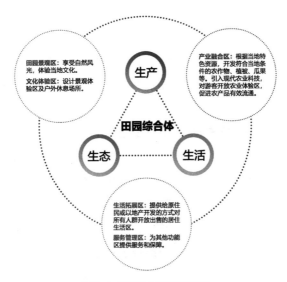

图7-1 田园综合体的结构体系

1）田园景观区：自然景观空间的门户

田园景观区是以天然优美的自然风景、特色新颖的农业生产活动、环保生态的绿色空间等为基础的观光区域，依托景观型农田、果园、花园、水系、山脉等生态空间，构建自然生态网络格局，以满足不同游客旅游度假的不同需求，是乡村最具有魅力的一部分，能够使土地发挥更大的价值。

2）文化体验区：农业活动的休闲空间

文化体验区是传播农业知识、弘扬农业精神、提供体验教育和文化教育的综合区域，与产业融合区有一定联系。应充分利用田园综合体的生态优势，拓展出具有地域特色的娱乐方式，主要包括农家风情建筑体验、乡村户外活动等项目，人们在了解农业知识与体验农事的过程中感受到创意农业生产的各种乐趣。

3）产业融合区：农业生产的基地

产业融合区指现代农业通过产业园方式发展，实现农业规模化与现代化的区域，是生产性功能的主要部分。该区域将现代科技的成果与传统农业的精髓相结合，以田园集市、生态农场、共享农场等形式存在区，不仅能让游客近距离观察农作物的生长状况，满足游览研学的体验，还能够让游客亲自感受播种、插秧、耕田、采摘等农事劳动的乐趣，有效促进农产品与城市之间的产销对接以及城乡居民的交流互动。

4）生活拓展区：实现城镇化的关键

生活拓展区是通过产业聚集、生态吸引、旅游带动让参与者集中居住的综合区域，是促进城乡互动的重要组成部分。该区域融入生态、产业、文化、旅游、居住五个方面要素，在一定程度上丰富和完善了田园综合体的功能类型，使其成为一个宜居、宜业、宜游的新型特色田园社区。

5）服务管理区：平衡城乡差距的功能支撑

服务管理区是缩小城乡差距的必备支撑，也是其他功能区组织运行的保障。该区域包含两方面内容：一是产业融合与发展所形成的综合管理体系，如物流、技术、信息等；二是社区居民日常生活所需要的基础设施体系，如医疗、体育、教育、娱乐、休闲等。该区域是让田园综合体单一的生产服务向高品质、精细化的生活服务转型的关键，能让城市来的居民在乡村自然环境中享受到精致的生活。

7.2 村镇田园综合体的类型与案例研究

7.2.1 田园综合体的建构模式

田园综合体作为推进乡村振兴战略的可操作样本，它的建设有利于缓解由于人口流失、环境恶化、文化缺失、产业没落等给村镇带来的压力和矛盾，促进城乡一体化格局的形成。田园综合体是现代农业、自然景观、居住生活、休闲体验、配套设施等多个板块与科技创新元素的有机融合，为一、二、三产业注入新活力（图7-2），以空间干预的方式促进产业链的多向延伸与深度融合，从而实现村镇的可持续发展。通过对近年来国内外田园综合体实践项目的梳理整合，我们根据其特色资源、核心产业、主导功能、地理资源、建设重点的不同，将田园综合体的建构模式分为特色资源依托型、城市近郊带动型、科技创新支撑型与资源整合型四类。

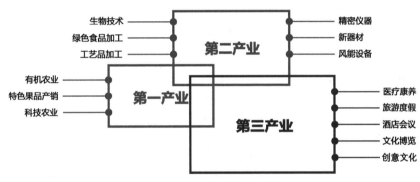

图 7-2 田园综合体的产业结构

1）特色资源依托型

特色资源依托型是指依托当地特有的地形地貌和周边丰富的生态景观，并结合不同人群的需求构建一个传统乡村与现代都市相融的磁场。常见的形式有"农业+观光旅游"和"农业+地方文化"两种。

（1）农业+观光旅游

我国幅员辽阔，自然地理格局具有多样性和独特性，气候、地形造成景观差异，这种差异性有发展观光旅游业的价值。"农业+观光旅游"是指以传统乡村生活场景、生态景观、铺装特征、街巷院落空间等为基础，同时结合地方特色，发展旅游业和休闲农业，打造符合时代背景、现代生活需求、又具有地域文化特色的乡村景观和田园社区。

国内案例

云南省保山市万亩生态观光农业园依托现有村镇形态和田园景观，挖掘地方特色，通过农田作物特色化种植、季相及色彩搭配，让传统农业向生态观光农业、休闲农业转型，形成了四季有花、全年有景的美丽画卷，同时打造了一条总长度10.18km的观光路径，使游客在游玩的过程中感受移步易景的乐趣（图7-3）。

（a）全长10.18km的观光游道　　　　　　　　（b）特色花海

图7-3　云南保山万亩生态观光农业园

国外案例

日本大王山葵农场以山葵种植与加工为基础产业，将农业和旅游业相互结合，在充分利用自然资源改变单一农业结构的基础上，把农业生产、农艺展示，农产品加工及市民参与融为一体，营造出更真实的乡村生活氛围。另外，曾获第14届日本电影学院最佳影片提名的剧情电影《梦》中的水车村，便是在此取景，这一举措大大地提升了农场的知名度与影响力（图7-4）。

法国的普罗旺斯是著名的"薰衣草"之乡，专业化经营的农场是它发展休闲农业的最大特色，农场大多以薰衣草产品为特色，良好的旅游环境还带动了一系列

（a）日本大王山葵农场风貌　　　　　　　　（b）电影《梦》取景地

图7-4　日本大王山葵农场

薰衣草产品的销售。在薰衣草花季,当地还组织持续不断的节庆活动,为本地营造了浓厚的节日和艺术氛围。

(2)农业+地方文化

乡村往往蕴含着深厚的文化底蕴,我国历史沉淀下来的文化,多半是与农村、农业联系在一起的。"农业+地方文化"是指以农业为基础,当地特色文化为牵引,将乡村打造成为盛放乡愁的容器、复兴文明的载体以及传承文化的平台,逐步形成对本土文化的认同感与归属感,重塑乡村活力。

国内案例

浙江省丽水的云和梯田农业文化创意园被誉为"中国最美梯田",最早开发于唐初,距今已有1000多年的历史,垂直落差高达千米,累计层级也有700多阶,是目前华东片区规模最大的梯田群。早期云和梯田只有单一的种植功能,但到了现代社会,这种种植方式由于产量较低而逐渐被淘汰。为了推动农业现代化与城乡互惠互利,云和梯田与周边的溪流、瀑布、云海、雾凇等自然景观一起被纳入国家4A级旅游景区建设,成为一处集休闲娱乐、农事体验、摄影观光、生态教育于一身的旅游胜地。游客在这里不仅能够欣赏到如诗如画的田园风光,还能够体会到原生态的风土人情。除此之外,云和县以积淀千年的农耕文化为纽带,先后举办了8届开犁节活动,还原芒种、对唱、祈福、祭神等民俗文化,在社会上产生了积极的影响(图7-5)。

图7-5 浙江省云和梯田农业文化创意园

黑龙江省富锦市"稻"梦空间利用周边的森林公园和湿地公园，建设以稻田文化为主题的田园综合体，具体内容包括艺术创作、农事活动、科普拓展、亲子教育等，通过第一、二、三产业的叠加与渗透，在附近村域重点打造了湿地共邻洪州村、朝阳民俗文化村、赫哲故里噶尔当村及农家美食村，以"田园综合体"为载体，把吃、住、行、娱等有机结合起来，发展全域旅游。

国外案例

日本"越后妻有"依托当地的农耕文化与大地艺术文化，通过举行"地区魅力再发现"主题活动和比赛，重新探讨现代和传统、城市和乡村的关系，以艺术为桥梁让越后妻有的四季、生活、梯田、大雪等特征凸显出来，吸引城市居民回归田园生活，以达到城乡交流的目的（图7-6）。

荷兰西部利瑟的成功则是在荷兰独特的花卉文化的基础上，将传统的以花卉生产为导向的发展模式转化为以市场或消费为导向的模式，使郁金香生产及其产品成为现代时尚创意的多种载体。

（a）草间弥生作品：花开妻有

2）城市近郊带动型

城市近郊带动型田园综合体，消费主体是城市居民，此类综合体具备完善的配套服务与休闲设施。静谧的乡村生活与多样的农事体验让城市居民得到了心理的满足，提升城市居民幸福感的同时也带动了地区经济的发展。主要包含"农业+休闲体验"和"农业+养老产业"两类。

（b）米之家

图7-6 日本"越后妻有"大地艺术祭

（1）农业+休闲体验

"农业+休闲体验"是指利用乡村的自然景观资源和民俗历史文化等发展休闲体验式农业，为人们开展形式多样的乡野活动，如骑马、攀岩、垂钓、自驾、骑行、烧烤等，吸引城市居民的到来，同时将农业生产过程中的耕田、播种、施肥、收割、采摘等工序与乡村旅游相结合，实现田园生活、乡村文化以及农副产品的变现。

国内案例

浙江省安吉县鲁家村位于安吉县东北侧 5km 处，原本是一个经济落后、人口外流的贫困村，如今摇身一变成为乡村振兴的标杆，它的成功在很大程度上得益于正确定位策略。首先，该村非常重视美丽乡村创建活动，充分利用当地生态水文资源，并融入"三生融合"（生产、生活、生态）、"三位一体"（农业、旅游、文化）、"产业融合"（第一产业、第二产业、第三产业）的理念对村庄进行综合规划，完善村容村貌、基础设施、公共设施、文化内涵与产业结构，将其打造成为美丽乡村的示范样板；其次，村里先后创设了东、南、西、北四大农场，包括桃花、山羊、山楂、葡萄、中药等品类，并以此为基础形成了 18 个各具特色的主题休闲体验区，推动乡村旅游的发展；最后，鲁家村实行"公司+村+农场"的发展机制，村民纷纷入股并成立乡土公司对村庄进行统一经营与管理，不仅提升了旅游市场的综合实力，而且还盘活了各类资源。鲁家村的蜕变，辐射带动周边的村庄联动发展，最终形成"一带为核、一环贯通、三点辐射、四村共赢"的新格局（图 7-7）。

朱家林田园综合体是山东首个国家级田园综合体，距离沂南县城约 32km。它以"文旅"为模式开展乡村振兴实践，依托当地村镇特有的石墙、石屋等乡村形态为基础，发掘地方文化，提取乡土元素，以在地性为出发点，通过设计的介入，在建筑更新、空间活化、经济产业复兴、文旅产业发展等方面完成对柿子岭村的更新与改造，达到从传统元素保留传承到现代设计语言表达的过渡。这种以休闲度假、文化创意、生态农业为特色的乡村发展新形式，将朱家林村定位为开放性的休闲度假村镇，打造出齐鲁片区的第一个文旅乡村名片（图 7-8）。

浙江省温州市城南街道市岭村，长期以来人口流失造成土地大量闲置，原有传统风貌肌理被破坏。通过引入"社区支持农业（CSA）"模式（图 7-9），充分利用市岭村得天独厚的地理区位以及土地闲置的特点，逐渐搭建起了"生态果蔬（配送）+农事体验（采摘）+农耕文化（展示）"的新业态，拉近了城市居民与农业生产的距离，促进了城乡产业互动，从而提高乡村吸引力。

（a）鲁家村整体格局

（b）观光小火车

（c）两山学院

图 7-7　浙江省安吉县"田园鲁家"

（a）民宿大院内景

（b）公共服务中心

（c）文化街区内景

图 7-8　山东省临沂沂南县朱家林田园综合体

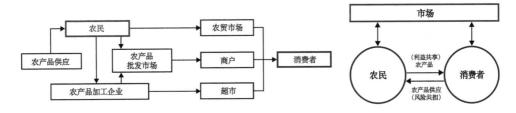

(a)传统农产品供应模式　　　　　　　(b)CSA 模式

图 7-9　传统农产品供应与 CSA 模式对比

国外案例

美国的市民农园起步早，目前已经非常普遍。它采取农产品生产基地与社区互动的模式，打开了农产品生产与消费之间的流通渠道。农场由农户与城市居民共同耕种，承担生产成本以及运行过程的风险和利润分成[104]。平时由村民进行管理与培育，周末或闲暇时间则由城市居民身临其境地进行农事体验、蔬果采摘、田园野炊等休闲活动，满足其愉悦身心的需求。该模式不仅让农园拥有固定的销售渠道，促进乡村经济的发展，还能够提升环境质量，促进城乡的互惠互利。

韩国江原道旌善郡大酱村由僧人与大提琴艺术家联合经营，在经营的过程中他们注重创新项目开发，深度挖掘乡村的传统文化和民俗风情等，利用本土原生材料与制造养生食品的传统手艺制作大酱，既节约成本、传承民俗文化特色，又符合现代人的养生观念。此外，该村还综合考虑了现代人的生活方式，以一场美妙的音乐会、一次心灵的对话、一顿美味的佳肴、一个有趣的故事，来增强游客游玩乐趣，拉近传统文化与现代文化的距离（图 7-10）。

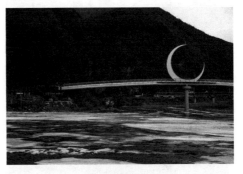

(a)大酱村自然风貌

(b)游客体验

(c)大酱缸景观

图 7-10　韩国江原道旌善郡大酱村

（2）农业+养老产业

与城市的人工化、高密度社区、快节奏的生活和工作状态相比，村镇中人居场所与自然亲密接触，疏朗的生活空间、慢节奏的生活受到越来越多城市居民的青睐。"农业+养老产业"是指利用乡村优美的自然生态养生条件以及利于恢复身心健康的人文环境，同时将农事活动与休闲体验作为一种常态化的生活方式，创造出一种回归自然、修身养性、度假休闲的新型养老模式，推动农业生产和乡村经济发展。

国内案例

成都市幸福公社所在的分水村曾是一个普通的村镇，2008年的"汶川大地震"让分水村大量民房被毁，损失惨重。灾后重建的联建政策让分水村崛起跨出了第一步。幸福公社充分利用与城市毗邻的优势，把受众焦点更多地放在城市中老年人上，通过营造生态绿色的田园生活，健康的邻里关系为业主创造关怀互助的氛围，农民通过提供一系列养老服务也获得了一定收入。

南宁市美丽南方利用村集体建设用地及村民的旧房屋进行维修改造和部分新建，在"住宿、餐饮、医护、养老、娱乐、环境、服务"等方面加强投资的同时，引入商业、旅游、餐饮、农家乐、儿童乐园、蔬菜瓜果、橄榄、花卉种植等相关业态。打造以集中养老设施、住宿餐饮、休闲娱乐、医疗护理、优质服务为一体的专业照护型智慧型养老社区（图7-11）。

国外案例

德国福利德纳村与附近大城市的距离都在20km以内，是一个包含多种社会服务设施的综合服务基地。这里目前有600

（a）旧屋改造

（b）膳食——餐厅

（c）娱乐——书画室

图7-11 美丽南方改造案例

(a) 静谧的环境　　　　　　（b) 住宅公寓的公共大厅　　　　　（c) 交友社

图 7-12　德国福利德纳村

多个居民居住，另外还有 200 多个陪护家属和义工以及专业的服务工作人员。这里经常迎来参观旅游的团队、社会公益团体以及参加教育培训的学员们。福利德纳村不是单纯意义上的养老院、护理院，而更像是一个生活化的村子，它通过融入社区概念把养老功能和村子整体很好地结合了起来，村里超市、餐馆、酒馆、卫生院等应有尽有，形成了一站式服务的新型养老社区。老人在环境幽静的乡村感受到周到的服务，同时有社区融入感（图 7-12）。

3) 科技创新支撑型

党的十九大以来，我国便进入城乡融合的阶段，城乡之间信息的交流与共享变得日趋频繁，科技的发展也给村镇带来了巨大的变化。科技创新支撑型是指村镇的发展依托于现代科技，促进农业"四新"科技成果转化，即新品种的培育、新技术的应用、新模式的探索、新设备的投入，发展农事体验、循环农业、技术培训、农副产品销售等一站式服务，推动现代农业高质量发展，增加农民收入的同时也加速了城镇化进程。该类型主要包含"农业＋互联网""农业＋加工研发"以及"农业＋科技"三种模式。

（1）农业＋互联网

"农业＋互联网"是指农业与互联网、局域网和物联网的高效连通，搭建了互联网农业平台，是一种以客户需求为主导的服务新模式。"互联网＋"是进行农产品技术推广的必然趋势，它不但可以提高农产品的生产效率，有利于农业产业链转型升级，还能够推进乡村旅游与农村电商融合发展，打开农产品变现的"快速通道"，实现"从田园到餐桌"的农产品供应链的稳定高效提升。

国内案例

安徽省巢湖市汤山三瓜公社依托优质的基础资源和区位交通条件，积极探索产业融合、文旅关联的农村电商新模式，发展精品化、定制化的"农业＋互联网"

休闲农业。三瓜公社的三个村,定位各不同,"冬瓜"为民宿村,"西瓜"为美食村,"南瓜"为电商村。南瓜电商村是安徽省"农业+互联网"的代表,它利用整治后的农田,开发了茶、泉、农特、文化四大系列的特色产品和旅游纪念品,通过对接线上平台,成立了半汤电商协会以及专业合作社,所有产品都按线上线下融合的方式进行销售与体验,既实现了农民增收,又促进了安徽农业经济的发展(图7-13)。

国外案例

"农业+互联网"是实现农业发展科技化、智能化、信息化的农业发展方式。欧美在信息化技术方面的应用成熟较早,19世纪末互联网覆盖率就接近40%。其中美国、澳大利亚、新西兰、韩国、日本等国家在"农业+互联网"上累积了较为丰富的经验,基本朝着资讯服务和交易平台两个方向发展,在市场竞争中占据有利地位,这些国家在"农业+互联网"的运用对我国有很大的借鉴意义(表7-2)[105, 106, 107]。

(a)乡村茶馆

(b)创客中心内部

(c)乡村直播入口

图7-13 安徽省巢湖市汤山三瓜公社

国外"农业+互联网"的运用　　　　表7-2

国家	模式	主要内容
美国	农业高效化	1. 农户通过电脑、手机或者平板电脑,实时了解农作物的生长状况; 2. 广泛运用土壤取样、农田绘图、变率播种等精准农业技术,制定最佳种植方案; 3. 利用产量分析技术预测收成、预估盈利和管理库存等

续表

国家	模式	主要内容
澳大利亚	农业信息化	1. 研发各种便于农民使用的智能软件，能够随时获取农产品的信息、学习新的种植技术与理念等； 2. 运用全覆盖的定位系统精确耕作，合理布局作物，还可以用于灌溉、灾害防治等方面
新西兰	农业要素融合化	1. 重视宽带基础设施的建设与发展，扩大偏远地区的网络覆盖范围； 2. 生态农业旅游信息化。农民与企业将产品以及旅游信息发布到网上，为游客提供互联网旅游资讯； 3. 建立共享网站，当地农民将有趣的生活发布到互联网上，游客也能利用这个平台分享自己的旅行故事，形成农民、企业与游客之间良好的融合互动
韩国	农业民众化	1. 转变政府职能，通过政府搭建 BtoB 农产品网上交易平台，搭建消费者与农户之间的桥梁，农民在主页上发布产品销售信息，消费者则通过农业电商网站获取农水产品消息； 2. 免费为农民提供电商技能培训服务，增加农业电商规模
日本	农业市场化	1. 完善农产品下单、输送、核算、售后等服务体系； 2. 构建农户与买家的综合交易平台，简化购买流程，减少人力物力材料的消耗，促进农产品高效流通

"互联网+"为农业现代化建设提供了新思路，是我国现代农业发展的重要切入点和落脚点。国内外的"农业+互联网"实践表明，在互联网背景下促使现代农业增长的动力源泉从要素驱动向创新驱动转变，现代农业逐渐呈现自动化、智能化、精细化、集成化的特征。而要想让"农业+互联网"对村镇发展产生积极的影响，就必须与当地实际情况相结合，不但要有因地制宜的措施，符合现代农业的发展趋势，还要有精准的市场导向以及临机应变的判断能力。

（2）农业+加工研发

"农业+加工研发"是指结合传统乡村文化底蕴、景观资源优势和创新的经营思路，逐步完善各个环节的个性化定制服务，形成从生产、采摘到加工、研发再到销售和服务的综合产业链。

国内案例

武汉市江岸区法泗镇珠琳村依托周边高校所具备的科研优势开展自上而下的校企合作，以此来助推珠琳村产业升级。以规模最大的栀子花种植为例，该村通过与武汉市高校合作进行精油产品研发，开发了蜜饯、茶叶、精油、药材、化妆品等一系列旅游产品，同时设置了游客互动体验的环节，实现资源的有效整合，增加农产品的附加值与品牌效应[108]。

国外案例

澳大利亚"猎人谷"位于新南威尔士州,该区域拥有不可复制的地理环境、特殊的生物气候以及优质的土壤条件,是孕育葡萄酒的天然工厂。该区域立足于葡萄酒产业,聘请专业团队开发不同的葡萄酒产品,同时将田园观光、旅游度假、休闲运动、酿造体验等多种业态融入其中,打造葡萄酒文化新名片,以与众不同的葡萄酒品质招揽天下游客(图7-14)。

(3)农业+科研

"农业+科研"是指依托于高校研究室、国内外重点科研机构、科技型企业等专业人才队伍的力量,完善现代农业生产基地,发展智慧农业与数字乡村建设,严格把控农业生产中的任何环节,提高农产品的品质控制与质量改进能力,从而激发乡村振兴的动力。

(a)入口

(b)葡萄酒产品

(c)体验型交通网络(庄园观光活动)

图7-14 澳大利亚"猎人谷"葡萄酒庄园

国内案例

深圳大鹏现代都市田园综合体的纳米农业产业园区，依托华南农业大学的资源环境，利用纳米技术改进基因的操作方法提高优质、高产、抗逆生物新品种培育效率，同时设置了商务度假酒店、特色花圃等配套，形成了集科技基地、农业科普、休闲观光于一体的产业园区。而高科技农业示范区通过采用智能温室、自动水肥一体、物联网、农产品质量追溯等先进农业设施和技术，进行有机、绿色、无公害种植，发展智慧科技农业，带动了传统农业向现代农业转型。

湖州市吴兴区田园综合体作为浙江省田园综合体的试验样板，它以物联网技术为支撑，借鉴工业化理念发展现代农业，对传统农业种植，养殖模式进行全面的改造升级，其中包括温度感应系统、远程操控系统、数据管理系统以及信息采集系统等的设立，这些举措扭转了农业小而散的经营局面，进而推动农业从数字化到网络化再到智能化的高级阶段，通过农业的规模化种植、标准化生产、品牌化建设，促进农作物增产、提高农民收入、实现乡村振兴（图7-15）。

（a）智能温室　　　　　　　　（b）农业智能化生产

图7-15　浙江湖州吴兴区田园综合体

4）资源整合型

资源整合型体现的是各种资源要素的整合，它是包含了农、林、牧、渔、加工、制造、餐饮、金融、旅游、康养各行业的产业融合体和城乡复合体。该模式是通过第一、二、三产业的高效联合，全方位激活乡村资源要素，破除"城—乡"相互制约的关系，从而加快城乡融合发展步伐。

国内案例：

江苏省无锡市阳山镇邻近城市，交通便捷，区位优势明显，拥有良好的农业基础与生态基底，具备成为城市后花园以及发展乡村旅游的优势。该村"田园东方"项目探索城乡融合发展的新模式，是我国首个田园综合体实践项目。

该项目将村内的有利资源整合成了现代化农业生产、文旅休闲和田园生活三大板块。现代农业生产板块是基于万亩桃园规划有机农场、水蜜桃生产、果品设施栽培、蔬菜水产种养等4个农业产业园，延续水蜜桃特色与产业转型升级同步进行，以此拓展农业发展新方向；文旅休闲板块是展示乡村文化魅力的窗口。设计师将10栋老房子塑造成容纳住宿、餐饮、教育、集市、体验等业态的容器，从而形成对不同人群的强力磁场，引导乡村社会的多元发展；田园生活板块是在维持乡村原有景观风貌和空间肌理的基础上，将农耕、生态、养生、居住等功能融入其中，满足城市居民"归园田居"的精神需求，打造成一个原住民、新移民、外来游客生活交融的共享社区（图7-16、图7-17）。

（a）现代农业

（b）田园大讲堂

（c）养老社区

图7-16 无锡田园东方一期

(a)整体格局

(b)街巷空间

(c)亲子乐园

图 7-17 无锡田园东方项目

国外案例:

美国弗雷斯诺(Fresno)农业旅游区是探寻城乡融合发展、重塑均等化城乡关系的代表案例之一。该区域涵盖综合服务镇、农业特色镇、主题游线三方面内容。综合服务镇是依托便捷的交通、优越的地理位置以及完善的配套服务设施等构建城乡居民互动交流的共享平台;农业特色镇是基于当地既有的农业资源打造集约化、规模化种植基地,同时开发种类丰富、功能齐全、市场导向清晰的旅游产品,形成农旅结合,产销并进的体验式农业;主题游线则是以赏花径(Bloom Trail)和水果游(Fruit Trail)为主题的两条游线为导向,结合田园观光、农事体验、休闲娱乐等功能串联重点旅游项目，并通过举办 Selma 葡萄干节与嘉年华、Kingburg 瑞典节等节庆活动，使 Fresno 农业旅游区四季皆有景、全年有活动，为农村聚集人气，从而激发农业特色小镇的活力。除此之外，Fresno 利用区域范围内生态资源开发了 10 大功能类型各有侧重的旅游项目，以此满足不同人群需求（表 7-3）。

Fresno 农业旅游区的项目类型　　　　　表 7-3

类型	项目	内容和特征	服务人群
科普观光	花草果园 Blossom Bluff Orchards	80 余亩、150 多个品种的果树	旅行团
	Aspen Acres 农场	多类别动物等科普观光	青少年、家庭
休闲体验	斯摩尼亚农场 Smonian Farm	全年蔬果采摘、虚拟漫游、酒吧	年轻人
	希尔克莱斯特农场和瓦托克铁路 Hillcrest Farm and Wahtoke Railroad	圣诞节派对+葡萄种植+观光车	青少年、家庭
	斯阔谷花园 Squaw Valley Herb Garden	薰衣草观光、园艺、美食、购物	学生、亲友、旅游团
产品销售	圆形牧场 Circle Ranch	果园观光、园艺、美食、购物	水果商、旅行团
	阳光少女销售中心 Sun-Maid Raisins Headquarters&Store	葡萄种植与干货加工中心	
	农场超市 Rue and Gwen Gihson Farm Market	果树、花卉、有机农产品销售	
自然观光	奇迹谷牧场度假村 Wonder Valley Ranch Resort	75 余亩林地，内有 SPA 等	企业、家庭、旅行团
	凯利海滩 Kellys Beach	临河谷，公园内有漂流、露营等	年轻人、家庭、自驾

7.2.2　田园综合体的发展思路

（1）农业主导发展

"农业主导发展"是农业产业链的延伸以及农业功能的拓展，形成"CSA+休闲农业+现代农业"的发展方向，服务人群多为都市消费群。

CSA（Community Supported Agriculture, 即社区支持农业）的核心理念是农

民和都市居民之间建立一种共担风险、共享收益、公平互信的关系，该模式为我国都市居民休闲方式及城乡可持续发展提供了新理念[109]。休闲农业是为人们提供观光休闲、生活度假的新型产业，它是基于农业，融合"三生空间"、构建"三产合一"的产业聚集形态。现代农业产业园则是在传统农业基础上引进现代工业与技术等生产要素，发展以科普研发为主体的科研教育，以多网融合为支撑的智慧物流，以网络平台为媒介的网络信息，以市场为导向的专业管理，打造高端品质的农业成果展示窗口，带动周边农业经济。

（2）文旅主导发展

"文旅主导发展"是塑造"旅游型产品+度假型产品"的组合，其中包括丰富文化产业的功能、规模以及空间搭配，另外，还要发展以地方文化为特色的本土文化，让丰富的文化生活内容以及多元化的业态来形成城市后花园以及城市居民旅行度假目的地，服务人群多为周末及日常车程2小时半径左右的城市居民。

乡村旅游型产品是以自然景观、历史文化、民风民俗、地形地貌为支撑，拓展观光、商务、体育等形式多样的休闲功能，使其成为村镇建设中的点睛之笔，吸引城市游客前来游览体验。度假型产品则是根据当地实际情况与现实需求，着重打造形成具有地方特色的产品项目，如郊野宿营、山地温泉、滨海走廊、野餐聚会、婚纱摄影等不同类型的娱乐活动，并且以主题游线的形式，串联起村镇中的各个节点，增强田园综合体区域之间的联动。

（3）社区主导发展

"社区主导发展"是乡村新型社区的一种探索模式，它是以"地产+配套"的开发形式，营造一个既包含原住村民，又可以容纳新移民以及外来游客的新型社区。

乡村地产是田园综合体开发的核心板块。在具体建设过程中，应当在保持村镇原有风貌肌理的基础上，盘活闲置用地或房屋，补齐主导产业的短板，如建立培育基地、养老公寓、教育基地等，打造具有生活气息的居住区，优化村镇整体发展格局。另外这些乡村休闲地产往往还需要依附于专业化的管理和高品质的服务，才能形成强有力的支撑，建设诸如民宿集群、医疗机构、商业购物、文化中心等复合型场所满足使用人群的"高级需求"，为田园综合体赋能增值。

小结

田园综合体发展思路有"农业主导发展""文旅主导发展"和"社区主导发展"三个方向，其服务人群主要为城市居民，针对不同的发展思路有基本的设计策略，总结如下表（表7-4）：

田园综合体发展思路　　　　表 7-4

方向	农业主导发展 （CSA+ 休闲农业 + 现代农业产业园）	文旅主导发展 （旅游型产品 + 度假型产品）	社区主导发展 （配套 + 地产）
服务人群	精品农业有机农业时尚农品的都市消费群	周末及日常车程 2 小时半径左右的城市居民	中产知识分子阶层、富裕阶层、工薪阶层、郊区居住的养生养老度假人群
设计策略	基础（农业）+ 资源点（自然和土地资源）	主导 / 脉络（乡村旅游休闲）+ 吸引点（现代农业的生产生活 + 地方特色的本土文化）	核心（乡村休闲地产）+ 支撑点（休闲商业项目）+ 盈利点

7.3　村镇田园综合体的发展趋势

田园综合体是基于当地农业的延伸与发展，整合了现代农业、文旅休闲、田园社区等重要内容。在现今高速发展的时代，"田园综合体"的建设试点也在加快推进，其优化升级方向也有它的必然性，纵观国内外不同类型田园综合体的建设现实情况以及政策背景，可以预测今后的发展趋势有以下三点。

7.3.1　从独立发展向集群发展转变

当前"田园综合体"在全国各地如火如荼地开展，分布范围广但规模较小，大多局限在小范围内的自我发展，缺乏综合性、整体性以及协同性。我国已进入城乡融合发展的崭新阶段，村镇的建设也迎来了新机遇、新内涵、新动力以及新前景，田园综合体的发展势必要突破既有的独立封闭状态，增强其开放性与异质性，构建从点到面的集群化发展模式（图 7-18），带动周边村域联动发展，形成连片示范效应，这样才能实现城乡共同繁荣。

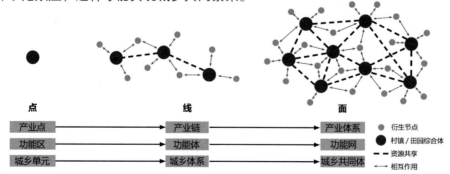

图 7-18　田园综合体的拓展示意图

7.3.2 从线性发展向网络发展转变

产业支撑是田园综合体发展的不竭动力，要想让田园综合体有条不紊地运行，构建多元化产业经济体系、满足多层次产业需求、激活孵化新业态必不可少。但随着田园综合体的推广与发展，村镇传统单一的种养殖业以生态农业、智慧农业、循环农业、农事体验等全新的面貌呈现在人们眼前，以此实现既有产业的更新换代，未来田园综合体将会从单一产业链向复合性产业网络发展，吸引城乡各类要素的聚集，逐步从城乡单元转变成城乡共同体。

7.3.3 从资源整合向资源共享转变

在田园综合体的建设之初需要充分挖掘当地既有资源并进行重新组合，使其发挥最大的使用价值。随着城乡融合发展的持续推进，未来田园综合体不再以一个单独的单元而存在，它会在土地、科技、人才、资金等聚集之下，实现传统资源与现代高端要素的配置重组，形成一个城乡资源共享的平台。

小结

"田园综合体"的概念是乡村振兴战略下以当地农业为根基，结合地方历史文化、民俗风情、生态资源以及地理环境等发展现代农业、文旅休闲、田园社区，形成一个城乡交流与互动的共享平台，主要由田园景观区、文化体验区、产业融合区、生活拓展区、服务管理区等五个功能区组成。

我国幅员辽阔，不同地域的环境条件和设计语境差异巨大，通过对现阶段建成的田园综合体分析，将田园综合体分为：依托资源型、依托城市型、依托科技型、资源整合型等四种构建模式。每个模式通过国内外案例，通过对比分析以及经验借鉴，提炼出田园综合体"农业＋文旅＋社区"的打造策略。未来田园综合体不管是在规模、产业还是资源方面势必会突破其自身的局限，放眼于区域背景，立足于当地现状，与周边村镇协同共进，实现建设内容与发展路径的多元化发展。综上，田园综合体的设计应扬长避短，着力于保护性开发，环保型创造，可持续性发展。要在尊重农民自身的相关意愿基础上借助当地的自然资源优势，把山水林田湖草作为一个生命共同体，进行统一保护、统一修复。应进行适度开发和统筹发展，推进乡村绿色发展，打造人与自然和谐共生发展新格局（图7-19）。

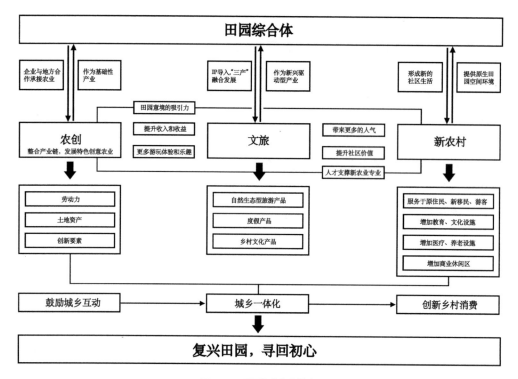

图 7-19 田园综合体的模式

◆ 思考题

1. 田园综合体的内涵是什么？
2. 简述田园综合体的构成，并尝试用图示语言解析。
3. 简述田园综合体的建构模式。
4. 简述田园综合体的发展思路，请结合实际案例进行解析。
5. 简述田园综合体综合发展趋势。

第 8 章 村镇新型公共建筑

8.1 村镇新型公共建筑的内涵

8.1.1 村镇新型公共建筑的发展因素

1）村镇传统公共空间的演化

村镇公共空间既是村镇公共建筑的核心，也是村民的社交中心。自中华人民共和国成立以来，随着社会的变迁，乡村经济的快速发展，乡村建设随之发生了巨大的变化（图8-1）。与此同时，村镇公共空间也呈现了不同的特征，乡村文化及社会形式也受到了现代化的影响。通过研究各个时间阶段的村镇公共空间特点发现，文化、政治、经济等主导因素推动了村镇公共空间特征的不断演变，因此，不同时代背景带来的政策促使村镇公共建筑不断发生重构。

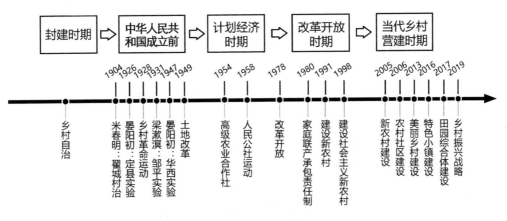

图 8-1　乡村建设的发展历程图

村镇公共建筑的特征演化是顺应时代而发展的（表8-1）。2017年财政部发布《关于开展田园综合体建设试点工作的通知》，提出搭建城市与乡村之间资源共享的平台，拓宽信息交流与互动的渠道，持续刷新村镇的"颜值"与"内涵"，使村镇的发展向现代化转型。公共建筑作为田园综合体模式的重要场所载体，在建造过程中务必要正视时代发展所带来的机遇与挑战，实现功能类型的延伸拓展以及场所氛围的复合联动。

村镇公共空间的演变　　　　　　　　　　　　　　　　　　　　　　　表 8-1

时间	组织形式	空间特点	公共空间的作用	公共空间的性质	实例
1949 年以前（中华人民共和国成立前）	自组织模式	封闭、单一、受外界干扰少	村民获取外界信息和生活乐趣的主要场所	与村民日常生活息息相关，具有强烈的生活属性	
1949–1978 年（中华人民共和国成立后）	有组织模式	开放、单一，大部分是田野或生产场地	宣扬政治和生产生活的主要场所	具有浓厚的政治和生产色彩	
1978–2002 年（改革开放后）	以"家庭"为单元的劳作方式	呈现多元化、现代化的特点	除了满足基本功能外，还是村民的社交场所	随着市场经济和信息化的发展，公共空间形式呈现多元化	
2002 年–至今（新农村建设）	被动式的组织模式	"自上而下"的运动方式	建设进入新阶段，空间功能多元融合发展	忽视了农村固有的乡土文化特色	

2）城市功能的外溢

城乡关系是指城市和乡村之间的互动模式与一般联系，它们既可以是彼此之间的推动力也会是阻挠力。近年来，乡村建设一直是我国重要的理论与实践高地，目前我国已进入"城乡融合"发展的新阶段，乡村建设迎来了新机遇、新内涵、新动力以及新前景，它打破了原来自然封闭的状态，不再是单一化的村貌改造，也不是固有的居民点聚集模式，在其发展过程中开放性与异质性不断增强。

在这样的背景下，村镇公共建筑的职能变得更加多元化，它不仅要考虑村镇内生的需求，也要承接城市外溢的功能，这是实现城乡要素自由流通以及建立均等化城乡关系的关键。

8.1.2　村镇公共建筑的概念内涵

1）村镇新型公共建筑的概念

广义的村镇公共建筑是指乡村聚落中的除居住建筑以外的其他建筑。狭义的村镇公共建筑则是人类开展各种公共活动时所使用的某一建筑物，它是传统聚落中的村民进行各种社会活动的场所，覆盖了社会、经济、文化、精神等不同的层面[110]。村镇新型公共建筑不仅仅是承载村民各类活动和情感的场所，同时也承担着为外来游客提供适当的活动空间以及促进城乡居民交流互动的作用，包含卫生院、礼堂、中小学、党建中心、图书馆、会议中心、工坊、茶舍等多种类型，它们具有村庄记忆，在进行现代化更新的同时应注重传统优良基因的保留，重塑公共空间体系，为乡村发展提供优质的硬件条件。

2）村镇新型公共建筑的特点

（1）时代性

村镇公共建筑与村民的日常生活有着直接关系，传统的公共空间主要是依赖于自然条件和简单的生活设施，然而随着时代的变迁和社会经济的发展，不管是在乡村家庭结构方面还是村民生产生活方面，都发生了巨大的变化。传统公共建筑，如宗祠、寺庙、戏台等类型均已无法满足人们对现代生活以及交往的需求。村镇公共建筑作为现代乡村转型发展的重要成果展示，它的设计必须要结合时代精神与当地的现实情况，以开放、包容的姿态为乡村聚力赋能，营造出符合时代特性的场所氛围。

（2）在地性

中国工程院院士王建国曾说："村镇聚落的形成与发展是一定地域范围内生物气候与地理环境的综合反映，因而也具有明显的在地性。"他所主张的在地性涵盖以下三点：首先是建筑材料的因地制宜；其次是建造方法的世代沿袭；最后是文化传统的传承延续[111]。村镇公共建筑既是村民公共生活的重要"容器"，也是乡村建设的核心"内容"，它的精髓不光是建筑本身的形态，更在于其所代表的文化背景，包括历史、人文和传统的生活方式，如大树下的集聚场所、院落等是乡村建筑文化中不可忽略的人文趣味元素。在全球化扩张趋势下，村镇公共建筑在具体建设过程必须要体现它的"在地性"，其中包含了从地域建筑形态构建、地域文化融合设计到地方材料建造实践的多重内涵。

8.1.3 村镇公共建筑发展存在的问题

近40多年来，快速的工业化和城市化进程加剧了人口流动，国内掀起了大规模的乡建热潮。然而我国乡村数量庞大，每个乡村都具有其复杂性与特殊性，建设情况参差不齐，建设现状也有云泥之别。基于实地调研、和村民访谈等数据的总结，我们将当今村镇公共建筑的现状问题进行体系化梳理（图8-2）。

（a）随意改建的农宅

（b）格格不入的粉刷墙

（c）徽派建筑与砖墙的拼接

图8-2 乡村建设面临"特色危机"

随着城市资本和商业消费注入乡村，大量"网红乡村"快速建造和营销以刺激乡村旅游，田园风景、传统手工艺成为符号化和标签化的产品，传统村镇公共空间被迅速瓦解，呈现出空洞单一的趋势。因此，在当代乡村复杂、特殊的发展现状下，村镇公共建筑在建设过程中面临着多种问题，经过分析总结，我们将问题归纳为以下几点：

1）本土材料与建造技艺衰败

随着科学技术的进步与信息快速发展，传统的建筑语汇在世界范围内逐渐边缘化，那些具有地域性特征的砖瓦房、土坯房、稻草房的材料与技术却在当地人眼中却成为贫穷、落后与无知的象征，取而代之的却是拼贴仿古的小洋楼与模块化、同质化的建造形式。但事实上，以当地工匠师傅（木匠、石匠、瓦匠、铁匠等）为主导的建造方法远比现代社会程式化、标准化、机械化的生产方式更绿色、低碳且具有环境适应性的特点，即使在同一地理范围，依然呈现出"屋屋皆相似、屋屋都不同"的特征[112]（图8-3）。近年来，失当的技术策略致使众多的传统建筑几乎消亡殆尽、地方知识体系土崩瓦解，这些中华民族的智慧结晶也逐渐地被人们所淡忘……

图8-3 传统建造技艺与本土建构体系

2）村镇特色空间消逝

古代的宗祠寺庙，溪流旁的台阶，道路的交叉口、村入口的一棵古树等均属于传统的公共空间，它们既是乡村社会的缩影，也是乡村社区空间活力的源泉，具有极强的公共性、自组织性。

然而目前那些违背村镇发展规律的快速建造活动打破了村民质朴的生活，戏台、祠堂等公共空间被新型城市文化消费空间代替，古寺、井台等这些曾经承载村民日常生活的特色空间正在逐渐消失，改变了传统乡村中人与土地之间亲密的地缘依存关系，使社区生活空间失去吸引力和凝聚力（图8-4）。

图 8-4　消逝的传统公共空间

3）产业空间类型单一

在当下的村镇中传统产业均以原有第一产业为主，生产力低下，而其他产业收益甚微，多为村民自发产生的零售业、餐饮业、制造业等等。伴随着乡村旅游以及新型城镇化的推进，衍生出了新的产业结构，但是零散的个体产业难以联合在一起形成规模、大幅度带动村落的发展。

4）村镇社区文化断层

早期的乡村社区社会关系相对简单，主体主要为政府与村民。随着城镇化的推进以及旅游业的进一步发展，商业旅游的气息逐渐包围村镇集体生活，乡村社交网络也变得日趋复杂化，原住民、新移民、租户、打工人、城市游客等不一样社会身份和文化背景的人共存于社区。这对于村民而言，不仅是经济冲击也是文化冲击，更甚者是价值观的冲击，那些承载着"场地记忆"的文化空间变得难以界定和维系（图 8-5）。

图 8-5 逐渐断层的乡村社区文化

8.2 村镇新型公共建筑的类型与案例研究

传统的村镇公共建筑主要分为以古寺、庙宇、祠堂等为主的祭祀建筑,以书院、私塾、戏台、进士牌坊等为主的文教建筑以及以商铺、会馆、旅店、酒楼、作坊为代表的商业建筑,它们多为面向居民日常生活的公共建筑。但如今,我国进入了城乡融合发展的崭新阶段,随着美丽乡村、特色小镇、田园综合体等实践模式的推广,这些村镇公共建筑不再有如此清晰的界定,逐渐呈现出空间设计开放化、业态形式复合化、功能类型灵活化的发展趋势(图 8-6)。依据村镇公共建筑在乡村建设发展中承担的主导产业,我们将其分为以下五种功能类型:文教复合型、文旅体验型、生活拓展型、产业融合型和农业生产型公共建筑。

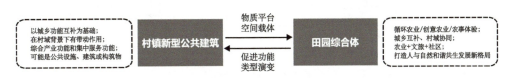

图 8-6 "田园综合体"与村镇新型公共建筑的关系

8.2.1 文教复合型公共建筑

文教复合型公共建筑是指以文化和教育为依托带动乡村发展，期望在改善当地教学环境的同时塑造开放、共享的通用空间，丰富乡村公共空间类型，加强各个年龄阶层之间的沟通与联系。该类公共建筑主要包括乡村中小学、教育工坊、青少年营地等。

云南省西北的丽江市玉湖完小，在教育资源匮乏、资金紧缺和场地局限的条件下将现有资源有效整合而建造完成。在对当地传统建造技术、建造材料以及现有资源的研究基础之上，设计在满足学校教学功能扩充的同时考虑校舍在村子的复合功能，学校成为一个社区共享空间、村民聚集活动的公共场所。

建筑由两个不同功能的合院创造了复合的乡村功能空间。整体布局上吸收当地传统四合院形态，以一端的古树为中心，采用"Z"形布局，将院落一分为二，其中一个合院被东、北两侧并排的教室单元和周边景观所界定，构成了师生活动的内院空间；另一个合院由一个教室单体、带展览空间的社区中心以及洛克故居的外墙共同围合形成社区公共的院落空间，这个院落向整个村镇开放（图8-7）。

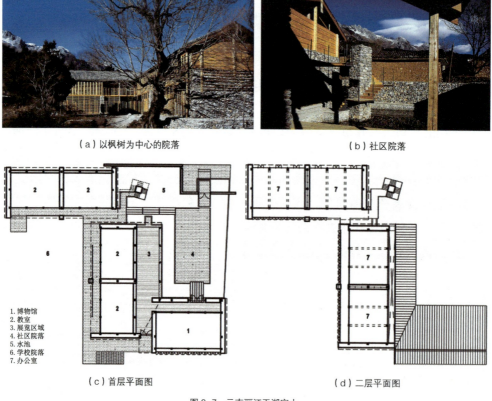

（a）以枫树为中心的院落　　　　（b）社区院落

1. 博物馆
2. 教室
3. 展览区域
4. 社区院落
5. 水池
6. 学校院落
7. 办公室

（c）首层平面图　　　　（d）二层平面图

图8-7　云南丽江玉湖完小

贵州省平桥村"雷励青少年营地"原是一所撤点乡村小学,场地内有一栋已废弃的三层教学楼。由于用地受到限制,设计采用集约布局并充分利用被闲置教学楼,结合当地传统工坊的形式,将小学打造成为一个长期向社区孩子开放的活动场所。青少年营地在定期举办雷励活动的同时,也为其他公益机构来本地社区服务提供支持,构建了一个公益教育与乡村建设的互动平台,不但丰富了当地的公共空间,还为乡村发展与青少年成长持续赋能(图8-8)。

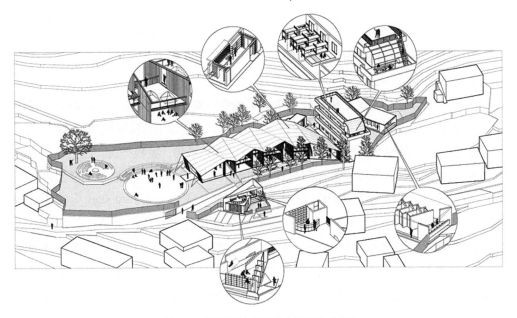

图8-8 贵州平桥村"雷励青少年营地"轴测图

江西省万安县夏木塘村是国家3A级旅游景区,也是"中华民间游戏村",2019年,CBC建筑中心集合国内外各大建筑高校的力量,通过节点针灸的方式,以点带面,重塑乡村活力,旨在将其打造成为一个集休闲、交流、娱乐、学习于一体的体验式教学基地。竹莲之家儿童书房的设计便是其中之一。

该项目致力于解决留守和流动儿童的情感孤独和教育资源匮乏问题,采用低技术、低成本的设计解决乡村留守儿童的活动、看书场所问题。场地紧邻村子中心祠堂,该场地也是村民上山的必经之路,建筑方案中需要预留出未来人流通道,其次场地透过斑驳的竹子,隐约还可以看到远方的稻田。设计通过对场地特质的思考,利用"竹林"形成的点状非限度性空间,延续场地原本的穿过性与渗透性,赋予儿童书房特殊的使命。儿童书房的建成为整个村子服务,旁边的祠堂主要以更新与梳理为主,承载村里的各种活动,而新置入的部分则可以容纳儿童剪纸读书等互动活动,成为陪伴孩子们成长的乐园与连接城市和乡村的通道(图8-9)。

(a) 鸟瞰图　　　　　　　　(b) 场地的通过性　　　　　　(c) 新建部分内部空间

图 8-9　夏木塘竹莲之家儿童书房

8.2.2　文旅体验型公共建筑

文旅体验型公共建筑是指充分利用周边的景观资源以及便捷的交通路网，形成以休闲体验、旅游服务为主导功能的一种模式。该类公共建筑是推进城乡融合发展的重要节点，主要包含乡村博物馆（文化馆）、乡村酒店、乡村茶舍、民宿客栈等。

河南省信阳市新县周河乡西河村拥有良好的生态基底与历史底蕴深厚的古建筑群，具备发展乡村旅游的潜力，但由于经济落后、人口流失、文化缺失等一系列原因，当地的旅游业发展受阻，打破这一僵局除了要整村改造以外还亟需一个既能服务游客又能服务村民的综合性场所，西河粮油博物馆及村民活动中心便由此产生。考虑到资金的匮乏，设计重点放在已荒废且具有历史纪念意义的两座粮仓上，其中一座改造为以当地茶油文化为主题的参与性展览空间，重塑乡村在地资源的品牌效应以得到地域性的认同，以此带动村庄经济的发展；另一座则改造为村民集聚交流的活动场所，丰富村民乡村生活内容的同时也填补了村庄公共设施不足的缺陷。在设计的整个过程，建筑师的作用是一个引导者，而村民享有更多的主动权，从建设出资到设计决策再到技术实施与后期经营，村民的参与贯穿始终，最大程度地保留村民自建的积极性（图 8-10）。与西河粮油博物馆及村民活动中心类似，浙江省杭州建德市"渔乡茶舍"率先启动"全域旅游发展战略"计划，这里整合当地茶文化、山川江景等丰富的旅游资源，打造了一个可游、可玩、可看、可思的文化体验场所（图 8-11）。

贵州省贵安新区车田村位于城市近郊区，优越的地理区位、丰富的自然资源、独特的古建筑群以及深厚的苗族文化成为乡村旅游的助推力。车田村文化中心作为村民和游客共同享用的公共领域，是整个村人文地理环境的有机结合。设计提取村镇文化原型中"石"的记忆与当代工业化并置的方式再建了一种"信仰教化 + 世俗公共性 + 技艺传播"的社会物质性结构，建筑以西南角的石头房、九龙坡、水车水渠、苗戏台、空坝子、戏台等多种传统元素作为空间原型，运用现代建筑

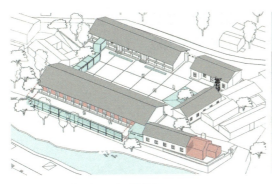
（a）轴测图

（b）村民协力共建

图 8-10　西河粮油博物馆及村民活动中心

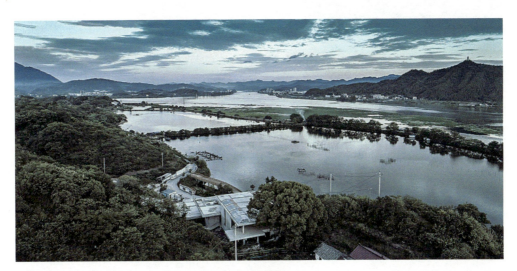
（a）鸟瞰图

（b）局部空间

图 8-11　浙江省杭州建德市"渔乡茶舍"

的语汇表达地域文化内涵，将这些传统元素以台阶、坡屋顶、灰空间、广场、内院的形式呈现在人们眼前，作为传统乡村生活中公共交流、工作、节庆、体验、技艺传承转译的物质载体（图8-12）。

（a）鸟瞰图

（b）手工石砌墙体

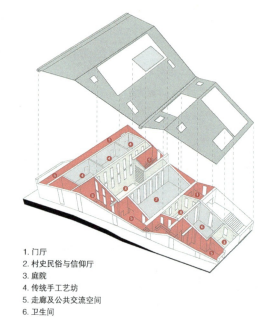

1. 门厅
2. 村史民俗与信仰厅
3. 庭院
4. 传统手工艺坊
5. 走廊及公共交流空间
6. 卫生间

（c）轴测图

图8-12 车田村文化中心

8.2.3 生活拓展型公共建筑

生活拓展型公共建筑是为了补齐村内公共服务设施和活动场地欠缺的短板，整合并拓展当地村民的生活内容，关注村民生活的多样性、丰富性和细微性而产生的一种建筑模式，包括村民文化中心、卫生院、乡村图书馆、社区服务中心、党建活动中心等多种类型。

上海市崇明岛侯家镇文化活动中心将喝茶聊天、打牌下棋、读书看报、书法绘画、活动健身、唱戏和舞蹈等多种内容综合组织在一起，为居民提供一个自发聚集的生活场所（图8-13）。

浙江省松阳陈家铺平民书局，位于中国东南内陆的丘陵山地，独特的文化与地理条件，孕育了"陈家铺"的崖居聚落形态。在乡村振兴的热潮下，政府想将其打造为连接当地村民和"异乡读者"的公共生活纽带，使之成为地方文化创意产业点。书店是在村民礼堂旧址上进行的创新设计,它是村镇的公共中心之一,但由于相对僵化以及老化的木结构体系,使其空间灵活度与自由度受到一定限制,无法满足现代生活的使用需求。为了解决这些问题,设计首先是抬高屋架的支撑结构增加建筑隔层,增加空间的使用效率;其次在原有屋架的纵横方向增加次级联系杆件,加强主体结构的稳定性,将原本封闭、消极的村民礼堂变成公共、开放的公共空间,承载村民聚会、学习、研讨等活动的同时也能够为外来游客提供非比寻常的阅读体验(图8-14)。

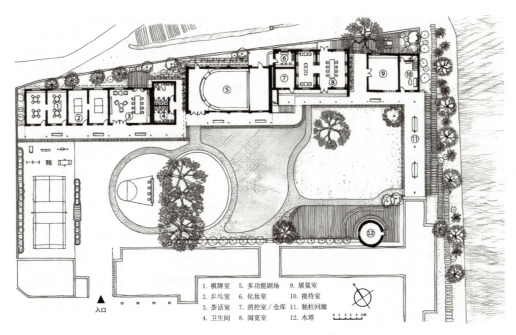

图8-13　崇明岛侯家镇文化活动中心

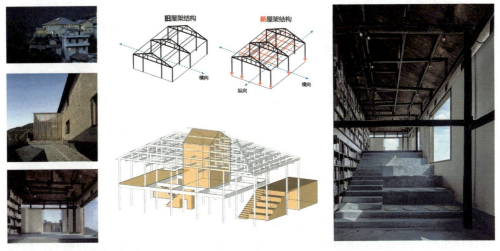

图8-14　浙江省丽水市松阳"陈家铺平民书局"

（a）建筑外观与局部空间　　　　　　　　　（b）建筑屋顶形态

图 8-15　湖南省湘西土家族苗族自治州保靖县昂洞卫生院

湖南省湘西土家族苗族自治州保靖县昂洞卫生院不同于以往封闭的农村医院，设计师将其重新定义为一个让公众享用的公共建筑，将其开放的环形走廊、天井空间和屋顶天台等作为村民的休闲生活空间，在为村民提供卫生院所缺乏的基本医疗设施的同时创造向社区开放的空间（图 8-15）。

8.2.4　产业融合型公共建筑

随着村民生活方式和乡村社区社会结构的改变，曾经主导村镇发展的传统农业已经难以满足村民现在的生计诉求，现代科技的引进促使各个产业之间相互渗透，以加工研发为主的第二产业和以旅游服务为主的第三产业开始纳入产业发展体系中。在这样的背景下，催生了以会议（或观演）中心、农产品展销中心、手工作坊体验中心等为代表的产业融合型公共建筑。

福建省南平市武夷山竹筏育制场位于武夷山风景区内部，丰富的自然资源与文化资源促进了当地旅游业的发展。在众多旅游项目之中，游客们对"竹筏漂流"的呼声越来越高，但仅仅依靠传统手工作坊生产的竹筏不但要耗费大量人力物力，而且供应速度远远跟不上需求速度，该地的产业发展出现了危机。因此景区急需一个统一集中的工业厂房来代替零散的手工作坊，带动村域范围产业转型发展，改善景区的整体环境。

竹筏育制场区别于普通的工厂，它更加强调建筑与场地以及周边环境的关系，注重建筑性格的表达，如建造结构、材料等。建筑主要分为加工制作区、办公生活区和货物储存区三个部分。加工制作区充分考虑了竹筏制作的流程，平面上划分了工作区与休息区，主工作区进深采用 14m 的完整空间来满足毛竹的平铺长度与操作范围。剖面上则采用平屋顶与斜屋顶组合的方式保证自然光的摄入；办公生活区的外廊设置在靠南一侧，目的是让每个房间获得最大的景观视野，立面上利用竹子的疏密排布进行遮阳处理，提高建筑的热工效应。货物储存区实质上是储存毛竹的场所，竹子的排放特别有讲究，从平面上看它与建筑形成了一个夹角，这样不但节省了用地空间，而且还改善了内部的采光与通风，使竹子保持干燥的状态（图8-16）。

成都市大邑县董杨镇在当地政府扶植下，建设了除农作种植以外，同时兼具农业技术研发、展览、办公、休闲等多种功能的新型公共建筑——"农科基地展示中心"，以此来回应田园综合体背景下所带来的产业发展机遇。

农科基地的设计突破相对封闭的陈列模式，注重建筑、场地和人全方位的融合与对话，在吸收川西传统干栏式建筑防潮、便捷等优点的基础上，结合现代生活方式，使建筑呈现出一种开放、朴实且富含生活气息的形态。建筑共两层，架空的底层是开放式种植展示空间，相对私密的办公、技术研发以及相关配套功能则设置在二层，两层之间通过设有活动平台以及植物展示架的立体坡道连接，不仅扩大了景观视野，而且还在无形之中将新的种植理念传递给人们，营造出一种"游览式"的展示空间，增加建筑空间的趣味性与灵动性（图8-17）。

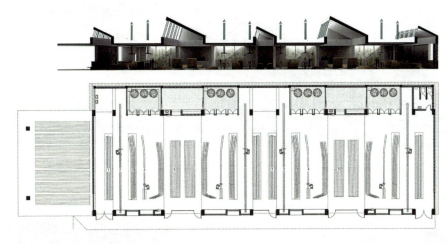

（a）加工制作区平面图及剖透视图

（b）加工大车间

（c）宿舍外廊

（d）储藏间

图8-16 南平市武夷山竹筏育制场

在城镇化与现代化的催化下，村镇公共建筑作为连接内外的重要媒介，不可避免地需要引入新的功能类型去适应乡村转型的发展诉求。以南京石塘村互联网会议中心为例，该村未来定位为互联网小镇，目前石塘村整体改造以及特色民宿、餐饮的配套服务设施建设均已完成，后续发展中互联网创业大赛将会带来观演、会议等新功能，这对乡土性的保留和建造技术的更新都是一番考验。该项目设计将传统乡村中"公社礼堂"的折形屋面与"果蔬大棚"的拱形棚面组合叠加并运用现代装配式杆件结构加以改良，形成了新的结构体系，该体系能够在承载大体量、大跨度空间建造要求的同时延续传统建筑固有的地域性特征（图8-18）。

福州市前洋村农夫集市是村民走出乡村的第一站，这是一座集宣传展示、电商平台、科普教育、农产品线上线下交易和乡村物产田园体验于一体的现代新型村镇公共建筑。建筑由废旧老宅改造而成，改造采用折面屋顶，屋顶采用当地传统的青瓦白脊，立面采取钢结构与木结构，实现传统技艺与现代技术的有机结合。整个建筑采用微介入的手法，对场地进行最小的干涉从而达到乡村复兴的目的（图8-19）。

（a）建筑外观　　　　　　　　　　（b）种植展览空间

图 8-17　成都市大邑农科基地展示中心

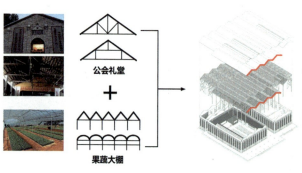

（a）新型屋顶结构组合　　　　　　（b）建筑实景

图 8-18　南京市石塘互联网会议中心

(a)鸟瞰图

(b)保留的老宅

(c)农夫市集

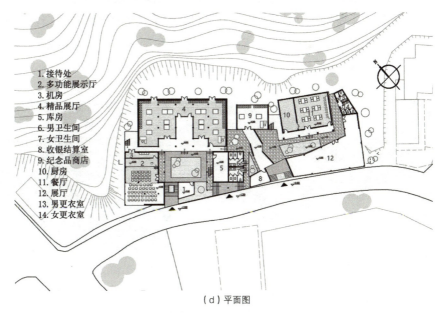

1. 接待处
2. 多功能展示厅
3. 机房
4. 精品展厅
5. 库房
6. 男卫生间
7. 女卫生间
8. 收银结算室
9. 纪念品商店
10. 厨房
11. 餐厅
12. 展厅
13. 男更衣室
14. 女更衣室

(d)平面图

图 8-19　福州市前洋村农夫集市

8.2.5 农业生产型公共建筑

农业生产型公共建筑是指在国家极力推进生态农业的浪潮下，在村庄传统农业、加工业的基础上组合叠加销售、研学、体验、观光等功能，以一种全新的面貌呈现在人们眼前，目的是促进当地产业与业态的转型升级，使乡村生活变得更加可持续。该类公共建筑主要包含乡村生产设施、现代农业生产公社等建筑类型。

浙江省杭州市临安"太阳公社"在保护、改善农业生态环境的前提下，重塑农舍在建筑类型中的定位，以竹构、茅草、溪坑石为主的自然材料构造适合田间地头的茶棚、猪棚、鸡舍和课堂等乡村设施，建筑材料均来自当地，易获取，构造可拆卸且易重修，激发了本地建造手工艺的恢复和发展。太阳公社以农业生产的真实背景构建起现代农业生产、加工和学习农业技术的建筑新形象（图8-20）。

嘉兴市喜悦公社落后的农村面貌让村内人口大量流失，为改变这一消极的现状，设计将村里老旧的农作大棚重新改造翻修，提取传统民居文化中"聚族而居"的理念，在6m层高大空间里构建错落有致的活动单元，打造出开放而内向的购物场所。它汲取了传统市集形式，农贸产品交易点散落在大棚下的各个角落，并在局部形成街巷。整个农作大棚以农业生产的真实背景构建现代农业生产、加工和观光体验场所，用创新的场所点亮乡村文化的复兴火花，为都市人回到乡村消费提供别致的空间载体（图8-21）。

浙江省桐乡市洲泉镇的华腾猪舍里展厅是农业生产型公共建筑的一个典例，将猪圈从最基本的建筑形式中演化出了展厅的建筑功能。展厅延续了华腾现有猪圈的剖面形式，在猪圈的坡屋顶上增设了采光筒，大大提高建筑自然采光和通风的效能。设计将猪肉加工的全过程可以毫无保留地展示于人们眼前，成为该村畜牧观光业的开端（图8-22）。

（a）猪棚外观　　　　　　　　　　　（b）猪棚内部空间

图8-20　杭州市临安太阳公社

（a）鸟瞰图

（b）室内空间

图 8-21　嘉兴市喜悦田园综合体展示中心

（a）建筑外观

（b）建筑主入口

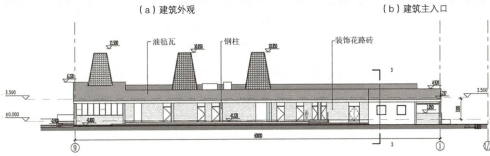
（c）东立面图

图 8-22　桐乡市洲泉镇的华腾猪舍里展厅

8.3　村镇新型公共建筑的发展趋势

8.3.1　空间开放性

村镇公共建筑作为现代乡村转型的重要展示窗口，其空间的内向性逐渐被削弱，呈现出对外开放、异质融合的姿态。如人们的社交活动不再局限于室内空间，而是随着村镇异质性的增强，逐渐延伸拓展至室外，具有流动性与连续性的特点。

由此可知，村镇公共建筑在未来将会成为架构传统乡村社会与现代乡村社会的物质桥梁，不断地向村镇社会输入现代元素。

8.3.2 业态复合性

伴随着社会多元化、信息化的演进，现代科技、外来文化、新型文化的渗入不断刷新人们的生活观念，使人们对服务的形式有了更多样化的要求，如民宿不仅仅只是提供住宿，还可以集合餐饮、展览、养老多种业态，体现更大的经济价值与社会价值。因此，未来的村镇公共建筑将会突破单一的经营架构，逐渐呈现出业态形式复合化的新趋势[113]。

8.3.3 功能多元性

乡村转型促使业态复合的村镇公共建筑出现，它们不仅面向外界，也需要村民自己参与进来。乡村公共建筑的功能不再是被安排的定性空间，它具有更多的不确定性及灵活性，可以满足村民举行不同活动的需求。在旅游旺季，村镇公共建筑成为对外展示、体验、学习等的综合性场所；在旅游淡季，它们则是对内交流、集会、娱乐等的公共性场所。这种方式实现了村镇公共建筑的协调共享，从而提升建筑空间的使用率，不仅可以回应转型期的新需求，而且可以达到"功能联动、空间融合"的目标，促进建筑可持续发展。

小结

本章"村镇新型公共建筑"从乡村振兴背景出发，详细剖析了村镇公共建筑发展内因是由于村镇传统公共空间的演化以及城市公共建筑功能的引入，并提炼出发展至今的村镇新型公共建筑，包含时代性与在地性两个主要特点。

不同的时代背景带来的政策使村镇公共建筑不断发生重构，它从之前的单一封闭转变为如今的综合开放。但在目前乡村正处于现代化转型期，面临着"地方材料与建造传统衰败""村镇特色空间消逝""产业空间类型单一"和"村镇社区文化断层"等方面的诸多困难和挑战。

根据村镇公共建筑在乡村建设发展中承担的主导作用，我们将其分为文教复合型、文旅体验型、生活拓展型、产业融合型与农业生产型等五种功能类型（表8-2）。结合相关案例梳理，对比现有的规划和建设成果，分析得出村镇新型公共建筑具体呈现出空间设计开放、业态形式复合、功能类型可变的发展趋势（图8-23）。

村镇新型公共建筑的主要功能类型　　　　　　　　　表 8-2

模式 类型	文教复合型	文旅体验型	生活拓展型	产业融合型	农业生产型
功能 组成	文化教育 互动交流	休闲体验 旅游服务	社区服务 党建医疗	商务会议 产业展销	农业生产 学习体验
服务 对象	当地居民	观光游客 当地居民	当地居民	城市人群 入驻企业	村民、企业 观光游客
主要 特点	公益品牌扶持 多类人群交流	城市资本流入 一站式服务	传承社区文化 生活内容整合	现代科技引入 产业相互渗透	核心产业竞 争力
存在 问题	资金不足	文化特色易被 同化	缺乏核心产业 支撑	利用率较低	产业竞争大

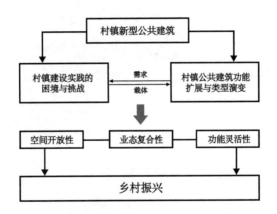

图 8-23　村镇公共建筑的发展

◆ 思考题

1. 村镇新型公共建筑的内涵是什么？
2. 村镇公共建筑现阶段发展的问题有哪些？
3. 简述村镇新型公共建筑类型，并结合案例解析其特征。
4. 以某一个村镇新型公共建筑为例，解析其类型特征与设计更新思路。
5. 简述村镇公共建筑的发展新趋势，并结合实例解析。

第 9 章 村镇民宿建筑

9.1 村镇民宿建筑的类型与案例研究

通过归纳整理，我们以村镇民宿所依托的资源类型、功能组成和经营特色为划分依据，将村镇民宿划分为农业体验型、民俗游览型、运动观光型、传统经营型、度假休闲型、艺术设计型和自助社群型等七种类型。

9.1.1 农业体验型

农业体验型的村镇民宿一般位于传统或者现代农业村镇中，以农林渔牧业为基础，为游客提供自然的乡村景观和地道的农家生产生活体验，例如果蔬种植、挤牛羊奶、田野游憩和农作物收割等。一些大型的农业体验型村镇民宿会配套观光果园、观光菜园、观光茶园等相应配套设施。游客在亲身实践的过程中，可以了解到农作物生长的自然过程，体验到农家生活劳作的乐趣。

(a) 外立面图

1）缙云小住，重庆市

缙云小住位于重庆市北碚区缙云山后山，它原本是一座有 50 年历史的土屋，设计在土屋修复过程中尽可能保留黄土墙、老木材等原有建筑材料，并充分结合山坡地形，

(b) 外观

图 9-1 缙云小住

与自然环境融合。小住共两层，建筑中有两处院落，房间多数通向联通的大露台，院落和露台面向郁郁葱葱的山谷林海（图 9-1），可以欣赏优美的自然风光，房间内部也使用木材等有温度的天然材料，充分尊重古老建筑的材质语言。

缙云小住的经营管家会举办手工作坊课程等体验活动，游客也可以和管家一起爬缙云山，在山上摘青菜、拔萝卜等，体会山野间的乐趣。民宿还提供土灶等器具，游客可以自己烹饪，夜晚围着壁炉和朋友们谈天说地。缙云小住为都市人群提供了一处回归田园的居住场所，并融合了文创、青旅等项目，形成了缙云山的首个民宿集群。

2）AHSA 农场民宿，泰国，清莱府

当代社会环境和人们的生活方式发生改变，传统民居逐渐被钢筋混凝土侵蚀，传统的建筑工艺也遭遇着失传的风险。建筑师试图通过 AHSA 农场民宿项目探索建筑与地方文化之间的关联性，思考在保护传统建筑的过程中，建筑形态和建筑材质的关系，并希望以文化旅游为契机带动片区发展，将传统的建筑工艺继续发扬光大。

民宿主要用回收的旧实木建造，建筑材质和建筑构造都被重新组织，创造出新的功能空间（图 9-2a）。民宿建筑群屋前为大片可供耕作的农田和郁郁葱葱的树木（图 9-2b），住客可在此亲自体验或者观看传统农家耕作的过程，还能品尝到纯天然的食材，深度了解传统习俗。这样的民宿为城市居民创造了一个融入地方生活的平台。

（a）传统风格的主楼　　　　　　　　　　（b）屋前可供耕作的农田

图 9-2　泰国 AHSA 农场民宿

9.1.2　民俗游览型

民俗游览型村镇民宿一般以地域人文特色为核心，例如客家文化、藏族文化和

回族文化等传统文化，为游客提供当地的民风民俗文化的视觉体验，同时让游客感觉到休闲放松。此类型的民宿重点突出深厚的地域文化。

阿若康巴·南索达庄园，云南省香格里拉市

阿若康巴·南索达庄园位于香格里拉独克宗古城，这座古城保存着我国最完整的藏民居群，是茶马古道上的重要小镇。

庄园民宿由四栋木屋17间客房组成，内部也放置了许多藏式饰品、唐卡绘画和土陶等物件。民宿为游客提供藏族传统手艺的体验服务，例如打磨酥油茶制作、制作黑色土陶、雕刻皮雕、绘制唐卡等（图9-3）。

图9-3　阿诺康巴·南索达庄园

9.1.3　运动观光型

运动观光型村镇民宿一般和与运动相关的旅游景点结合，例如山峰、海湾、沙滩、健身馆、高尔夫球场等，让游客在度假观光中亲身参与登山、潜水、冲浪、骑单车等运动项目。民宿的经营者协助游客安排水上或陆上运动活动，并提供建议和咨询等人性化服务。此类民宿的发展与当地的交通、餐饮，自然环境，气温气候的优劣紧密相关。

1）别苑，河南省信阳市

"别苑"位于河南省信阳市新县，是大别山登山步道的重要门户，也是该地区户外露营项目的重要部分（图9-4）。民宿和公共配套服务两者被混合重组并融入新的功能和业态，打造成一个集居住、休闲、冥想、聚会、农事体验等多重功能于一体的小型"田园综合体"。建筑的经营内容不再局限于简单的住宿功能，而是结合了山林的特点，开展采茶等农业体验，提供养生休闲场所，或者组织顾客们进行登山等运动项目。

"别苑"由多栋建筑水平展开布置，院子和路径是建筑空间组织的重要因素，路径使得人们按照事先预想的方式游览建筑，院子和建筑的关系在人们游览的过程中慢慢被发掘，这种空间组织的方式与周围环境和氛围相契合。

2）A 号船屋住宅，加拿大蒙特利尔

A 号船屋住宅位于 Charlevoix 地区的一处陡峭的山坡上，从该建筑内远眺，可以看见圣劳伦斯河的美景（图 9-7）。这片地区一直是旅游的热门地点，在新建滑雪场对外开放后，越来越多的游客慕名而来，A 号船屋住宅就是为这些游客提供日常生活起居的民宿之一。

民宿的主入口设置于大角度倾斜屋顶的下方，内部可供 12 个人同时居住，配备有厨房、起居室和室内外用餐区，还设置了开放式儿童宿舍，为游客提供了舒适且便于照看小孩的

（a）鸟瞰图

（b）人视效果

图 9-4 别苑

休憩环境。民宿的室外公共生活区采用浅黄色的胶合板饰面和深色金属屋顶，与外墙形成强烈的视觉冲击感，并且形成了景观长廊，游客可以在此观赏圣劳伦斯河的全景。

（a）鸟瞰图

（b）外观

图 9-5 A 号船屋住宅

9.1.4 传统经营型

传统经营型村镇民宿一般由传统民居或有保护价值的公共建筑改造而来,或者参考古建筑式样新建房屋,为游客提供一个区别于现代日常生活环境的住宿条件。此类型的民宿在场所塑造时注重保留旧生活场景,并且一般不与民俗游览、运动观光等其他体验活动相结合。

1)云夕戴家山乡土艺术民宿,浙江省杭州市

云夕戴家山乡土艺术民宿位于浙江省杭州市桐庐县莪山乡戴家山村,由一栋闲置的传统畲族土屋改造而来,在改造设计中,原有的土坯房屋的结构被尽可能保留,局部适当加建,从而维持了地方传统农舍的风貌(图9-6)。民宿内部采用现代化的酒店设施,保证居住的舒适性。

(a)主楼南面　　　　　　　　　　(b)主楼一角

图9-6　云夕戴家山乡土艺术民宿

建筑立面采用柴禾,并且用竹篱笆做成围墙、用扫帚做成栏杆,形成了独具地方乡土聚落特色的形象。这些构造要素在建筑的使用过程中需要不断补充和不定期更换,类似材料循环的使用方式加强了建筑和村民生活的联系。居住在这间民宿的外来者可以深入体会到"现代"畲族土屋的韵味。

2)归隐明训堂,江西省上饶市

归隐明训堂位于江西省上饶市婺源县思口镇延村,有三进三开间,由典型的徽州商宅改造而来(图9-9)。在修缮改造时,设计采用"修旧如旧"的设计手法,在维持原有结构和外立面的完整性的前提下,拆除多余隔板,利用天井和屋顶采光,改善原有房间的小而暗的室内环境,塑造了12间复古雅致的客房。

(a)入口　　　　　　　　　　　　　　（b）庭院

图 9-7　归隐明训堂

民宿的庭院采用收集的村中青石和废弃砖瓦等材料，再种上芭蕉、玉兰、竹子等植物，整体呈现出绿意盎然的传统徽宅大院形象。

9.1.5　度假休闲型

度假休闲型村镇民宿一般依托于周边独具特色的自然环境或精心规划的人工造景，例如山川海滨、草原花海、森林田野、温泉雪山等，游客在此可以短暂地逃离都市的繁华与喧闹，在世外桃源般的美景中得到放松。

1）原舍·揽树山房，浙江省丽水市

"原舍·揽树"项目位于浙江省丽水市松阳县四都乡榔树村。场地整体呈现出北高南低的台阶状形态，内部有几棵古树，是典型的山区聚落。建筑师通过最大限度地尊重场地现状、原有村镇肌理以及传统的生活方式，随形赋势，以"无设计"的设计，创造出与自然和谐相融的民宿综合体（图 9-8）。

该民宿综合体不仅包含客房、度假别墅等居住空间，还包含接待大堂、图书阅览室、厨房、餐厅与恒温游泳区等公共服务空间。通过类型学的方法，设计将公区（客房以外的公共区域）、客房和独栋度假别墅三个部分模块化，客房与独栋度假别墅散落在山间，公区根据地势层层叠退。同时，民宿背山面谷，远山美景时而有云雾缭绕，近处有百年古树为邻，其动线设计也营造出步移景异的山野乐趣，为游客提供了层次丰富、景观多变的视觉体验。

2）富春开元芳草地乡村酒店，浙江省杭州市

富春开元芳草地乡村酒店位于浙江省杭州市建德市梅城镇富春江沿岸，场地背山面水，自然资源优渥。酒店充分适应自然地景，尊重场地内的植物生长，以低姿态的方式介入到当地环境中，打造出了一个如诗般的民宿基地。车行环路尽可能按照原有地形修建，遇到较陡地形时，利用了山体自然高差，采用吊脚楼的形式（图9-9）。建筑大多为轻钢结构现场施工，施工现场获得的土石均用于路边挡墙及铺地中，大大减少了建造成本。酒店设计了一套雨水收集和污水处理再利用系统，不仅有效节约水资源，还避免了污染富春江水。

酒店客房散布于山野间，有特色小屋、联排别墅、水边船屋和树屋可供游客选择。其中，最具特点的是"漂浮"在水面的船屋。船屋的形态来自于明清时期居住在此的水上部落形成的船居文化。五所船屋并排在水面上，船身大部分浮于水上，为客房的主体部分，其顶部屋脊处开设了天窗作为室内的取景框，建筑靠水面处用大片落地玻璃分隔露台和室内空间，至于岸上的船尾则为卫生间等附属空间。船屋和湖水的结合，给游客提供了独具特色的休闲居住体验。

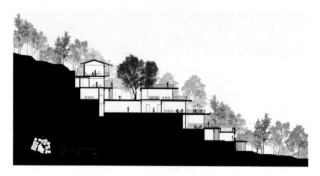

（a）建筑结合地形

（b）剖面图

（c）公区与远山

图9-8　松阳原舍·揽树山房

(a) 酒店局部鸟瞰秋景

(b) 吊脚楼客房

(c) "船屋"客房

图 9-9　建德富春开元芳草地乡村酒店

9.1.6　艺术设计型

艺术设计型村镇民宿包含两个方面，其一是指民宿周边无良好或者极具特色的自然景观资源依托，民宿的设计者或经营者有较高的人文素养和艺术创作才能，常在招待游客住宿之余，以特色艺术活动为主题，带领游客们体验传统的艺术品的创作过程，例如雕刻、绘画、书法、捏陶等；其二是指民宿之建筑创作十分有现代艺术感和设计感，建筑本身能够吸引游客前往参观体验。

1）三生一宅，浙江省杭州市

三生一宅民宿位于浙江省杭州市桐庐县江南镇深澳村，由当地具有 200 多年历史的荆善堂修缮改造而成。在改造时原有建筑的"回"字形结构和肌理被保留，一些古老的材料也被保存下来，客房设计沿用传统的古典风格，并融入现代元素，使老宅获得新生（图9-10）。

民宿改造后包含庭院、休闲泳池、酒吧、茶吧和书吧等，甚至还配有传统工艺博物馆，结合当地的多元文化，为顾客提供香道、茶道、传统秤制作和当地特色手工制品制作等体验服务。

2）Cuevas del Pino 乡村"窑洞"民宿，西班牙维拉鲁比亚

Cuevas del Pino 民宿坐落在莫雷纳山，此处岩石略微倾斜于地面，形成极具特色的丘陵地质风貌。新建建筑和天然岩洞相结合形成居住空间，以满足乡村发展的新活动需要（图9-11）。

建筑和场地环境的关系是设计处理的重点，充分尊重原始条件是设计策略。岩洞上嵌入了干净整洁的白色体块，地面用混凝土或者石头材质和洁白墙面作区分，呼应了岩洞内壁的粗糙质感。室内家具则选用温暖性质的木制品。这些新的建筑材料将岩洞的天然质感衬托得更有张力，给人一种新颖的富有视觉冲击感的空间体验。

9.1.7 自助社群型

自助社群型村镇民宿强调社群生活和文化交流，为结伴旅行的游客以及热衷于同陌生人交往的背包客提供短暂的住宿服务。

爷爷家青年旅社，浙江省丽水市

"爷爷家青年旅社"由浙江省松阳县四平乡平田村一座普通二层夯土民居改造而来。通过改造重置了建筑功能，带动了村镇产业复兴。建筑外部形象的改造设计十分谨慎，仅在二层朝景观良好处布置长窗（图9-12）。在建筑内部通过拆除用以分隔空间的木制板，营造出灵活自由的空间，一层成为青年人的公共交流空间；二层是整个空间改造的重点，设计延续了原有民居的开敞性，使用木构半透明轻质材料，形成可移动、可拆卸的居住单元。这种半透明阳光板组成"房中房"内设青旅高低床，可供4～6个人居住，居住单元表皮上开设的洞口丰富了"内层房屋"的界面，并增加了界面内外的交流性。特别是"房中房"地板下安装了可移动的万向轮，居住者可根据自己的需要，自由改变民居二层的空间，创造出丰富变化的传统民居室内环境。

（a）水景　　　　　　　　　　　　（b）庭院

图 9-10　三生一宅

（a）建筑与岩洞相结合

（b）居住空间

图 9-11　Cuevas del Pino 乡村"窑洞"民宿

(a) 外观

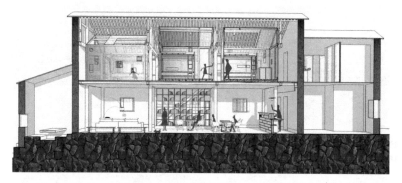

(b) 剖面示意图

(c) 二层可移动"房中房"

图 9-12 爷爷家青年旅舍

9.2 村镇民宿的设计策略

9.2.1 融合地域特色，构建场所精神

村镇建筑之所以区别于现代城市建筑，是因为它拥有十分丰富的文化内涵和深厚的历史底蕴。村镇民宿作为地域文化、村镇文化展示特色的重要窗口，无论是新建民宿还是在原有传统建筑的基础上进行加建、扩建等改造设计，都要充分结合当地自然环境，顺应地形地貌，合理规划，因地制宜，顺应当地的空间格局与建筑风貌。

其一，通过对村镇传统文化、习俗的吸收与理解，将乡土要素植入民宿设计中。其二，在建筑改造中，强化最具价值的地域文化要素，让村民和民宿住客重新获得对于村镇传统价值的认知。其三，在建筑新建部分，形式与结构尽可能从本土建筑抽取传统要素进行设计和营造，尽量做到"本土模仿"和"技艺传承"。优秀的村镇民宿还应该整合村镇的生态资源和历史人文资源，让居住者体验到地方特色的生活方式或生产活动，在丰富游客认知的同时，塑造民宿自身的建筑文化内涵和经营特色。

9.2.2 关注建筑细节，营造特色空间

村镇民宿在设计或改造时应该重视建筑细节，塑造舒适、温馨、放松的生活场景，以适应现代人们的生活方式的转变，配备现代化基础设施，构建人性化的建筑空间。

首先，村镇民宿作为村镇人文的居住载体和展示窗口，需要展现它的叙事性。村镇民宿通过不同功能、尺度、类型的建筑空间的穿插、扭转、串联、并列，紧扣故事主题，构建富有节奏感、层次感的连续性空间体验序列；其次，许多村镇民宿是由传统民居或传统公共建筑改造而来，这些古建筑蕴含着深厚的历史人文信息，部分民宿留存独具当地特色的空间，在改造时，对其充分加以利用，可形成民宿设计的亮点；最后，村镇民宿室内的陈列与布置对建筑空间氛围的营造也有较大影响，室内空间中摆放当地的生产生活用品，引入植物等自然元素，亦或是营造特色生活空间的要点。

9.2.3 生态节能设计，延续地方建造

村镇民宿在建筑设计或改造时，要从整体思考，吸取民间优良的建造经验，使

用太阳能等新型能源和技术，以实现建筑的生态化设计。现代村镇民宿的建设还要同时考虑周围环境、建筑本体以及室内空间的塑造，是一个系统性、耗材巨大的工程，因此在材料的选择上，应尽量选择当地方便获取或者富有地方特色的材料，这不仅能节省运输成本和自然资源，还能使民宿更好地融入村镇的整体环境中。此外，地方材料本身具有的纹理、质感已经融入了当地人们的日常生活，在朝夕相处中，后者或许已经产生了文化认同感，而这种认同感可以成为村镇民宿迅速发展过程中的软实力，丰富着村镇民宿的文化内涵，让居住者在度假放松的时刻获得地方归属感。

9.2.4 产业资源整合，多元业态经营

随着人们对旅游体验感的重视不断增加，仅有简单住宿和餐饮功能的村镇民宿已经难以满足人们的需求。村镇民宿若想获得长久地经营、持续地发展，必须和村镇产业结合起来。村镇民宿可以同政府合作发掘村镇的产业特色，整合村镇的闲置资源，寻找适合当地发展的方向，结合现代化的生产模式或技术手段，通过第一产业带动第二、第三产业的发展，形成具有村镇特色的多元化业态。例如，村镇民宿可以结合有机农场、手作体验、创意集市等特色内容吸引游客，为当地居民带来工作机会和直接的经济效益，从而实现乡村振兴。

小结

村镇民宿的定义是指在乡村或小城镇地区，居民结合地方历史文脉、民风民俗、自然资源和生态环境，整理、设计和改造出自家闲置的房间或者外借资本租赁或购买房屋，以经营者的身份为游客提供住宿、餐饮、文娱休闲和生活体验等服务。我国村镇民宿在迅速发展的过程中，在规模方面经历了从单一化到品牌连锁化、再到集群化的三个阶段；在功能方面经历了从"自组织"提供简单食宿条件的"农家乐"和家庭旅馆阶段，到提供"连锁化、标准化"服务的民宿两个阶段，并在实践和探索中走向 "个性化、多元化"功能融合的"民宿+"新趋势。

通过归纳整理现有村镇民宿特点，以其依托的资源类型、功能组成和经营特色为依据，我们将村镇民宿划分为农业体验型、民俗游览型、运动观光型、传统经营型、度假休闲型、艺术设计型和自助社群型等七种类型，每种类型辅以案例分析。从整体、空间、建造和功能四个方面分别提出了村镇民宿构建场所精神、营造特色空间、可持续设计与建造、多资源整合经营的设计策略（图9-13）。

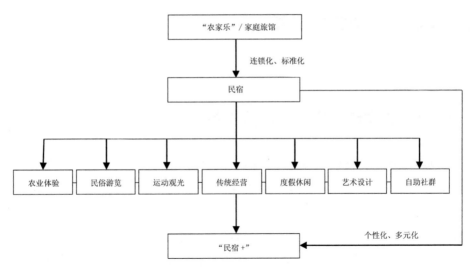

图 9-13 村镇民宿分类研究

◆ 思考题

1. 简述村镇民宿的定义及民宿的发展历程。
2. 简述村镇民宿的发展趋势。
3. 村镇民宿现阶段存在的问题是什么?
4. 以依托的资源类型、功能组成和经营特色为划分依据,村镇民宿可以分为哪几类,各自有什么特点?
5. 简述村镇民宿设计策略,并结合实例进行分析。

第 10 章 村镇灾后重建

10.1 我国自然灾害区域分布特征

我国各地区的自然条件和经济水平存在差异,自然灾害的发生频率及其风险分布也呈现出明显的区域分异规律。张兰生等(1995)根据灾情大小的空间分布情况将中国自然灾害区划为 6 个灾害带,分别是海洋灾害带、东南沿海灾害带、东部灾害带、中部灾害带、西北灾害带和青藏高原灾害带(自然灾害区划图参见《中国自然灾害风险地图集》第 25 页),反映出中国自然灾害的空间异质性规律。其中海洋灾害带主要指我国东部和南部海域,以台风、风暴潮、赤潮等灾害为主;东南沿海灾害带主要发生台风、暴雨、洪涝、风暴潮等灾害;东部灾害主要受洪涝、旱灾、病虫害灾害影响;中部灾害带以暴雨、洪水、地震、滑坡等灾害为主,土地退化(如水土流失)问题严重;西北灾害带以沙尘暴、霜冻、地震、干旱、病虫害等自然灾害为主;青藏高原灾害带主要发生地震、寒潮、暴风雪、雪崩等灾害。

根据中国主要自然灾害风险图(参见《中国自然灾害风险地图集》)可知,中国综合自然灾害风险从西部到东部呈现出升高的趋势。表现为京津唐地区、汾渭平原、两湖平原地区、长江三角洲、珠江三角洲、淮河流域、四川盆地及其西部边缘地区、云南高原、东北平原、河西走廊等地区自然灾害风险明显高于中国其他地区。

10.2 灾后重建设计策略与案例分析

10.2.1 村镇产业重建

村镇灾后重建是一项长期而又复杂的工程,它包括了灾区人们生产活动、生态环境的恢复和生活设施的重建。产业重建是村镇重建规划的重要内容,产业的发展可以带动村镇经济的发展,为灾区居民带来更多的就业机会和经济效益。产业重建分为两类,第一类是发展型重建,即在原有产业的基础上进行发展和升级,例如,四川省理县桃坪羌寨在受灾前便开发了旅游业,灾后在原址上重建新寨,来承担老寨由于旅游业带来的住宿、娱乐等压力,促进了当地的旅游业发展;第二类是崛起型重建，指开发原来没有的、创造全新业态的产业，例如四川省汶川县在遭遇地震前当地产业以工业为主，由于工业受到地震的破坏极其严重，恢复震前产业的规模与水平相对困难，于是调整了当地的产业结构，在灾后重点发展旅游致富之路。

此外，我国的许多村镇产业开始呈现多元化、专业化、现代化发展，灾后的产业重建可以参考这种模式，将产业园区融合起来，形成一条产业链，并促进相关产业的发展，形成具有一定规模的产业集群，激发区域品牌效应，为当地带来创收。例如，四川省成阿工业园区、成雅工业园区等在灾后建立产业集中发展区，成为当地经济发展、品牌展示、政府税收的重要产业基地。当然，灾区村镇产业重建要重视对生态环境的保护，发展绿色生态型村镇产业，引领乡村振兴。

10.2.2 村镇生态恢复

村镇生态系统是一个复合系统，其组成可概括为生物组分和非生物环境组分。其中，生物组分包含人、自然生物（野生生物）和农业生物（由人工驯化的生物）等；非生物环境组分包含人工环境（由住房、道路等人工设施和政策、法律、文化等人文精神两部分组成）和自然环境（水、大气、土壤等）。村镇灾后生态恢复是针对村镇生态系统受到的破坏进行有效恢复，使得生态系统向良性循环的方向发展。

根据生态系统受到破坏的程度，生态恢复可以采取恢复、重建和重塑三种方式。恢复主要是依赖于生态系统的自我调节能力和自组织能力；重建是通过人工生态设计和人为措施促进生态恢复；重塑则是通过上述两者的有机结合，以改善村镇灾后脆弱的生态系统。

相较于恢复与重建，村镇生态恢复中最为普遍采用的是重塑的方式，包含两个方面内容，其一是区域层面的生态修复工程，其二是社区层面的村镇生态社区建设。生态修复工程要立足于自然资源环境，结合地形、农田、湖泊、森林等要素对村镇整体综合评价，并以此为依据划定生态修复和保护的功能分区；加强天然林木的保护，必要时可采取退耕还湖、封山育林等措施修复退化的植被；综合治理水源水库流域，恢复水源涵养和水土保持功能。部分建设了风景名胜或自然保护区的村镇需要重点修复重建。村镇生态社区建设要从自然环境、集中居住社区和农业生产生态三个方面入手，通过生态化的设计和手段，促进村镇社区向生态发展型社区转变。

10.2.3 基础设施重建

1）选址

村镇灾后重建的选址要遵循安全性原则，避让危险或不利地带。一般有三种模式，其一是原址重建，其二是异地重建，其三是原址和异地混合重建（图10-1）。

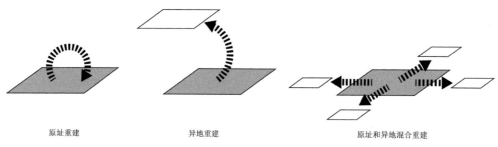

原址重建　　　　　异地重建　　　　　原址和异地混合重建

图10-1 村镇灾后重建选址的三种模式示意图

（1）原址重建

村镇所在地的地质结构安全，周边生态环境良好且稳定，大部分建筑或基础设施在灾害发生后仍有利用价值，可以原址重建村镇，这也是最常见的选择。例如，1995年日本阪神·淡路7.2级大地震全部在原址重建；我国在1949年至2007年间发生的地震有五分之四的区域都在原地恢复重建，2008年我国发生汶川大地震，住房和城乡建设部发布通知要"以原址重建为主、异地新建为辅"，处于震中的映秀镇就是在原废墟上重建的典型代表。

（2）异地重建

村镇所在地的地质结构不稳定、生态环境脆弱，极易可能再次发生灾害时，应该选择异地重建，实行生态移民，将村镇移至安全地区或与其他自然村镇合并建设。我国汶川大地震后，受灾严重的北川县重建则为异地重建的典例。北川老城处于狭长山谷底部，是地震断裂带，易发生泥石流灾害，在多方探讨之后，北川县整体异地重建，在距离30km外的地方建设新的北川县城，保留原北川中学灾后废墟建设为"北川国家地震遗址博物馆"。

（3）原址和异地混合重建

部分村镇，尤其是少数民族村镇，在历史长河中形成了独特的建筑、生活与民俗文化，应尽可能选择原址重建，避免因自然地理环境的改变而破坏了文化的多样性。若不得不异地重建，可以选择自然和社会环境类似的、适合人们居住的地方重建，或者和同类文化村镇集合建设，形成区域性文化产业集群，以促进灾后村镇经济快速恢复与发展。

2）道路交通

村镇在重建道路交通时应考虑便捷、安全、通畅的要求，结合原有建筑或基础设施的位置和村镇所处的自然地理环境，合理布置线路。平原地区或地形简单的村镇可采用棋盘式路网结构，山地和丘陵地区、地形复杂或者建筑排布灵活的地区可采用自由式路网结构。应重点突出村镇的地方特色，重视村镇的道路和街巷空间建设，维系当地居民对受灾前街道的认可度与归属感，避免和其他村镇雷同。

一般而言，在地震灾害中，道路越宽受损越严重。因此原有的道路可以适当加宽，但不宜尺度过大，以免造成村镇交通道路严重损害。在原址上外扩用地重建的村镇要满足新建和重建场地交通的自然有效衔接与过渡。

3）公共服务设施

公共服务设施主要是为居民的生产、生活等活动提供基础性服务，主要包括教育、医疗、商业、文娱、行政等设施，以满足人们的物质和精神需要。因此，在村镇灾后重建中，公共服务设施的建设是十分重要的一部分。

公共服务设施的配置和村镇人口规模、与市区或集市的距离、整体经济水平呈现正相关，村镇的产业结构也会影响公共服务设施的数量和等级配置，例如，旅游业发达的村镇，公共服务设施规模需要相应提高。部分受灾严重、自然资源贫乏，环境承载能力弱的村镇，可以和社会经济优越的村镇合并，扩大人口基数，展现公共服务设施集聚效应，深化公共资源的合理、集约利用。

4）防灾空间

《东京都都市复兴说明书》（1997）表明应保证灾害应急措施的顺利进行，以降低灾害带来的危害程度。主要包含以下四项措施：一是供给救援物资；二是提供足够的避难场所；三是保证能够进行紧急输送；四是供给和准备临时居所。

城市防灾空间包含两层含义，一是具有良好防灾能力的城市空间结构与形态，二是具有防灾功能的城市物质空间，包括城市外部空间、地下空间与设施（建筑物）空间[126]。村镇的防灾空间可借鉴城市防灾空间的概念，即村镇防灾空间由外部空间、设施空间和建筑内部空间共同组成。从单个村镇层面来看，外部空间包括村镇与其周边环境之间的相互关系和村镇内部防灾空间节点两个方面。

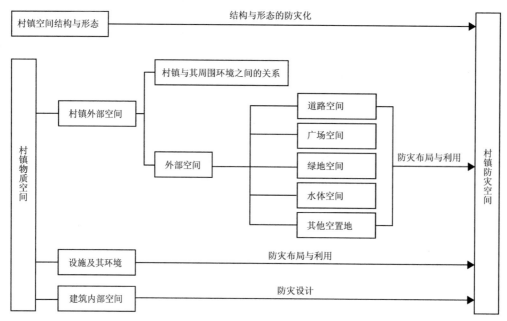

图 10-2 村镇防灾系统示意图

村镇防灾空间体系（图10-2）通过功能和流线的组织、土地的合理利用等形成人与自然和谐的防灾环境，它以村镇公共服务设施为核心，开放、开阔的空间为据点，由绿地、道路和河流等要素作为支撑。对于易遭受灾害的村镇，重建时需要从整体考虑防灾空间的规划与设计。

10.2.4 村镇建筑重建

灾害发生后，村镇民居及相关基础服务建筑的建设是重建任务中十分迫切的一项，重建的设计策略内容广泛，我们将其总结为经济高效、绿色生态、地域传承三个方面，并结合相关案例分类阐述。

1）经济高效

（1）杨柳村羌族住宅重建，四川省茂县

杨柳村位于四川省茂县北部太平乡，处于岷江上游西岸的山区，是一个纯羌族山寨。在"5·12"汶川地震中，半山腰老村的大部分的传统羌式房屋受到了毁坏，由于地质结构不稳定，居民被迫迁至山下的河谷地进行重建。杨柳村最宝贵的地方在于它具有传统的羌族文化历史，因此在重建时，房屋以羌族

（a）住宅　　　　　　　　　　　　（b）轻钢结构和协力造屋

图 10-3　杨柳村羌族住宅重建

传统形式为主。

重建住宅为 3 层，建筑面积约 180m^2，屋顶形式为双坡顶，居民可以自行选择石板、彩钢板等作为房屋的屋面材料，首层以羌族传统的砌石为墙，二层为水泥砂浆墙，三层为木板外墙，从下至上单位墙体材料重量依次减轻，保证了结构的安全性和稳定性（图 10-3）。

为改善老式建筑不抗震的问题，设计采用了新型的轻钢生态房构造系统，即轻钢龙骨作为建筑结构材料。项目的建造方式主要是和村民"协力造屋"，由村民自行组队完成各家各户的房屋结构和后期建设，强调建筑材料和建造劳动力的本地化，既降低了成本，又回归本土。现代工业技术和传统乡村建造方式的结合，加速了建筑灾后重建的步伐。

（2）InsideOut School，加纳 Yeboahkrom

加纳的一个村庄 Yeboahkrom 遭遇台风，当地的唯一的学校被摧毁。Andrea Tabocchini 和 Francesca Vittorini 为此设计了一所名为 insideout 的学校。该项目由当地居民和来自 20 个不同国家的志愿者在两个月内建成，造价低廉。

由于当地电力资源的匮乏，许多建筑材料都需要现场手工制造，土地平整采用的都是人工搬运的方式。在场地限制与资源匮乏的条件下，设计师提出建筑与环境和谐相融的可持续性设计理念，利用轻木结构屋架将建筑屋顶抬高，使得光线从屋顶进入建筑，增强了建筑的采光的同时也增强了自然通风的能力（图 10-4）。房屋前方的花园则成了门廊的延伸空间，创造出室外学习的场所。在建筑材料方面，校园内教室的墙体是采用当地的泥土压实而成。该项目通过模糊建筑内部和外部边界，提供了一种可替代传统内向教室的全新思考，是一种价格合理、易于复制、关注本土的设计。

（a）概貌　　　　　　　（b）轻木结构屋架　　　　　　（c）泥土压实墙体

图 10-4　InsideOut School，加纳

2）绿色生态

（1）映秀镇渔子溪村，四川省汶川县

渔子溪村位于四川省汶川县映秀镇镇区西北部台地上，有着"映秀第一村"的美誉。在"5·12"汶川大地震中，该村受灾十分严重，只有两处房屋尚且保存完好，渔子溪村是映秀镇组织灾后重建的首个村子。渔子溪村灾后重建以可持续发展、绿色设计为准则，坚持以人为本、科学规划、实现减灾防灾的目标将生态、防灾和节能结合起来，以期建设出环境舒适、设施集约与高效、防灾系统可持续发展的绿色村镇。

渔子溪村安全防灾系统包括：防灾空间布局、应急通道和生命线工程设计以及建筑和生态的减灾防灾技术应用等内容[127]。规划严格控制了住宅区房屋的建筑密度，确保居民的防灾疏散通道保持畅通。为避免泥石流等次生灾害再次破坏村子，挡土墙和挡土护坡等防灾措施结合绿色植被形成人工和自然融合的生态防灾系统。

渔子溪村灾前的房屋结构主要为穿斗木、生土和砖混结构等抗震能力较低的结构体系。为了提高房屋的安全性能，设计采用了自重轻、施工周期短、抗震性能良好的钢结构建造，促进了村镇的现代化建设。在住宅重建中，还采用了陈志华教授发明的方钢管混凝土异形柱结构专利技术，缀条或缀板将钢管混凝土柱连接在一起，由"L"形钢管混凝土柱作房屋的角柱，"T"形钢管混凝土柱作为房屋的边柱，"十"字形钢管混凝土柱作为房屋的中柱，起到了加强房屋稳定性的作用（图 10-5）。

住宅的平面充分结合当地的自然条件和居民的生产、生活习惯，布局灵活，功能齐全，引入川西传统的天井和院落，并且在房屋的沿街面，预留出未来开发旅游业所需要的店铺空间。布局上，房屋结合地形采用吊脚楼式，层层叠叠，形成特色的山地建筑群；形式上，结合地形采用吊脚楼式，墙体下宽上窄，保证建筑的安全稳定；立面上，融合藏、羌族传统建筑特色，在室内正常采光下减小窗洞

（a）住宅群　　　　　（b）方钢管混凝土异形柱　　　（c）沿街居民店铺

图 10-5　渔子溪村灾后重建

大小，以适应冬季严寒且昼夜温差大的气候。

（2）金台村城村生态住宅，四川省广元市

四川省广元市旺苍县九龙乡金台村，在"5·12"汶川大地震后，大部分建筑均受到地震的破坏作用，是此次地震中受灾最严重的地区之一。灾后重建行动开展后三年，金台村受到山体滑坡的重击，在当地政府和民间机构的支持下，该项目塑造了一个灾后重建的住宅原型，实现了在社会与生态层面的可持续发展，也为金台村的村民带来了新的希望（图 10-6）。

整个项目由一个社区中心和 22 栋住宅组成，共有四种不同的户型，每类户型的面积、功能和屋顶都不尽相同。除了基本的抗震性能要求，设计还将农村生产与生活的各个过程连接成一个生态循环。通过垂直的内庭院改善室内的光环境，不仅为室内自然通风提供了条件，还创造了雨水收集的通道。同时，设计通过芦苇湿地来净化废水，建造村民

（a）整体概况

（b）开放空间

图 10-6　金台村住宅项目

合作社来饲养家畜，利用屋顶空间进行蔬果种植打造一个具有韧性的乡村社区，根植于整个村庄的新生，使该项目成为周边村镇建设的样板。

由于场地有限，设计师将城市的密集居住模式引入到金台村的乡村环境中，屋顶空间为居民们提供了更大的可使用空间；地面一层是开放空间，居民们可以开展简单的家庭作坊。该项目不仅保存了村子的整体利益，还为现代乡村生活及乡村景观建设带来新的思考。

3）地域传承

桃坪羌寨，四川省阿坝州

桃坪羌寨位于四川省阿坝州理县杂谷脑河畔桃坪乡，初建至今已有2000多年的历史，桃坪羌寨保存了世界上最完整的羌寨的景观和尚有人居住的碉楼、羌族人民的生活习惯和当地的民俗风情等。但是桃坪羌寨地理位置处于川西龙门山地震断裂带，地震发生频率高，在百年间先后经历了1933年茂县叠溪里氏7.5级大地震、1976年松潘—平武里氏7.2级大地震和2008年汶川里氏8.0级特大地震三次地震。

桃坪羌寨现有建筑多为明、清时期的遗留建筑，结构为砌石垒木，材料以当地的泥土、岩石、毛皮和树木为主，建筑墙体由高山上的千枚岩砌筑，以高含量硅质的泥土作为胶结剂，形成结实稳固的围护结构材料。村寨房屋集中布局，单体之间联系紧密，增加了村寨聚落整体的抗震性。在汶川大地震中，村寨里一栋近年新建的民间博物馆彻底坍塌，老旧建筑房屋仅出现不同程度的墙体开裂和局部垮塌现象。

桃坪羌寨在灾后抓住机遇，除了保护和修复旧村寨，还在老寨原址建设新村寨。其中，部分供灾后搬迁的老寨居民居住，部分服务于游客，作为旅游接待之用。新寨和老寨风貌不尽相同（图10-7）。老寨房屋顺着地形排布，朝向不定，错落有致，相邻建筑间距很窄，屋面高低不一、可上人，成为居民休憩玩耍的场所。建筑之间相互连接形成垂直的空间交通体系，巷道狭长窄小，有几座较高的碉楼伫立在老寨中心，形成层次丰富的村寨建筑风貌。新寨的建设更适应现代人们生活的需要，规划整齐，房屋层高相同，相邻建筑间距较宽，风格上致敬于传统羌族村寨。由于居住私密性需要和防御需求的退化，建筑屋顶不再是人们交流活动的场所，建筑间的相互连接主要以过街廊的形式来完成（图10-8）。

桃坪羌寨在建寨之初就建设有完整的水网系统，北部曾头沟的水流沿着建筑屋旁，顺着地势，自然流动到各家各户。水渠主要为当地居民提供生活用水，不仅方便居民就地取水，还调节了老寨内部的微气候。新寨在设计时保留了房屋旁设

（a）桃坪老寨

（b）桃坪新寨

图 10-7　桃坪羌寨整体风貌对比

（a）新寨过街廊水渠

（b）老寨过街木廊

（c）左：老寨，右：新寨

图 10-8　桃坪新、老羌寨过街廊与水渠对比

置水渠这一特点，形成陆路和水路并行的街巷空间（图 10-8）。

目前，桃坪羌寨已经形成了"老寨游，新寨住"的全新格局，老寨的古老建筑形式和传统的生活方式完好地保留下来，新寨适应旅游发展的需要，承载着衣食住行及娱乐等生活服务功能，形成了良好的、可持续发展的局面。

小结

经历了灾害的袭击，居民对新建建筑的首要需求就是安全坚固、经济耐用。灾后村镇建筑重建往往会结合实际情况将经济高效、绿色生态、地域传承三个方面结合起来思考，实现村镇的可持续发展（图 10-9）。

在经济高效方面，采用合理化、标准化等多方位规划设计与施工建造方式，充分发挥村镇居民的积极性，可在较短时间内为灾区居民建设新家园同时，将现代化工业技术与地方传统相结合，优化村镇房屋的结构，在延续传统建造技艺的同时，提高建筑的安全性能；在绿色生态方面，考虑村镇规划与建筑的绿色生态设计，

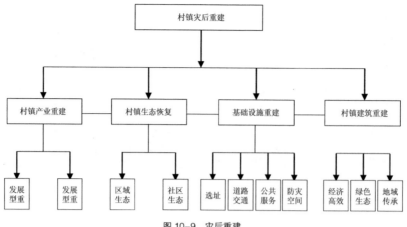

图 10-9 灾后重建

节约能源并提高村镇房屋的使用舒适度，促进灾后重建的良性发展；在地域传承方面，尊重原有聚落的尺度肌理与空间形态，保护与传承特色村镇的风貌，优化重建村镇的空间布局与功能布置，满足居民现代生活和防灾疏散等需要。村镇灾后重建包括了灾区人们生产活动、生态环境的恢复和生活设施的重建，涵盖了产业、生态、基础设施与建筑等方面的建设与恢复，是一项极其复杂的工程。各类灾害的发生对村镇的建设与发展造成了极大的影响，灾后重建需要充分重视建筑安全与防灾问题，在规划与设计时，考虑建筑在施工、使用、废弃等阶段可能出现的各类安全问题，做好灾害预防工作，采取得力的措施，以有效避免发生因灾害带来的建筑与环境损害和人员伤亡事故。

◆ **思考题**

1. 我国村镇受到的主要自然灾害有哪些，空间分布有何特征？

2. 地震灾害对于建筑有哪些破坏，请举例说明。

3. 村镇灾后重建包含了哪几个方面，请从宏观和微观两方面阐述？

4. 村镇灾后重建选址一般遵循的三种模式是什么，分别有什么利弊？

5. 除了经济高效、绿色生态、地域传承，你认为灾后村镇建筑重建还有哪些设计策略？

图表来源

图 1-1：（b）刘致平. 中国居住建筑简史 [M]. 北京：中国建筑工业出版社，1990：200.

图 1-5：黄源成. 多元文化交汇下漳州传统村落形态演变研究 [D]. 广州：华南理工大学，2018：129.

图 1-6：王志洪. 中国礼制下的建筑中轴线格局 [J]. 科技信息，2009（23）：332.

图 2-1：揭鸣浩. 世界文化遗产宏村古村落空间解析 [D]. 南京：东南大学，2006：8-11.

图 2-2：陈彦光. 中心地体系空间结构的标度定律与分形模型——对 Christarller 中心地模型的数学抽象与理论推广 [J]. 北京大学学报（自然科学版），2004（04）：626-634.

图 2-9：赵登文. 帕米尔冰峰上燃烧千年的一束火 [J]. 中国国家地理，2019，12：162-169.

图 2-10：这就是贵州（China's Treasure：Guizhou）[EB/OL].[2019-12]. http://www.guizhou.gov.cn/

图 2-13：袁伟鑫. 青云村全貌 [N]. 奉化日报，2017-5-20（3）.

图 2-14：尌林建筑设计事务所、厦门市天堂海岛文化旅游开发有限公司

图 2-15：曾洪吉 摄

图 2-23：孙大章. 中国民居研究 [M]. 北京：中国建筑工业出版社，2004：523.

图 2-24：孙大章. 中国民居研究 [M]. 北京：中国建筑工业出版社，2004：498.

图 2-25：孙大章. 中国民居研究 [M]. 北京：中国建筑工业出版社，2004：512.

图 2-26：孙大章. 中国民居研究 [M]. 北京：中国建筑工业出版社，2004：501.

图 2-34：陈志华，李秋香著. 诸葛村 [M]. 北京：清华大学出版社，2010：50.

图 2-40：梁雪. 传统村镇实体环境设计 [M]. 天津：天津科学技术出版社，2001：118.

图 2-41：孙大章. 中国民居研究 [M]. 北京：中国建筑工业出版社，2004：503.

图 2-45：孙大章. 中国民居研究 [M]. 北京：中国建筑工业出版社，2004：499.

图 2-50~51：梁雪. 传统村镇实体环境设计 [M]. 天津：天津科学技术出版社，2001：89，147.

图 2-62：孙晓曦. 基于宗族结构的传统村落肌理演化及整合研究 [D]. 武汉：华中科技大学，2015：37.

图 2-63：薛廷熙. 河北省邢台县皇寺村聚落空间形态及保护策略研究 [D]. 济南：山东建筑大学，2014：22.

图 2-66：唐清根，李煜. 农耕景观的园林价值探索 [J]. 中国园艺文摘，2017，33（8）：3.

图 2-70：侯幼彬. 中国建筑美学 [M]. 黑龙江：黑龙江科学技术出版社，1997：15.

图 2-77：孙大章. 中国民居研究 [M]. 北京：中国建筑工业出版社，2004：218.

图 2-84：孙大章. 中国民居研究 [M]. 北京：中国建筑工业出版社，2004：218.

图 3-1：华建集团·上海设计 Free Studio

图 3-2：王求安. 把农村建设得更像农村 [M]. 南京：江苏凤凰科学技术出版社，2019：113.

图 3-6：赵扬建筑工作室

图 3-7：垣建筑设计工作室

图 3-8：原筑景观

图 3-9：建筑营设计工作室

图 3-10：（a）朱竞翔教授（b）大舍建筑设计事务所

图 3-14~15：中国美术学院风景建筑设计研究总院

图 3-16：成都天华 XXL 建筑团队

图 3-17：SANTIAGO VALDIVIESO、Stefano Rolla

图 3-20：UMMOestudio

图 3-21：土上建筑工作室

图 3-22：刘克成工作室

图 3-23：张雷联合建筑事务所

图 3-24：刘敦桢. 中国古代建筑史 [M]. 北京：中国建筑工业出版社，2008：319.

图 3-26：金磊

图 3-27：建筑营设计工作室

图 3-29：gad 绿城设计

图 3-30：直译建筑

图 3-31：黄展鹏

图 3-33：城村架构

图 3-34：URBANUS 都市实践建筑事务所

图 3-35：OPEN 建筑事务所

图 3-36：上海华都建筑设计

图 3-37：李兴钢工作室

图 3-38：山东建筑大学 & 中国文化大学

图 3-39：来建筑设计工作室

图 3-40：筼筜书院；董杰 . 闽南传统民居元素的现代转译 [D]. 厦门：华侨大学，2016：88.

图 3-41；图 3-47：李兴刚建筑工作室

图 3-42：业余建筑工作室

图 3-43：造园工作室

图 3-44：奥雅设计

图 3-45：王铎霖 摄

图 3-46：隈研吾建筑都市设计事务所

图 3-50：Gehry Partners

表 5-1：井干式民居风貌　沈雨点 摄

表 5-1：干栏式建筑风貌　谭依婷 摄

表 5-1：云南"一颗印"建筑风貌　尚玉涛 摄

表 5-1：岭南广府建筑风貌　区启铖 摄

图 5-5：(b) Felicity 摄

图 5-9：鲁婧 摄

图 5-23：(a) 跟我走四方 摄；(b) 逸风（黄）摄

图 5-25：梁雪 . 传统村镇实体环境设计 [M]. 天津：天津科学技术出版社，2001：170.

图 5-28：梁雪 . 传统村镇实体环境设计 [M]. 天津：天津科学技术出版社，2001：165.

图 5-39：深圳市铁汉一方环境科技有限公司

图 5-48：周焯杰 摄

图 5-51：(c) 曹欣仪 摄

图 5-52：(a) 陈惠琴 摄；(c) 郑显阳 摄

图 5-54：东方农道建筑规划设计有限公司

图 5-56~58：湖南省建筑设计院

图 6-1~2：中国乡建院

图 6-3~4：来建筑工作室

图 6-5~6：张霄联合建筑事务所

图 6-7：英格伯格·弗拉格 . 托马斯·赫尔佐格 . 建筑 + 技术 .[M] 北京：中国建筑工业出版社，2003.8：103-104.

图 6-8：隈研吾建筑都市设计事务所

图 6-9~10：王晖 . 西藏阿里苹果小学 [J]. 时代建筑，2006（4）：114-119.

图 6-11~12：吴恩融，穆钧　基于传统建筑技术的生态建筑实践 . 毛寺生态实验小学与无止桥 [J]. 时代建筑，2007（4）：50-57，175-17.

图 6-14：张沁 摄
图 6-15：陈晓龙 . 传统建筑材料的现代运用案例研究 [D]. 西安：西安建筑科技大学，2015：94.
图 6-16：刘莹 . 传统材料在当代环境设计中的艺术再现 [D]. 重庆：重庆大学，2010：63.
图 6-17~18：纬图设计机构
图 6-19：张沁 摄
图 6-20：Joshua Bolchover，林君翰，城村架构（RUF）. 桐江村循环再用砖学校 [J]. 建筑技艺，2013（2）：175-179.
图 6-21~23：Gramazio Kohler Research
图 6-24~25：上海创盟国际建筑设计
图 6-26~27：纬图设计机构
图 6-51：陈志华 . 文教建筑 [M]. 北京：生活·读书·新知三联书店，2007：103.
图 7-3：张亚楠 摄
图 7-4：野趣童年、崔硕
图 7-6：越后妻有"大地艺术祭"[EB/OL].https：//www.echigo-tsumari.jp/zh-cn/
图 7-8：上海建筑设计研究院有限公司
图 7-14：（a）、（b）古月紫龙 摄；（c）缪家俊 摄
图 7-17：（c）袈蓝建筑设计事务所
图 8-7：李晓东工作室
图 8-8：华南理工大学建筑设计研究院
图 8-9：（a）、（b）、（c）上海华都建筑规划设计有限公司
图 8-10，图 9-5，图 9-13：三文建筑 / 何崴工作室
图 8-11：gad·line+ studio；赵奕龙 摄
图 8-12：西线工作室
图 8-13：空间里建筑设计事务所，田方方 摄
图 8-14：张雷联合建筑事务所，侯博文 摄
图 8-15：城村架构
图 8-16：迹·建筑事务所
图 8-17：成都天华西南建筑设计有限公司（杭州 XXL 设计团队），聂欣 摄
图 8-18：（a）张雷联合建筑事务所；（b）张雷联合建筑事务所，姚力、侯博文 摄
图 8-19：中国建筑设计研究院乡土创作中心；郭海鞍、向刚、沈一婷、黄文灿 摄
图 8-20：（a）陈浩如 . 乡野的呼唤 临安太阳公社的自然竹构 [J]. 时代建筑，2014（4）：132；（b）陈浩如，吕恒中，Mike Lin. 临安太阳公社竹构系列 [J]. 城市环境设计，2015（Z2）：217.
图 8-21：安道设计集团·赞建筑
图 8-22：以靠建筑
图 9-1，图 9-5：严风林 . 深度拆解 20 个经典品牌民宿 [M]. 武汉：华中科技大学出版社，2020：53-54，26.
图 9-2：Creative Crews, Baan Lae Suan 摄
图 9-4，图 9-14：三文建筑 / 何崴工作室
图 9-5：Bourgeois Lechasseur architects. 工作室
图 9-6：张雷联合建筑事务所，姚力 摄
图 9-7：（a）、（b）柔软时光 620 摄
图 9-8：gad·line+ studio、浙江绿城建筑设计有限公司
图 9-9：中国美术学院风景建筑设计研究总院
图 9-11：UMMOestudio

图 10-3：谢英俊建筑师事务所
图 10-4：Andrea Tabocchini，Beatriz Villapecellin，Austin Wyeth，Francesca Vittorini，Shih-Kai Lin，Kathatina Kohlrose
图 10-5：曾坚，曹笛，陈天，杨峰江.构筑安全、舒适与健康的绿色新家园——汶川映秀镇渔子溪村震后重建的设计实践与理论思考[J].建筑学报，2011（4）：7-10.
图 10-6：城村架构实验室
图 10-7~8：石琛.灾后重建背景下羌族建筑的传承与发展[D].广州：华南理工大学，2016：91.

参考文献

[1] 屠爽爽, 龙花楼, 张英男, 周星颖. 典型村域乡村重构的过程及其驱动因素 [J]. 地理学报, 2019, 74（2）: 323-339.
[2] 黄源成. 多元文化交汇下漳州传统村落形态演变研究 [D]. 广州: 华南理工大学, 2018: 129.
[3] 王志洪. 中国礼制下的建筑中轴线格局 [J]. 科技信息, 2009（23）: 332.
[4] 文娟, 柳肃. 湘北张谷英村与皖南宏村之比较研究 [J]. 南方建筑, 2003（4）: 76-79.
[5] 段进. 城市空间发展论 [M]. 南京: 江苏科学技术出版社, 1999: 45.
[6] 王璐, 罗赤. 从农业生产的变革看农村空间布局的变化 [J]. 城市发展研究, 2012（12）: 108-111.
[7] 胡冬冬, 张古月. 农业规模经营导向下的中部平原地区村庄体系布局 [J]. 规划师, 2014, 30（3）: 22-27.
[8] 师满江, 颉耀文, 曹琦. 干旱区绿洲农村居民点景观格局演变及机制分析 [J]. 地理研究, 2016, 35（4）: 692-702.
[9] 毛其智. 中国人居环境科学的理论与实践 [J]. 国际城市规划, 2019（4）: 54-63.
[10] 陈清鋆, 杨斌. 基于空间格局体系的山地传统村落保护研究——以贵州省天门村为例 [J]. 小城镇建设, 2016（7）: 44-47+53.
[11] 揭鸣浩. 世界文化遗产宏村古村落空间解析 [D]. 南京: 东南大学, 2006: 8-11.
[12] 浦欣成. 传统乡村子聚落平面形态的量化方法研究 [M]. 南京: 东南大学出版社, 2013.
[13] 胡振洲. 聚落地理学 [M]. 台北: 三民书局, 1977.
[14] 赵登文.《帕米尔冰峰上燃烧千年的一束火》[J]. 中国国家地理, 2019（12）: 162-169.
[15] 薛依欣. 宁波传统村落空间形态研究 [D]. 杭州: 浙江农林大学, 2016.
[16] 张东. 中原地区传统村落空间形态研究 [D]. 广州: 华南理工大学, 2015.
[17] 陈志恺.21世纪中国水资源持续开发利用问题 [J]. 中国工程科学, 2000（3）: 7-11.
[18] 王晓芳. 郴州板梁等古村落水系对当地村镇水系设计的启示 [D]. 长沙: 湖南师范大学, 2015.
[19] 李立. 乡村聚落: 形态, 类型与演变 [M]. 南京: 东南大学出版社, 2007.
[20] 魏秦, 王竹. 地区建筑营建体系的演进机制解析 [J]. 建筑师, 2011（6）: 68-73.
[21] Haggett, P, Locational Analysis in Human Geography, London: Edward Arnold,1967:45.
[22] 芦原义信. 街道的美学 [M]. 南京: 百花文艺出版社, 2006.
[23] 林奇·凯文. 城市的印象 [M]. 北京: 中国建筑工业出版社, 1990: 89.
[24] 刘森林. 中华聚落 [M]. 上海: 同济大学出版社, 2011: 103.
[25] 李德华, 朱自煊. 中国土木建筑百科辞典. 城市规划与风景园林 [M]. 北京: 中国建筑工业出版社, 2005.
[26] 彭一刚. 传统村镇聚落景观分析 [M]. 北京: 中国建筑工业出版社, 1992.
[27] 殷海山. 中国少数民族艺术词典 [M]. 北京: 民族出版社, 1991.
[28] 薛依欣. 宁波传统村落空间形态研究 [D]. 杭州: 浙江农林大学, 2016.
[29] 薛廷熙. 河北省邢台县皇寺村聚落空间形态及保护策略研究 [D]. 济南: 山东建筑大学, 2014.
[30] 禹舜. 湖南大辞典 [M]. 北京: 新华出版社, 1995.
[31] 唐清根, 李煜. 农耕景观的园林价值探索 [J]. 中国园艺文摘, 2017, 33（8）: 3.
[32] 孙大章. 中国民居研究 [M]. 北京: 中国建筑工业出版社, 2004.
[33] 原广司于天. 世界聚落的教示100[M]. 北京: 中国建筑工业出版社, 2003.
[34] 张嵩. 图底关系在建筑空间研究中的应用 [J]. 新建筑, 2013（3）: 150-153.
[35] 邹德侬, 刘丛红, 赵建波. 中国地域性建筑的成就、局限和前瞻 [J]. 建筑学报, 2002（5）: 4-7.
[36] 刘晶晶. 重庆吊脚楼建筑与文化研究 [D]. 重庆: 重庆大学, 2015.
[37] 肖骁. 西江千户苗寨吊脚楼价值文化探究与传承 [J]. 才智, 2013（32）: 290-291.
[38] 吴昊. 陕北窑洞民居 [M]. 北京: 中国建筑工业出版社, 2008: 16-30.
[39] 祁楠楠, 高鑫玺. 浅谈窑洞民居保护的重要意义 [J]. 美术教育研究, 2016（1）: 54.
[40] 张雅婕, 朱向东. 层楼式石碹窑洞建筑空间分析——以寿阳龙泉寺和太原店头村古窑洞群为例 [J]. 文物世界, 2018（2）: 50-54.

[41] 薛林平，朱宗周，马颉瑄．平定县南庄传统村落民居建筑研究 [J]．华中建筑，2016，34（4）：136-141.
[42] Andrés Moreno·Manuel Murillo，张宇．西班牙乡村窑洞 [J]．城市建筑，2017（10）：72-79.
[43] 吴成基，甘枝茂，孟彩萍．陕北黄土丘陵区窑洞稳定性分析 [J]．陕西师范大学学报（自然科学版），2005（3）：119-122.
[44] 杨知勇．空间化了的家族意识——合院式民居的文化内涵 [J]．云南民族学院学报（哲学社会科学版），1996（2）：36-42.
[45] 谭刚毅，钱闽．合院瓦解与原型转化 [J]．新建筑，2003（5）：45-48.
[46] 郑善文，刘杰．南方合院式民居空间特征对比研究——以湘西窨子屋、徽州民居、云南一颗印为例 [J]．中外建筑，2018（09）：55-57.
[47] 吴晶晶，何韶瑶，张梦淼．"一颗印"民居模式的地域异同性研究 [J]．中外建筑，2018（1）：37-39.
[48] 李华东．关于客家大型集合式土楼住宅成因的探讨 [C]// 中国民居学术会议．2009.
[49] 郭志坤，张志星．东方古城堡：福建永定客家土楼 [M]．上海：上海人民出版社，2008.
[50] 刘晓都，孟岩．土楼公社，南海，广东，中国 [J]．世界建筑，2011（5）：84-85.
[51] 柳逸善．关于蒙古包的审美研究 [D]．北京：中央民族大学，2015.
[52] R.J. 约翰斯顿．人文地理学词典 [M]．北京：商务印书馆，2004.
[53] 韩鑫，王红．乡村振兴视角下传统村落"色彩形态"的延续与发展——以安顺市本寨村为例 [J]．经济研究导刊，2019（15）：21-23.
[54] 梁琦．历史文化村镇建设中传统风貌的保护研究 [D]．保定：河北农业大学，2014.
[55] 邹启山．联合国教科文组织人类口头和非物质遗产代表作申报指南 [M]．北京：文化艺术出版社，2005:1-12.
[56] 曹璐，谭静，魏来，等．我国村镇未来发展的若干趋势判断 [J]．中国工程科学，2019，21（2）：6-13.
[57] 刘奔腾．历史文化村镇保护模式研究 [M]．南京：东南大学出版社，2015：160.
[58] 拉波波特，常青，张昕，等．文化特性与建筑设计 [M]．北京：中国建筑工业出版社，2004.
[59] 张文君，刘磊．中原特色小镇景观肌理弥合策略研究——以巩义市竹林镇为例 [J]．城市地理，2018（8）：225-226.
[60] 张杰，张军民，霍晓卫．传统村镇保护发展规划控制技术指南与保护利用技术手册 [M]．北京：中国建筑工业出版社，2012：24.
[61] 高小钦．震后城市重建过程中的生态修复问题研究初探 [D]．重庆：重庆大学，2014.
[62] 李荣启．论民间文学类非物质文化遗产的保护 [J]．艺术百家，2018，34（1）：215-221.
[63] 赵万民，李泽新．安居古镇 [M]．南京：东南大学出版社，2007：26.
[64] 吴琼，李晓，皇甫生鸿．古村落传统风貌保护性更新研究——以丹阳九里村为例 [J]．美术教育研究，2019（17）：88-89.
[65] 牟婷．苏州古村落的空间传承与当代重构 [D]．南京：南京艺术学院，2019.
[66] 赵勇．中国历史文化名镇名村保护理论与方法 [M]．北京：中国建筑工业出版社，2008：186.
[67] 刘沛林．古村落文化景观的基因表达与景观识别 [J]．衡阳师范学院学报，2003，24（4）：8.
[68] 汪德根，吕庆月，吴永发，等．中国传统民居建筑风貌地域分异特征与形成机理 [J]．自然资源学报，2019，34（9）：1864-1885.
[69] 宋奕．"世界文化遗产"40年：由"物"到"人"再到"整合"的轨迹 [J]．西南民族大学学报（人文社会科学版），2012，33（10）：15-21.
[70] 翟连峰．小城镇建筑风貌的地域性表达研究 [D]．重庆：重庆大学，2011.
[71] 顾贤光，李汀珅．意大利传统村落民居保护与修复的经验及启示：以皮埃蒙特大区为例 [J]．国际城市规划，2016，31（4）：110-115.
[72] 黄家平．历史文化村镇保护规划技术研究 [D]．广州：华南理工大学，2014.
[73] 孙大章．中国民居研究 [M]．北京：中国建筑工业出版社，2004：65.

[74] 郑继永，王广和，许颖．基于卫星影像的传统村落平面形态识别研究——以保定西部传统村落为例 [J]．小城镇建设，2018（3）：38-42．
[75] 钟宜．建筑色彩设计控制方法研究 [D]．重庆：重庆大学，2014．
[76] 赵国志．色彩构成 [M]．沈阳：辽宁美术出版社，1989．
[77] 张健．传统村落公共空间的更新与重构——以番禺大岭村为例 [J]．华中建筑，2012，30（7）：144-148．
[78] 何苏明，蒋跃庭，赵华勤．基于产业与文化的特色小镇风貌塑造——以《浙江青田石雕小镇景观风貌规划》为例 [J]．小城镇建设，2017（6）：93-98．
[79] 彭根来．民俗文化产业化的价值、困惑及应对策略——以江西民俗文化产业化发展为例 [J]．产业与科技论坛，2014，13（16）：15-17．
[80] 申曹璐，谭静，魏来，等．我国村镇未来发展的若干趋势判断 [J]．中国工程科学，2019，21（2）：6-13．
[81] 杨逸尘．守护历史印记 留住古韵乡愁——湖南省岳阳张谷英村古村落保护巡礼 [EB/OL]．[2018-09-07]．
[82] 李伯华，周鑫，刘沛林，等．城镇化进程中张谷英村功能转型与空间重构 [J]．地理科学，2018，38（8）：1310-1318．
[83] 隋启明．广府历史文化村落典型建筑保护方法研究 [D]．广州：华南理工大学，2011：92-94．
[84] 庄磊．建构视野下云南部分少数民族传统民居保护与传承 [D]．昆明：昆明理工大学，2014：71-72．
[85] 吴恩融，穆钧．源于土地的建筑——毛寺生态实验小学 [J]．广西城镇建设，2013（3）：56-61．
[86] 徐卫国．数字新锐 正在涌现的中国新一代建筑师 [J]．时代建筑，2011（2）：40-45．
[87] 闫卉．浅谈传统建筑木雕装饰艺术 [J]．科学之友（B版），2009（9）：145-146．
[88] 陆凯锐．古镇木结构建筑群防火对策及改造技术研究 [J]．消防技术与产品信息，2018，31（8）：27-29+38．
[89] 柳肃．营建的文明：中国传统文化与传统建筑 [M]．北京：清华大学出版社，2014．
[90] 张德安．论明清会馆文化在现代的传承与发展 [J]．中国名城，2010（5）：25-29．
[91] 王季卿．中国传统戏场建筑考略之二——戏场特点 [J]．同济大学学报（自然科学版），2002（2）：177-182．
[92] 韩雁娟，郑东军．桥屋的形成探源 [J]．华中建筑，2003（4）：89-91．
[93] 蒋烨．中国廊桥建筑与文化研究 [D]．长沙：中南大学，2010．
[94] 周彩英．浙南古廊桥空间民间信仰探析 [J]．地方文化研究，2016（5）：91-96．
[95] 赵智，邹桂武．皖南典型古村落村口景观初探 [J]．农业科技与信息（现代园林），2014，11（2）：37-42．
[96] 刘赚．浙江乡村民俗建筑研究 [D]．杭州：浙江农林大学，2013．
[97] 李秋香，陈志华．文教建筑 [M]．北京：生活·读书·新知三联书店，2007．
[98] 张诚．新田园主义概论与田园综合体实践 [M]．北京：北京大学出版社，2018：95-104，109．
[99] 李季．新农村建设与田园综合体规划 [M]．北京：中国建筑工业出版社，2019：149．
[100] Howard, E. Garden Cities of to-morrow[J]. Organization & Environment, 2007, 16（1）：98-107．
[101] 李增元．农村社区建设：治理转型与共同体构建 [J]．东南学术，2009（3）：26-31．
[102] 陈健平．区域现代农业发展的新载体 [N]．2012．
[103] 盛世豪，张伟明．特色小镇：一种产业空间组织形式 [J]．浙江社会科学，2016（3）：36-38．
[104] 李良涛，王文惠，Lorraine Weller，等．美国市民农园的发展、功能及建设模式初探 [J]．中国农学通报，2011，27（33）：306-313．
[105] 细数国外农村电商的发展史 [J]．农业工程技术，2016，36（24）：49-50．
[106] "互联网+农业"在国外是怎么做的 [J]．农业工程技术，2016，36（3）：29-31．
[107] 李瑾，冯献，郭美荣，等."互联网+"现代农业发展模式的国际比较与借鉴 [J]．农业现代化研究，2018，39（2）：194-202．
[108] 魏泽华，王彤．"田园综合体"模式下村镇振兴规划探索——以武汉市江夏区法泗镇村镇为例 [C]//．活力城乡 美好人居——2019中国城市规划年会论文集（18乡村规划），2019：29-40．

[109] 邵隽,张玉钧,李雄,等.社区支持农业型市民农园休闲模式研究[J].旅游学刊,2012,27(12):74-79.
[110] 陈茹.基于"语境-文本"理论视野的长江中游传统聚落及乡村公共建筑研究[D].武汉:华中科技大学,2018:10.
[111] 王建国."在地性"场所营造——镇村环境改造提升的设计策略[Z].2017.
[112] 韩冬青.在地建造如何成为问题[J].新建筑,2014(1):34-35.
[113] 徐岚.我国当代乡村设计初探[D].西安:西安建筑科技大学,2007.
[114] 林轶.浅谈民居旅馆开发中传统居住文化的应用[J].桂林旅游高等专科学校学报,2003(5):63-67.
[115] 潘颖颖.民宿在浙江发展的可行性分析[J].科技风,2010(11):49.
[116] 张希.乡土文化在民宿中的表达形态:回归与构建[J].闽江学院学报,2016,37(3):114-121.
[117] 张广海,孟禹.国内外民宿旅游研究进展[J].资源开发与市场,2017,33(4):503-507.
[118] 旅游民宿基本要求与评价(LB/T 065—2019).
[119] 钟栎娜.2019中国大陆民宿业发展数据报告[Z].2019.
[120] 中华人民共和国自然资源部.我国地质灾害发育情况[N].中国自然资源报,2007-11.
[121] 汶川特大地震四川抗震救灾志编纂委员会.汶川特大地震四川抗震救灾志·总述大事记[M].成都:四川人民出版社,2020:7.
[122] 四川省住房和城乡建设厅.5·12汶川特大地震——四川灾后重建城乡规划实践[M].北京:中国建筑工业出版社,2013.
[123] 警察庁.東日本大震災について 被害状況と警察措置[Z].2014-09-10.
[124] 萧野."3·11"东日本地震灾后重建困局[J].中国减灾,2012(5):37-38.
[125] 汶川特大地震四川抗震救灾志编纂委员会.汶川特大地震四川抗震救灾志·总述大事记[M].成都:四川人民出版社,2020:8.
[126] 吕元.城市防灾空间系统规划策略研究[D].北京:北京工业大学,2005.
[127] 曾坚,曹笛,陈天,等.构筑安全、舒适与健康的绿色新家园——汶川映秀镇渔子溪村震后重建的设计实践与理论思考[J].建筑学报,2011(4):7-10.

图书在版编目（CIP）数据

村镇空间格局与风貌保护 = Spatial Pattern and Style Protection of Rural Areas / 袁朝晖，彭奕妍，杨涛著. — 北京：中国建筑工业出版社，2023.3
"宜居乡村"村镇建设管理与技术培训教材
ISBN 978-7-112-29172-4

Ⅰ. ①村… Ⅱ. ①袁… ②彭… ③杨… Ⅲ. ①乡镇—聚落地理—空间规划—技术培训—教材 Ⅳ. ① K92 ② TU984.2

中国国家版本馆 CIP 数据核字 (2023) 第 180904 号

为了更好地支持相应课程的教学，我们向采用本书作为教材的教师提供课件，有需要者可与出版社联系。
建工书院：http://edu.cabplink.com
邮箱：jckj@cabp.com.cn 电话：（010）58337285

责任编辑：王 惠 陈 桦
责任校对：姜小莲

"宜居乡村"村镇建设管理与技术培训教材
村镇空间格局与风貌保护
Spatial Pattern and Style Protection of Rural Areas
袁朝晖 彭奕妍 杨 涛 著
*
中国建筑工业出版社出版、发行（北京海淀三里河路9号）
各地新华书店、建筑书店经销
北京海视强森文化传媒有限公司制版
建工社（河北）印刷有限公司印刷
*
开本：787毫米×1092毫米 1/16 印张：18¼ 字数：346千字
2024年2月第一版 2024年2月第一次印刷
定价：**59.00**元（赠教师课件）
ISBN 978-7-112-29172-4
（40755）

版权所有 翻印必究
如有内容及印装质量问题，请联系本社读者服务中心退换
电话：（010）58337283 QQ：2885381756
（地址：北京海淀三里河路9号中国建筑工业出版社604室 邮政编码：100037）